高等学校财经类专业实践系列教材

Excel 在会计与财务管理中的应用

◎ 主　编　汪政杰　蔡梓君　薛　萍

◎ 副主编　龙　荣　柏玉萍

西安电子科技大学出版社

内 容 简 介

本书共 10 个项目，可分为两大部分，第一部分以企业的会计核算流程为主线，讲解 Excel 在会计凭证制作、会计账簿创建及会计报表编制这三大会计处理流程中的运用；第二部分选取 固定资产管理、工资管理、应收应付账款管理及财务分析等范例讲解 Excel 在会计与财务管理 中的应用。本书将会计实务工作中常见的工作设计为工作项目和任务，详细介绍利用 Excel 解 决会计实务问题的方法和步骤。学习者按照本书的操作步骤，可以高效率、高质量地完成会计 工作任务，进而提高综合分析会计问题的能力，拓展解决会计问题的思路。

本书主线清晰，结构合理，内容完整，易学易懂，突出操作步骤，实践指导性强。本书主 体部分的内容采用项目化、任务式的编写方式，学习者可以从头到尾完成一个工作任务。本书 安排了有针对性的实训题目，便于学习者巩固所学内容。

本书语言通俗易懂，内容全面，既可作为高等院校经管类专业及其他相关专业的教材，也 可作为财务人员的自学参考书。

图书在版编目(CIP)数据

Excel在会计与财务管理中的应用 / 汪政杰，蔡梓君，薛萍主编. —西安： 西安电子科技大学 出版社，2023.2(2024.4重印)

ISBN 978-7-5606-6730-0

Ⅰ.①E…　Ⅱ.①汪…　②蔡…　③薛…　Ⅲ.①表处理软件—应用—会计 ②表处理软件—应用— 财务管理　Ⅳ.①F232 ②F275-39

中国国家版本馆 CIP 数据核字 (2023) 第 013196 号

策　　划　刘玉芳　刘统军
责任编辑　刘玉芳
出版发行　西安电子科技大学出版社(西安市太白南路 2 号)
电　　话　(029)88202421 88201467　　　　邮　　编　710071
网　　址　www.xduph.com　　　　电子邮箱　xdupfxb001@163.com
经　　销　新华书店
印刷单位　陕西天意印务有限责任公司
版　　次　2023 年 2 月第 1 版　　2024 年 4 月第 2 次印刷
开　　本　787 毫米 × 1092 毫米 1/16　　　印　张　19.5
字　　数　465 千字
定　　价　56.00 元

ISBN 978-7-5606-6730-0 / F

XDUP 7032001-2

如有印装问题可调换

前　言

Excel 是使用极为广泛的电子表格软件，其以操作简便、功能强大而著称，非常适合缺乏计算机编程语言知识和对数据处理要求不高的财务管理人员使用。本书以 Excel 2010 为基础，通过实例详细介绍了 Excel 在会计电算化中的应用，并应用 Excel 对企业运营中的会计流程和财务管理问题进行成因分析。

本书共 10 个项目，按照会计流程和财务管理的知识要点编写。项目一介绍现金日记账的编制方法，重点介绍建账的方法和思路；项目二讲述会计凭证编制方法，主要介绍利用宏和设计好的界面输入凭证数据、修改数据和打印凭证；项目三讲述凭证数据的利用，通过 Microsoft Query 组件查询数据，并生成科目汇总表、科目余额表、总分类账和明细分类账等；项目四介绍固定资产管理，包括固定资产的取得登记、变更登记以及自动生成固定资产费用分配表等；项目五介绍工资管理，通过员工管理、考勤和业绩数据自动生成员工工资；项目六介绍往来款项管理，包括应收账款的管理与分析、坏账提取与分析和应付账款的统计；项目七介绍财务报表编制及分析，包括编制资产负债表、编制利润表、编制现金流量表和比率分析；项目八介绍供应商分析评价，包括供应商静态分析和供应商动态评价；项目九介绍本量利分析，在 Excel 中运用相关分析、回归分析等方法对企业开展成本性态分析和本量利分析；项目十介绍坏账成因分析，在 Excel 中运用单因素方差分析、可重复双因素方差分析等方法对企业坏账成因展开分析。

　　本书应用实例典型，内容丰富，充分利用宏、Microsoft Query 组件、数据透视表组件等完成会计电算化的设计。书中各项目详细介绍了实例的操作步骤，学习者只需按照书中介绍的步骤一步步地实际操作，就能完全掌握本书的内容。

　　本书由汪政杰、蔡梓君、薛萍担任主编，龙荣、柏玉萍担任副主编。本书具体编写分工为：项目一由汪政杰编写，项目二、三由蔡梓君编写，项目四、五、六由薛萍编写，项目七、八由龙荣编写，项目九、十由柏玉萍编写。在编写本书的过程中，我们参考了相关专家、学者的论著、教材等文献资料，在此对相关作者表示衷心的感谢！

　　由于编者水平有限，书中难免有疏漏和不妥之处，敬请业内专家、同行以及广大读者提出宝贵意见，以便今后不断改进。

　　本书提供有配套的正文和习题素材，可登录西安电子科技大学出版社网站 (www.xduph.com) 下载。

编　者

2022 年 10 月

目录

项目一 现金日记账

学习目标

(1) 了解现金日记账的手工记账方法；

(2) 掌握 Excel 中表对象和数据透视表的基本使用方法；

(3) 掌握 SUBTOTAL 和 IF 等函数的使用方法；

(4) 能够熟练绘制表格及使用函数和公式；

(5) 学会应用 Excel 解决实际案例中遇到的现金日记账问题。

情景引入

日记账包括现金日记账和银行日记账，由出纳人员（资金会计）按照业务流程发生的时间顺序逐笔登记，逐日反映库存现金或者银行账户存款的收支余情况。由于现金日记账和银行日记账的记账方式完全相同，只是体现的资金类型不同，因此本项目仅以现金日记账为例介绍通过 Excel 设计日记账的两种方法，一种是通过表对象和数据透视表完成设计，另一种是通过函数和公式的设定完成现金日记账的功能。通过本项目的学习，学习者可以了解利用 Excel 进行财务设计的思路和方法。

任务一 简易现金日记账

知识准备

Excel 本身不是一种结构严谨的数据库，只是它的格式和数据库中的数据表太像了，以至于用户常常期待可以通过 Excel 实现某些只有数据库才具有的功能。

Excel 中进行数据的计算有两种基本的思路，一种是使用数据透视表，另一种是使用函数。数据透视表是 Excel 中功能最为强大的工具，具有分析数据快速、简单的特点，尤其对于大数据量的分析计算，效率很高。本任务的内容就是按照数据透视表的思路对现金日记账的余额进行计算。数据透视表是利用 Excel 进行会计电算化设计的常用方法。

任务目标

(1) 设计并完成福源公司 2022 年 1 月和 2 月现金日记账；

(2) 借方发生额、贷方发生额和余额数据必须保留两位小数，并按照"会计专用"格式显示；

(3) 按日计算每日余额，按月分析每月的收支情况。

 任务资料

福源公司在 2022 年 1 月和 2 月发生了如下和现金有关的业务：

(1) 1 月 1 日转入上年余额 2200 元。

(2) 1 月 3 日支付差旅费 320 元。

(3) 1 月 5 日支付 12 月电费 550 元。

(4) 1 月 5 日提现金 25 000 元。

(5) 1 月 6 日支付招待费 3500 元。

(6) 1 月 6 日支付差旅费 2400 元。

(7) 1 月 6 日支付手续费 35 元。

(8) 1 月 14 日支付办公用品费 6400 元。

(9) 1 月 15 日购买打印机 1500 元。

(10) 2 月 2 日支付办公室电话费 650 元。

(11) 2 月 2 日出售废旧包装物 320 元。

(12) 2 月 2 日支付 1 月电费 3320 元。

(13) 2 月 3 日支付差旅费 2500 元。

(14) 2 月 7 日支付绿化苗木款 4000 元。

(15) 2 月 7 日支付招待费 2200 元。

 任务操作

1. 数据输入设计

(1) 打开 Excel，将工作簿保存为"简易日记账 .xlsx"，双击 Sheet1 工作表标签，将 Sheet1 重命名为"现金日记账"。

(2) 在 A1:H1 单元格区域内依次输入年、月、日、编号、内容摘要、借方发生额、贷方发生额以及余额 8 个字段，如图 1-1 所示。

年	月	日	编号	内容摘要	借方发生额	贷方发生额	余额

图 1-1 标题行

(3) 选中 A:D 列并右击，在弹出的快捷菜单中选择"设置单元格格式"命令，在打开

的"设置单元格格式"对话框中选择"数字"标签。在"分类"列表框中选择类型为"数值"，选择"小数位数"为0，如图1-2所示。单击"确定"按钮，完成A列到D列的年、月、日以及编号的数据类型设置。

（4）选中E列并右击，在弹出的快捷菜单中选择"设置单元格格式"命令，如图1-3所示。从打开的"设置单元格格式"对话框中选择"数字"标签，在"分类"列表框中选择类型为"文本"，完成对E列内容摘要的数据类型的设置。

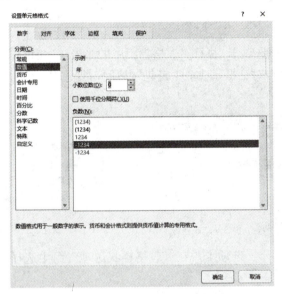 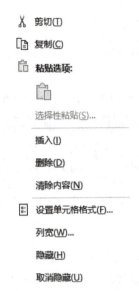

图1-2　设置年月日以及编号的数据类型　　　　图1-3　选择"设置单元格格式"命令

（5）选中F:H列并右击，在弹出的快捷菜单中选择"设置单元格格式"命令，如图1-3所示。从打开的"设置单元格格式"对话框中选择"数字"标签，在"分类"列表框中选择类型为"会计专用"，"小数位数"设置为2，"货币符号"设置为无，完成对F列到H列借、贷方发生额以及余额的数据类型设置。

2. 创建公式

（1）选中D2单元格，在编辑栏内输入公式"=ROW()-1"，完成"编号"字段的设置。

【提示】

编号和行号的关系就是当前记录所在的行号减去1，计算当前记录所在行在Excel中使用ROW函数。

（2）选中H2单元格，在编辑栏内输入公式"=F2"，完成第1条记录余额的计算。

（3）从A2单元格开始，输入第1条记录的其余部分。输入的第1条记录如图1-4所示。

	A	B	C	D	E	F	G	H
1	年	月	日	编号	内容摘要	借方发生额	贷方发生额	余额
2	2022	1	1	1	转入上年余额	2,200.00		2,200.00

图1-4　第1条记录

(4) 选中 A3 单元格，在编辑栏内输入公式"=2022"，接着输入第 2 条记录，其中 D3 单元格中输入公式"=ROW()-1"，H3 单元格中输入公式"=H2+F3-G3"。输入的第 2 条记录如图 1-5 所示。

	A	B	C	D	E	F	G	H
1	年	月	日	编号	内容摘要	借方发生额	贷方发生额	余额
2	2022	1	1	1	转入上年余额	2,200.00		2,200.00
3	2022	1	3	2	差旅费		320.00	1,880.00

图 1-5 第 2 条记录

(5) 选中 A1 单元格，选择"插入"选项卡，执行"表格"组中的"表格"命令，如图 1-6 所示。打开如图 1-7 所示的"创建表"对话框，选中"表包含标题"复选框，单击"确定"按钮，将单元格区域转化为表。

图 1-6 "表格"命令	图 1-7 "创建表"对话框

(6) 选中 A1 单元格，选择"表设计"选项卡，在"表格样式选项"组中选择"白色，表样式浅色 15"，如图 1-8 所示。

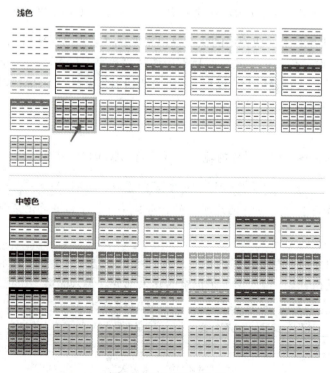

图 1-8 "表格样式"组

(7) 选择"表设计"选项卡，在"属性"组中将表名称由默认的"表1"更改为"现金日记账"，完成表格名称的设置，如图1-9所示。

| 文件 | 开始 | 插入 | 页面布局 | 公式 | 数据 | 审阅 | 视图 | 帮助 | 百度网盘 | 表设计 |

表名称:	通过数据透视表汇总	插入切片器	导出	刷新	属性	☑标题行 ☐第一列 ☑筛选按钮
现金日记账	删除重复值				用浏览器打开	☐汇总行 ☐最后一列
调整表格大小	转换为区域				取消链接	☑镶边行 ☐镶边列
属性	工具		外部表数据			表格样式选项

图 1-9　设置表对象名称

(8) 继续输入剩余的记录，最终结果如图1-10所示。

	A	B	C	D	E	F	G	H
1	年	月	日	编号	内容摘要	借方发生额	贷方发生额	余额
2	2022	1	1	1	转入上年余额	2,200.00		2,200.00
3	2022	1	3	2	差旅费		320.00	1,880.00
4	2022	1	5	3	支付12月电费		550.00	1,330.00
5	2022	1	5	4	提现金	25,000.00		26,330.00
6	2022	1	6	5	招待费		3,500.00	22,830.00
7	2022	1	6	6	差旅费		2,400.00	20,430.00
8	2022	1	6	7	手续费		35.00	20,395.00
9	2022	1	14	8	支付办公用品费用		6,400.00	13,995.00
10	2022	1	15	9	购买打印机		1,500.00	12,495.00
11	2022	2	2	10	支付办公室电话费		650.00	11,845.00
12	2022	2	2	11	出售废旧包装物	320.00		12,165.00
13	2022	2	2	12	支付1月份电费		3,320.00	8,845.00
14	2022	2	3	13	支付差旅费		2,500.00	6,345.00
15	2022	2	7	14	绿化苗木款		4,000.00	2,345.00
16	2022	2	7	15	付招待费		2,200.00	145.00

图 1-10　输入完成后的现金日记账表格

3. 创建公式

(1) 选择"现金日记账"工作表的A1单元格，选择"插入"选项卡，执行"表格"组中的"数据透视表"命令，如图1-11所示，打开"创建数据透视表"对话框。

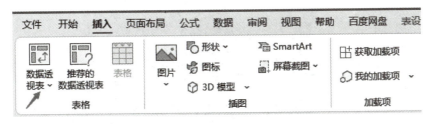

图 1-11　"数据透视表"命令

(2) 选中"选择一个表或区域"单选按钮，已经可以自动识别要进行数据透视的区域。如果未能识别，则在"表 / 区域"后输入"现金日记账"。选择放置数据透视表的位置为"新工作表"，如图 1-12 所示，完成数据透视表数据源的设置。

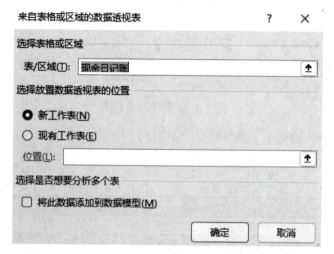

图 1-12　设置数据透视表数据源

(3) 按照上述步骤打开如图 1-13 所示的"数据透视表字段"对话框，将"月"字段和"日"字段拖动到"行"中，将"借方发生额"和"贷方发生额"字段拖动到"值"中，完成要显示的字段的设置。

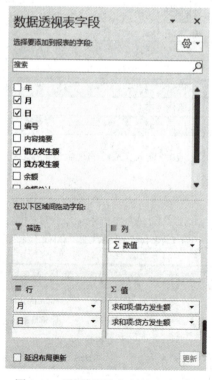

图 1-13　"数据透视表字段"对话框

(4) 单击"数据透视表字段"对话框的"值"内的"求和项:借方发生额"字段,选择"值字段设置"命令,打开如图1-14所示的"值字段设置"对话框。单击"值字段设置"对话框中的"数字格式"按钮,打开"设置单元格格式"对话框,选择"数字"标签,在"分类"列表框中选择类型为"会计专用","小数位数"设置为2,"货币符号"设置为无,单击"确定"按钮,完成字段计算类型和数字的设置。

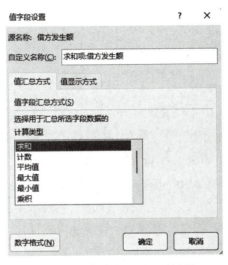

图1-14 "值字段设置"对话框

(5) 单击"数据透视表字段"对话框的"值"内的"求和项:贷方发生额"字段,选择"值字段设置"命令,打开"值字段设置"对话框。单击"值字段设置"对话框中的"数字格式"按钮,打开"设置单元格格式"对话框,选择"数字"标签,在"分类"列表框中选择类型为"会计专用","小数位数"设置为2,"货币符号"设置为无,单击"确定"按钮,完成字段计算类型和数字的设置。

(6) 选中数据透视表中任意一个单元格,选择"分析"选项卡,执行"计算"组中的"字段、项目和集"下的"计算字段"命令(如图1-15所示),打开如图1-16所示的"插入计算字段"对话框。

图1-15 "字段、项目和集"下的"计算字段"命令

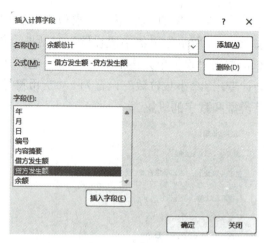

图 1-16　"插入计算字段"对话框

(7) 将"名称"文本框中的"字段 1"改为"余额总计"。

(8) 将"公式"文本框中的"0"删除,选择"字段"列表框中的"借方发生额",单击"插入字段"按钮,再输入减号,然后选择"字段"列表框中的"贷方发生额",单击"插入字段"按钮。单击"确定"按钮,完成插入计算字段的操作。

(9) 最终结果如图 1-17 所示。

行标签 ▼	求和项:借方发生额	求和项:贷方发生额	求和项:余额总计
⊟1	27200	14705	12495
1	2200		2200
3		320	-320
5	25000	550	24450
6		5935	-5935
14		6400	-6400
15		1500	-1500
⊟2	320	12670	-12350
2	320	3970	-3650
3		2500	-2500
7		6200	-6200
总计	27520	27375	145

图 1-17　按月和日分类汇总的数据透视表

任务二　账页式现金日记账

知识准备

1. COUNTIF 函数

COUNTIF 函数的功能是统计在指定范围内符合统计条件的单元格的个数。COUNTIF 函数包括 Range 和 Criteria 两个参数,完整的格式为 COUNTIF(Range,Criteria)。

Range: 表示参与统计的单元格区域。

Criteria:表示统计的条件。

2. SUBTOTAL 函数

SUBTOTAL 函数对选定区域进行分类汇总，其完整的格式为 SUBTOTAL(Function_num,Ref1, Ref2, …)。

Function_num：本示例参数的值为 9，表示分类求和。

Ref1, Ref2, …：表示分类计算的区域引用。在本示例中引用的是 F6:F11 单元格区域，如果在第 6 行和第 11 行之间插入空行，则该公式所引用的单元格区域会自动发生变化。

 任务目标

(1) 完成账页式现金日记账页面设计；

(2) 在账页式现金日记账中创建公式；

(3) 完成福源公司在 2022 年 1 月 1 日后发生的现金有关的业务。

 任务资料

福源公司在 2022 年 1 月 1 日后发生了如下和现金有关的业务：

(1) 1 月 1 日转入上年余额 2200 元。

(2) 1 月 3 日支付差旅费 320 元。

(3) 1 月 5 日支付 12 月电费 550 元。

(4) 1 月 6 日支付招待费 3500 元。

(5) 1 月 6 日支付差旅费 2400 元。

(6) 1 月 6 日支付手续费 35 元。

(7) 1 月 7 日提现金 25 000 元。

(8) 1 月 14 日支付办公用品费用 6400 元。

(9) 1 月 15 日购买打印机 1500 元。

(10) 2 月 2 日支付办公室电话费 650 元。

(11) 2 月 2 日支付 1 月电费 3320 元。

(12) 2 月 3 日出售废旧包装物 320 元。

(13) 2 月 3 日支付差旅费 2500 元。

(14) 2 月 7 日支付绿化苗木款 4000 元。

(15) 2 月 7 日支付招待费 2200 元。

 任务操作

1. 绘制界面

(1) 打开 Excel，将文件保存为"账页式现金日记账 .xlsx"，选中 Sheet1，重命名为"现金日记账"。

(2) 在工作表内输入如图 1-18 所示的现金日记账界面，完成界面的设置，如图 1-18 所示。

2022年		凭证号	摘 要	借 方	贷 方	借或贷	余 额
月	日						
			本月合计	-	-		
			本年累计			平	
			本月合计				
			本年累计			平	-

图 1-18   完成后的界面

(3) 选中 F、G 和 I 列并右击，从弹出的快捷菜单中选择"设置单元格格式"命令，如图 1-19 所示。

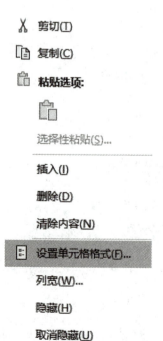

图 1-19   选择"设置单元格格式"命令

(4) 打开"设置单元格格式"对话框，选择"数字"标签，在"分类"列表框中选择类型为"会计专用"，"小数位数"设置为2，"货币符号"设置为无，单击"确定"按钮，完成对指定列的数字格式的设置，如图 1-20 所示。

图 1-20 "设置单元格格式"对话框

2. 创建公式

(1) 选中 I5 单元格，在编辑栏内输入公式"=F5"；选中 H5 单元格，输入"借"字，完成现金初始余额的计算。

(2) 选中 B14 单元格，在编辑栏内输入"=COUNTIF()"，将光标移至括号内，单击"插入函数"按钮，如图 1-21 所示。

图 1-21 单击"插入函数"按钮

打开如图 1-22 所示的"函数参数"对话框，在 Range 参数后输入"$E$6:E15"，在 Criteria 参数后输入"本月合计"，确定本月月份。

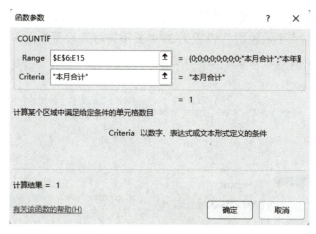

图 1-22　COUNTIF 函数

【提示】

这一步是利用 COUNTIF 函数自动计算月份，计算月份的原理就在于统计指定的单元格范围内"本月合计"单元格出现的次数。假定现金日记账是从 1 月份开始记账，那么很显然"本月合计"在 1 月底时的出现次数为 1，就表示 1 月份；在 2 月份底时的出现次数为 2，就表示 2 月份。依次类推，通过"本月合计"出现的次数就可以知道正在汇总的月份为几月。

本例中使用"$E$6"，用绝对引用的方式则是表示今后统计时，总是将指定的 E6 单元格作为初始位置开始统计。

(3) 选中 B15 单元格，在编辑栏内输入公式"=B14"，确定"本年累计"行的月份设置。

(4) 选中 F14 单元格，在编辑栏内输入"=SUBTOTAL()"，将光标移至括号内，单击"插入函数"按钮，打开如图 1-23 所示的"函数参数"对话框，在 Function_num 参数后输入数值 9，在 Ref1 参数后输入单元格区域"F6:F13"，完成本月借方发生总额的计算。

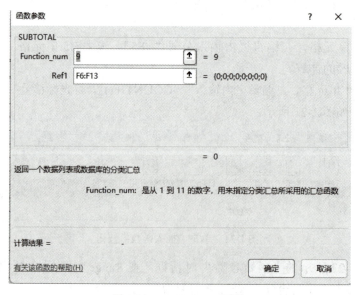

图 1-23　SUBTOTAL 函数

【提示】

SUBTOTAL 函数的作用是在指定范围内进行分类求和计算。虽然是进行求和计算，但是此处不能使用 Sum 函数进行汇总，原因是 Sum 函数计算时会将以前各月的借贷方累计发生额都加入计算范围内，从而对最终结果产生干扰，而 SUBTOTAL 则不会这样。

SUBTOTAL 函数有一个特点是所引用的单元格区域中如果包含其他的 SUBTOTAL 函数，那么所有包含 SUBTOTAL 函数的单元格不会被计算在内，所以可以通过 SUBTOTAL 函数避免重复计算。

(5) 选中 G14 单元格，在编辑栏内输入"=SUBTOTAL()"，将光标移至括号内，单击"插入函数"按钮，打开"函数参数"对话框，在 Function_num 参数后输入数值 9，在 Ref1 参数后输入单元格区域"G6:G13"，完成本月贷方发生总额的计算。

(6) 选中 F15 单元格，在编辑栏内输入"=SUBTOTAL()"，将光标移至括号内，单击"插入函数"按钮，打开"函数参数"对话框，在 Function_num 参数后输入数值 9，在 Ref1 参数后输入单元格区域"$F$6:F13"，完成本年借方累计发生额的计算。

(7) 选中 G15 单元格，在编辑栏内输入"=SUBTOTAL()"，将光标移至括号内，单击"插入函数"按钮，打开"函数参数"对话框，在 Function_num 参数后输入数值 9，在 Ref1 参数后输入单元格区域"$G$6:G13"，完成本年贷方累计发生额的计算。

(8) 选中 H15 单元格，输入"=IF($I$5+SUBTOTAL(9,$F$6:F13)-SUBTOTAL(9,$G$6:G13)>0，"借"，IF($I$5+SUBTOTAL(9,$F$6:F13)-SUBTOTAL(9,$G$6:G13)<O，"贷"，"平"))"，完成余额方向的确定。

(9) 选中 I15 单元格，输入"=ABS($I$5+F15-G15)"，完成余额的计算。

3. 持续记账设计

(1) 选中第 11 行并右击，在弹出的快捷菜单中选择"插入"命令，完成插入行的操作。

(2) 将数据填写到现金日记账 1 月份的对应位置，1 月份填报完成后的样式如图 1-24 所示。

2022年		凭证号	摘　　要	借　　方	贷　　方	借或贷	余　　额
月	日						

现　金　帐

月	日	凭证号	摘　　要	借　　方	贷　　方	借或贷	余　　额
1	1	1	转入上年余额	2,200.00		借	2,200.00
1	3	2	差旅费		320.00		
1	5	3	支付12月电费		550.00		
1	5	4	提现金	25,000.00			
1	6	5	招待费		3,500.00		
1	6	6	差旅费		2,400.00		
1	6	7	手续费		35.00		
1	14	8	支付办公用品费用		6,400.00		
1	15	9	购买打印机		1,500.00		
1			本月合计	25,000.00	14,705.00		
1			本年累计	25,000.00	14,705.00	借	12,495.00

图 1-24　1 月份的现金日记账

(3) 选中第 6 ~ 15 行，选择"开始"选项卡，执行"剪贴板"中的"复制"命令，完成 1 月份数据区域的复制。

(4) 选中 A16 单元格并右击，在弹出的快捷菜单中选择"粘贴"命令，将 1 月份的数据全部粘贴过来。

(5) 选中第 16 ~ 23 行，按 Delete 键，删除复制过来的 1 月份的数据。

(6) 将 2 月份数据填写到现金 2 月份的对应位置，2 月份填报完成后的样式如图 1-25 所示。

		2022年		凭证号	摘　　　要	借　　方	贷　　方	借或贷	余　　额
		月	日						
		1	1	1	转入上年余额	2,200.00		借	2,200.00
		1	3	2	差旅费		320.00		
		1	5	3	支付12月电费		550.00		
		1	5	4	提现金	25,000.00			
		1	6	5	招待费		3,500.00		
		1	6	6	差旅费		2,400.00		
		1	6	7	手续费		35.00		
		1	14	8	支付办公用品费用		6,400.00		
		1	15	9	购买打印机		1,500.00		
		1			本月合计	25,000.00	14,705.00		
		1			本年累计	25,000.00	14,705.00	借	12,495.00
		2	2	10	支付办公室电话费		650.00		
		2	2	11	出售废旧包装物	320.00			
		2	2	12	支付1月份电费		3,320.00		
		2	3	13	支付差旅费		2,500.00		
		2	7	14	绿化苗木款		4,000.00		
		2	7	15	付招待费		2,200.00		
		2			本月合计	320.00	12,670.00		
		2			本年累计	25,320.00	27,375.00	借	145.00

（表头区域标题：现 金 帐）

图 1-25　输入 2 月份的记录

项 目 小 结

本项目主要介绍了简易现金日记账和账页式现金日记账的制作方法。简易现金日记账外观简陋，显示余额的方式也不直观，和用户平时使用的现金日记账的外观相去甚远，不太符合普通用户的习惯。理想的现金日记账应当有一个和用户平时的纸质账页类似的外观，而且要能够实现以下功能：

(1) 输入的数据能够完整反映业务情况。

(2) 实时反映每笔业务完成后的现金余额。

(3) 按月计算本月的借贷方累计发生额、本年的借贷方累计发生额以及余额。

项目练习

福兴公司在 2022 年 1 月和 2 月发生了如下和现金有关的业务，根据下列内容编制简易现金日记账和账页式现金日记账。

2022 年 1 月 1 日转入上年余额 2500 元。

2022 年 1 月 3 日支付办公室电话费 210 元。

2022 年 1 月 5 日支付 12 月电费 878 元。

2022 年 1 月 7 日报销经理差旅费 500 元。

2022 年 1 月 6 日提现金 130 000 元。

2022 年 1 月 6 日预付员工差旅费 3600 元。

2022 年 1 月 6 日支付工资 120 000 元。

2022 年 1 月 14 日支付办公用品费用 3752 元。

2022 年 1 月 15 日订阅报刊 2788 元。

2022 年 2 月 2 日提现金 5000 元。

2022 年 2 月 2 日出售废旧电脑 500 元。

2022 年 2 月 3 日支付办公室电话费 255 元。

2022 年 2 月 3 日支付 1 月电费 900 元。

2022 年 2 月 7 日提取现金 125 000 元。

2022 年 2 月 7 日支付员工工资 130 000 元。

项目二　　　　　　会 计 凭 证

学习目标

(1) 了解科目代码表和现金流量类型的设置方法和用途；

(2) 了解记账凭证和后台数据表之间的联系；

(3) 掌握表对象的使用方法，了解录制宏的过程；

(4) 学会应用 Excel 解决实际案例中遇到的会计凭证问题。

情景引入

　　会计凭证是会计登记入账的数据来源，从外观上来看，会计凭证是一种比较复杂的表格。Excel 就是设计表格的能手，它兼顾了数据库设计的方法，因此非常适合业务复杂程度不高的单位。用 Excel 编制会计凭证的难点在于要将不规则表格中的数据转换成表对象中的数据，以便日后进一步进行账务处理。

任务一　科 目 代 码 表

知识准备

　　对于现金流量的类型名称会计上是有明确规定的，而现金流量类型的代码则可以由用户自定义。本任务中单独设置一张表来放置现金流量相关的项目。现金流量的具体内容包括：

　　(1) 销售商品、提供劳务收到的现金。

　　(2) 收到的税费返还。

　　(3) 收到其他与经营活动有关的现金。

　　(4) 购买商品、接受劳务支付的现金。

　　(5) 支付给职工以及为职工支付的现金。

　　(6) 支付的各项税费。

　　(7) 支付其他与经营活动有关的现金。

　　(8) 收回投资收到的现金。

　　(9) 取得投资收益收到的现金。

(10) 处置固定资产、无形资产和其他长期资产收回的现金净额。

(11) 处置子公司及其他营业单位收到的现金净额。

(12) 收到其他与投资活动有关的现金。

(13) 购建固定资产、无形资产和其他长期资产支付的现金。

(14) 投资支付的现金。

(15) 取得子公司及其他营业单位支付的现金净额。

(16) 支付其他与投资活动有关的现金。

(17) 吸收投资收到的现金。

(18) 取得借款收到的现金。

(19) 收到其他与筹资活动有关的现金。

(20) 偿还债务支付的现金。

(21) 分配股利、利润或偿付利息支付的现金。

(22) 支付其他与筹资活动有关的现金。

科目代码表和现金流量类型是编制记账凭证的基础。

任务目标

(1) 设置科目代码表，并为各个科目设置年初数；
(2) 设置现金流量表的类型及代码。

任务资料

福源公司是一家商品流通企业，公司为一般纳税人。在 2021 年年底，各个会计科目的余额如表 2-1 所示。

表 2-1　各会计科目期末数

科目代码	科目名称	2021 年期末数
1001	库存现金	3 630.00
100201	工行	1 670 421.94
100202	农行	502 150.00
112201	海风公司	104 060.00
112202	欧丽公司	154 880.00
112203	新通公司	283 140.00
112204	和信科技公司	135 520.00
1231	坏账准备	3 388.00
140501	JP32	25 168.00
140502	JP33	28 314.00
140503	JP34	195 052.00

续表

科目代码	科目名称	2021 年期末数
140504	JP35	551 760.00
140505	MT3	453 750.00
140506	MT4	275 880.00
140507	MT5	314 600.00
140508	KK2	7 623.00
140509	KK3	54 450.00
140510	KK4	29 403.00
1601	固定资产	3 097 600.00
1602	累计折旧	612 543.14
1801	长期待摊费用	145 200.00
1811	递延所得税资产	688 393.20
2001	短期借款	605 000.00
220201	合力企业	145 200.00
220202	一通公司	615 890.00
220203	兴乐公司	218 620.38
2211	应付职工薪酬	378 659.82
222101	应交增值税（进项）	215 989.87
222102	应交增值税（销项）	262 069.42
222108	应交教育附加款	1 291.95
2241	其他应付款	44 322.30
4001	实收资本	6 050 000.00

要求：

(1) 根据表 2-1 中的内容设置科目代码表，并为各个科目设置年初数。

(2) 设置现金流量表的类型及代码。

任务操作

1. 科目代码表

(1) 打开 Excel，将工作表保存为"账务处理.xlsm"，如图 2-1 所示。选中 Sheet1 工作表，将 Sheet1 工作表重命名为"科目代码表"。

图 2-1　保存为启用宏的工作簿格式

【提示】

因为稍后会涉及"宏"的应用，所以文件必须保存为 .xlsm 格式。

(2) 选中 A1 单元格，在 A1:E1 单元格区域内依次输入科目代码、科目名称、性质、是否明细和年初数等字段。

(3) 选中 A 列并右击，在弹出的快捷菜单中选择"设置单元格格式"命令，打开"设置单元格格式"对话框，选择"数字"标签，选择"数字格式"为"数值"，"小数位数"设置为 0，完成 A 列数据格式的设置。

(4) 选中 E 列并右击，在弹出的快捷菜单中选择"设置单元格格式"命令，打开"设置单元格格式"对话框，选择"数字"标签，选择"数字格式"为"会计专用"，"货币符号"设置为无。

(5) 选中 A1 单元格，选择"插入"选项卡，执行"表格"组内的"表格"命令，打开如图 2-2 所示的"创建表"对话框，选中"表包含标题"复选框，将指定的单元格区域转化为表对象。

图 2-2　"创建表"对话框

(6) 单击 A1 单元格，选择"表设计"选项卡，将"属性"组内的默认表名称更改为"kmdm"，完成表对象名称的设置，如图 2-3 所示。

图 2-3　设置表对象名称

(7) 选中 A1 单元格，选择"设计"选项卡，在"表样式"组中选择"表样式浅色 9"，完成表样式的选择。

2. 各科目年初数

(1) 从 A2 单元格开始输入科目代码"1001"，在 B2 单元格内输入科目名称"库存现金"。
(2) 在 C2 单元格内输入数值"1"，完成现金科目的性质设定。
(3) 在 D2 单元格内输入"y"，完成是否明细科目的设置。

【提示】

科目分为明细科目和非明细科目，明细科目用"y"表示，非明细科目用"n"表示。只有明细科目才用于会计记账。

(4) 在 E2 单元格内输入数值"3630"，完成现金年初数的设定。

【提示】

不论余额产生的方向是借方还是贷方，年初数都用正数表示。余额的方向是通过性质字段来确定的。

(5) 从 A3 单元格开始，继续输入各个会计科目的代码、名称、性质、年初数和是否明细等字段内容。最终完成的科目代码表如图 2-4 所示。

	A 科目代码	B 科目名称	C 性质	D 是否明细	E 年初数
2	1001	库存现金	1	y	3,630.00
3	1002	银行存款	1	n	-
4	100201	工行	1	y	1,670,421.94
5	100202	农行	1	y	502,150.00
6	1012	其他货币资金	1	y	-
7	1101	交易性金融资产	1	y	-
8	1121	应收票据	1	y	-
9	1122	应收帐款	1	n	-
10	112201	海尚公司	1	y	104,060.00
11	112202	欧明公司	1	y	154,880.00
12	112203	新通讯公司	1	y	283,140.00
13	112204	金鑫公司	1	y	135,520.00
14	1221	其他应收款	1	n	-
15	122101	张寒	1	y	-
16	122102	方乐	1	y	-
17	122103	唐里	1	y	-
18	1231	坏账准备	-1	y	3,388.00
19	1402	在途物资	1	y	-
20	1403	材料	1	y	-
21	1405	库存商品	1	n	-
22	140501	JP32	1	y	25,168.00
23	140502	JP33	1	y	28,314.00
24	140503	JP34	1	y	195,072.00
25	140504	JP35	1	y	551,760.00
26	140505	MT3	1	y	453,750.00
27	140506	MT4	1	y	275,880.00
28	140507	MT5	1	y	314,600.00
29	140508	KK2	1	y	7,623.00

	A	B	C	D	E
59	4002	资本公积	-1	y	-
60	4101	盈余公积	-1	y	-
61	4103	本年利润	-1	y	-
62	4104	利润分配	-1	y	-
63	5001	生产成本	1	y	-
64	5101	制造费用	1	y	-
65	6001	主营业务收入	-1	y	-
66	6051	其他业务收入	-1	y	-
67	6111	投资收益	-1	y	-
68	6301	营业外收入	-1	y	-
69	6401	主营业务成本	1	y	-
70	6402	其他业务支出	1	y	-
71	6403	主营业务税及	1	y	-
72	6601	销售费用	1	y	-
73	6602	管理费用	1	n	-
74	660201	业务招待费	1	y	-
75	660202	工资	1	y	-
76	660203	福利费	1	y	-
77	660204	其他	1	y	-
78	660205	劳保费	1	y	-
79	6603	财务费用	1	y	-
80	6711	营业外支出	1	y	-
81	6801	所得税费用	1	y	-
82	6901	以前年度损益调	1	y	-

	A	B	C	D	E
30	140509	KK3	1	y	54,450.00
31	140510	KK4	1	y	29,403.00
32	1601	固定资产	1	y	3,097,600.00
33	1602	累计折旧	-1	y	612,543.14
34	1604	在建工程	1	y	-
35	1605	工程物资	1	y	-
36	1606	固定资产清理	1	y	-
37	1701	无形资产	1	y	-
38	1801	长期待摊费用	1	y	145,200.00
39	1811	递延所得税资产	1	y	688,393.20
40	2001	短期借款	-1	y	605,000.00
41	2201	应付票据	-1	y	-
42	2202	应付帐款	-1	n	-
43	220201	合力企业	-1	y	145,200.00
44	220202	一通公司	-1	y	615,890.00
45	220203	兴乐公司	-1	y	218,620.38
46	2211	应付职工薪酬	-1	y	378,659.82
47	2232	应付股利	-1	y	-
48	2221	应交税费	-1	n	-
49	222101	应交增值税（进）	1	y	215,989.87
50	222102	应交增值税（销）	-1	y	262,069.42
51	222103	应交消费税	-1	y	-
52	222104	应交营业税	-1	y	-
53	222105	应交城建税	-1	y	-
54	222106	应交个人所得税	-1	y	-
55	222107	应交所得税	-1	y	-
56	222108	应交教育附加费	-1	y	1,291.95
57	2241	其他应付款	-1	y	44,322.30
58	4001	实收资本	-1	y	6,050,000.00

图 2-4　科目代码表

(6) 选中第 1 列，选择"公式"选项卡，执行"定义的名称"组内的"定义名称"命令，打开如图 2-5 所示的"新建名称"对话框，在"名称"文本框中输入"dm"，在"引用位置"文本框中输入"=kmdm[科目代码表]"，完成第 1 列名称的设置。

图 2-5 "新建名称"对话框

3. 现金流量类型

(1) 新建一张工作表，将工作表重命名为"参数"，完成参数表的设置。

(2) 在 A1:B1 单元格区域内输入"内容"和"类型代码"。

(3) 选中 A1 单元格，选择"插入"选项卡，执行"表格"组内的"表格"命令，打开如图 2-6 所示的"创建表"对话框，单击"确定"按钮，创建一个表对象。

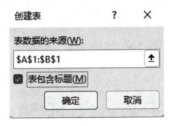

图 2-6 "创建表"对话框

(4) 选中 A1 单元格，选择"设计"选项卡，在"属性"组内将表名称更改为"xjll"，完成表对象样式和名称的设置。

(5) 从 A2 单元格开始输入实验原理中介绍的各种现金流量项目内容和代码，最终结果如图 2-7 所示。

	A	B
1	内容	类型代码
2	销售商品、提供劳务收到的现金	jy1
3	收到的税费返还	jy2
4	收到其他与经营活动有关的现金	jy3
5	购买商品、接受劳务支付的现金	jy4
6	支付给职工以及为职工支付的现金	jy5
7	支付的各项税费	jy6
8	支付其他与经营活动有关的现金	jy7
9	收回投资收到的现金	tz1
10	取得投资收益收到的现金	tz2
11	处置固定资产、无形资产及其他长期资产收回的现金净额	tz3
12	处置子公司及其他营业单位收到的现金净额	tz4
13	收到其他与投资活动有关的现金	tz5
14	购建固定资产、无形资产及其他长期资产支付的现金	tz6
15	投资支付的现金	tz7
16	取得子公司及其他营业单位支付的现金净额	tz8
17	支付其他与投资活动有关的现金	tz9
18	吸收投资收到的现金	cz1
19	取得借款收到的现金	cz2
20	收到其他与筹资活动有关的现金	cz3
21	偿还债务支付的现金	cz4
22	分配股利、利润或偿付利息支付的现金	cz5
23	支付其他与筹资活动有关的现金	cz6

图 2-7 现金流量类型及代码

【提示】

现金流量表中的代码仅仅是为了引用方便，是由用户自定义的。和科目表不同，现金流量类型的表中需要将内容放在第一列，代码放在第二列。

(6) 选择"公式"选项卡，执行"定义的名称"组内的"定义名称"命令，打开如图 2-8 所示的"新建名称"对话框，在"名称"文本框中输入"现金流量类型"，在"引用位置"文本框中输入"=xjll[内容]"，单击"确定"按钮，完成新建名称的设置。

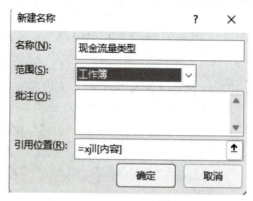

图 2-8 "新建名称"对话框

任务二 凭证输入

 知识准备

1. LEFT 函数

LEFT 函数的作用是返回指定字符串的左数前几个字符。LEFT 函数的返回结果是文本类型的字符串。LEFT 函数首先从 C4 单元格的左侧找 4 个字符，如代码为"100201"，那么 1002 就是其总账科目，代码长度为 4。

2. VLOOKUP 函数

VLOOKUP 函数的作用是在指定区域的第一列中查找第一个符合要求的值。本任务要查找的区域是表对象 kmdm，查找的值是"LEFT(C5,4)+0"。本任务中，LEFT 函数之所以在返回之后还要加 0，是因为 LEFT 函数返回的是文本类型的字符串，而在科目代码表中，字段"科目代码"的数据格式是"数值"，二者的数值类型不一样，因此比较时自然就不可能相等，变通的方法是为字符串类型的数字加上 0，这样就可以将字符类型的数字强制转换为数值。

3. IFERROR 函数

IFERROR 函数的作用是判断接下来计算的值是否正确，如果值是正确的，就用正确的值表示，否则用指定的值显示。在本任务中，显示不正确就用空白表示。

任务目标

(1) 完成宏录制；
(2) 完成凭证的输入。

任务资料

在 2022 年 1 月，福源公司发生了如下业务：

(1) 购买编号为 JP34 的商品 33 000 元，购买编号 MT5 的商品 21 000 元，购买编号为 KK2 的商品 8000 元，增值税税率为 13%，以工行支付货款。

(2) 向海尚公司销售 JP32 和 JP33 两种商品，收入为 175 000 元，其中工行收到了货款 13475 元，其余部分稍后支付。JP32 成本为 6000 元，JP33 成本为 5000 元。

(3) 工行收到欧丽公司归还的货款 88 000 元。

(4) 归还一通公司货款 250 000 元，货款已经通过工行支付。

(5) 销售 JP35、MT5 和 KK3 三种商品共计 152 800 元，工行已经收到全部货款。JP35 的成本为 61 000 元，MT5 的成本为 28 000 元，KK2 的成本为 3350 元。

(6) 现金支付销售部门费用 98 元。

(7) 工行支付招待费 5532 元。

(8) 向金鑫公司销售商品 MT4 共计 254 000 元，未收到货款。MT4 商品成本为 189 100 元。

(9) 销售部门购买办公用品 2200 元，以工行支付。

(10) 销售 JP34 商品 157 200 元，货款已经通过工行收讫，JP34 商品的成本为 72 500 元。

(11) 以工行支付税款，上月应交增值税销项税 71 382 元，不考虑增值税外的其他税收。

(12) 购买商品 MT4 共计 487 000 元，JP32 共计 45 000 元，JP34 共计 102 000 元，货款未支付，其中从合力赊购 547 940 元，从兴乐公司赊购 168 480 元。

(13) 工行支付前期计入其他应付款的水费 6022 元。

(14) 购买空调 5 台，共计 35 000 元，以工行支付。

(15) 方乐出差暂领现金 3500 元。

(16) 从工行提取 175 000 元支付职工工资，其中销售部门 95 000 元，管理部门 80 000 元，同时按 10% 计提福利费用。

(17) 工行收到新通讯公司归还的欠款 100 000 元。

(18) 出售商品 KK3 和 KK4 共计 135 000 元，其中 KK3 成本为 32 000 元，KK4 成本为 28 000 元，货款已经通过工行收讫。

(19) 向海尚公司销售商品 JP35 共计 182 000 元，成本为 110 000 元，货款未收讫。

(20) 向一通公司和兴乐公司赊购商品 MT5 共计 205 000 元，KK4 共计 25 000 元，其中向一通企业购买商品 140 000 元，向乐星公司购买商品 65 000 元。

(21) 以工行支付一通企业商品款 150 000 元。

(22) 以工行支付网络费 1200 元。

(23) 以工行支付劳保用品费用 8000 元。

 任务操作

1. 凭证界面

(1) 单击 Excel 左上角的"文件"按钮,选择"选项"命令,打开"Excel 选项"对话框,如图 2-9 所示。

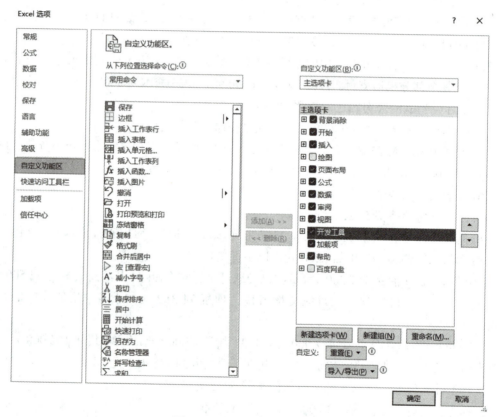

图 2-9 "Excel 选项"对话框

(2) 在左侧选择"自定义功能区",在右侧选中"自定义功能区"下"主选项卡"中的"开发工具"复选框,完成"开发工具"的选择。通过上述操作,选项卡中就能显示"开发工具"选项卡,如图 2-10 所示。

图 2-10 "开发工具"选项卡

(3) 新建工作表,将工作表重命名为"凭证输入"。

(4) 在 B1 单元格中输入"记账凭证",选中 B1:F1 单元格区域,选择"开始"选项卡,执行"对齐方式"组中的"合并后居中"命令,如图 2-11 所示。将"字体"设置为"仿宋_GB2312","字号"大小为"20",并将 B1:F1 单元格区域设置为双下画线。

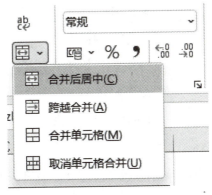

图 2-11 "合并后居中"命令

(5) 在 B2 单元格内输入"凭证号",在 D2 单元格内输入"日期",在 G2 单元格内输入"附件数:"。

(6) 选中 E2 单元格,右击,在弹出的快捷菜单中选择"设置单元格格式"命令,打开"设置单元格格式"对话框,选择"数字"选项卡,设置为"日期"分类中的"2012/3/14"类型,完成日期格式的设置。

(7) 从 A3 单元格开始,在工作表中输入如图 2-12 所示的内容。

	A	B	C	D	E	F	G	H	I
1				记账凭证					
2			凭证号:		日期		附件数:	添加记录	获取最新凭单号
3	凭证ID	摘要	会计科目			现金流量类型	借方金额	贷方金额	错误提示
3			科目代码	总账科目	明细科目				
4									
5									
6									
7									
8									
9									
10									
11									
12									
13									
14									
15									
16									
17									
18									

图 2-12 凭证界面

(8) 选择"开发工具"选项卡,选择"控件"组中"插入"下"表单控件"中的"按钮"控件,如图 2-13 所示。在"凭证输入"工作表的 H2 单元格偏右位置添加一个按钮,直接关闭"指定宏"对话框,在按钮上右击,在弹出的快捷菜单中选择"编辑文字"命令,将按钮的名称改为"添加记录",完成按钮的设置。

图 2-13　选择"表单控件"中的"按钮"控件

(9) 选择"开发工具"选项卡,选择"控件"组中"插入"下"表单控件"中的"按钮"控件,在"添加记录"按钮后添加一个命令按钮,并将按钮上的标题更改为"获取最新凭单号",完成按钮的设置。

(10) 选中 A5 单元格,在编辑栏内输入公式"=IF(B5<>""",YEAR($E$2)&"-"&IF(MONTH($E$2)<10,"0"&MONTH($E$2))&"-"&IF(DAY($E$2)<10,"0"&DAY($E$2))&"-"&IF($C$2<10,"00"&$C$2,IF($C$2<100,"0"&$C$2,$C$2))&"-"&IF(ROW()-4<10,"0"&ROW()-4,ROW()-4)&"-"&IF($H$2<10,"0"&$H$2,$H$2),"")",完成凭证id 的设计。

【提示】

凭证 id 相当于一张凭证某笔记录的身份证,具有唯一性,该值是通过公式根据用户输入凭证的日期和凭证号以及笔号自动形成的。凭证 id 的作用是通过公式分解该 id 号,以获得凭证日期、凭证号以及其他相关信息。

凭证 id 由年-月-日-凭证号-笔号-附件数构成,其中年以 4 位数表示;月、日、笔号和附件数都以 2 位数表示,当位数不足 2 位数时用 0 补充完整;凭证号用 3 位数表示,凭证号不足 3 位数的用 0 补充完整。

当凭证中有摘要时,会显示凭证 id 的内容,否则不显示 id 的具体内容。

A5 单元格中的公式比较复杂,其含义为如果 B5 单元格中有数据,即用户开始添加摘要信息时,就给用户一个凭证 id,id 的内容需要根据下述函数和公式来提取。

(11) 选中 C5:C18 单元格,选择"数据"选项卡,执行"数据工具"组内"数据验证"下的"数据"命令,打开如图 2-14 所示的"数据验证"对话框。在"设置"选项卡下,将"验证条件"中的"允许"设置为"序列","来源"设置为"=dm",选择"出错警告"选项卡,在"标题"下输入"科目代码错误",在"错误信息"下输入"输入的科目代码不存在",单击"确定"按钮,完成数据验证的设置。

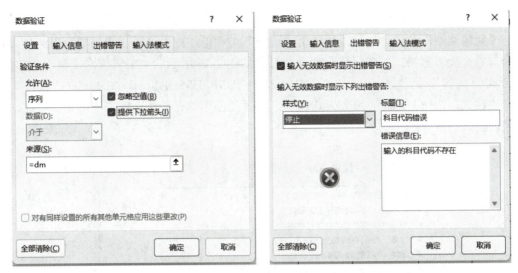

图 2-14 "数据验证"对话框

(12) 选中 D5 单元格，在编辑栏内输入公式 "=IFERROR(VLOOKUP(LEFT(C5,4)+0,km dm,2,FALSE),″″)"，完成总账科目的设置。

(13) 选中 E5 单元格，在编辑栏内输入 "=IFERROR(IF(LEN(C5)=6,VLOOKUP(C5,kmd m,2,FALSE),″″),″″)"，完成明细科目的设置。

(14) 选中 I5 单元格，在编辑栏内输入公式 "=IF(OR(COUNTBLANK(G5:H5)+COUNT BLANK(B5)=3,COUNTBLANK(G5:H5)+COUNTBLANK(B5)=0),″″,″错误″)"，完成错误提示的设置。

(15) 选中 F5:F18 单元格区域,选择"数据"选项卡,执行"数据工具"组内的"数据验证"命令,打开如图 2-15 所示的"数据验证"对话框,在"设置"选项卡下的"允许"中选择"序列","来源"设置为"=现金流量类型",单击"确定"按钮,完成数据验证的设置。

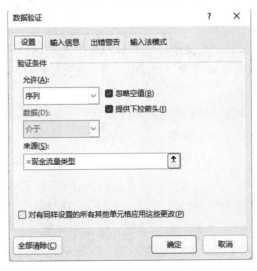

图 2-15 验证现金流量信息

(16) 选中 G5:G18 单元格区域，选择"开始"选项卡，执行"样式"组内"条件格式"下的"新建规则"命令，打开"新建格式规则"对话框，在"选择规则类型"中选择"使用公式确定要设置格式的单元格"命令，打开如图 2-16 所示的"编辑规则说明"，在"为符合此公式的值设置格式"文本框内输入"=SUM($H$5:$H$18)<>SUM($G$5:$G$18)"，单击"格式"按钮，选择"填充"选项卡，选择红色为填充颜色，单击"确定"按钮，完成条件格式的设置。

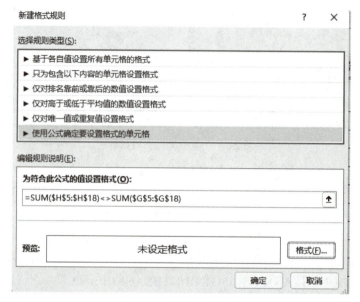

图 2-16　设置条件格式

(17) 选中 G5:H18 单元格区域，右击，在弹出的快捷菜单中选择"设置单元格格式"命令，打开"设置单元格格式"对话框，选择"数字"标签，将其类型设置为"会计专用"，"小数位数"设置为 2，"货币符号"设置为"无"，完成指定单元格区域的格式设置。

(18) 选中 A5 单元格，将鼠标指针移动到 A5 单元格的右下角，向下拖曳填充公式到 A18 单元格区域，完成凭证 id 的设置。选中 D5:E5 单元格区域，将鼠标指针移动到单元格区域的右下角，向下拖曳填充公式至 D18:E18 单元格区域，完成总账科目和明细科目的设置。

(19) 选中 I5 单元格，将鼠标指针移动到 I5 单元格的右下角，向下拖曳填充公式到 I18 单元格区域，完成凭证错误提示的设置。

2. 输入数据

(1) 选中 C2 单元格，输入凭证号，完成凭证号的设置。

(2) 选中 E2 单元格，输入"2022-1-3"，完成凭证日期的输入。

(3) 选中 H2 单元格，输入"1"，表示该笔凭证的附件数。

(4) 在 B5 单元格内输入摘要"购买商品"，在 C5 单元格内输入科目代码"140503"，在 G5 单元格内输入金额 33 000，在 H5 单元格内输入数值 0，完成第 1 号凭证的第 1 笔记录输入，第 1 笔记录完成后的效果如图 2-17 所示。

图 2-17　输入第 1 笔记录

(5) 在 B6 单元格内输入摘要"购买商品",在 C6 单元格内输入科目代码"140507",在 G6 单元格内输入金额 21 000,在 H6 单元格内输入数值 0,完成该凭证的第 2 笔记录输入。

(6) 在 B7 单元格内输入摘要"购买商品",在 C7 单元格内输入科目代码"140508",在 G7 单元格内输入金额 8000,在 H7 单元格内输入数值 0,完成该凭证的第 3 笔记录输入。

(7) 在 B8 单元格内输入摘要"购买商品",在 C8 单元格内输入科目代码"222101",在 G8 单元格内输入金额 8060,在 H8 单元格内输入数值 0,完成该凭证的第 4 笔记录输入。

(8) 在 B9 单元格内输入摘要"购买商品",在 C9 单元格内输入科目代码"100201",在 F9 单元格内选择"现金流量类型"为"购买商品、接受劳务支付的现金",在 G9 单元格内输入 0,在 H9 单元格内输入数值 70 060,完成该凭证的第 5 笔记录。

在凭证界面中完成输入后的凭证如图 2-18 所示。

图 2-18　输入完成的第 1 张凭证

3. 导入凭证库

(1) 新建工作表,将工作表重命名为"凭证库",建立"凭证库"工作表。

(2) 从 A1 单元格位置开始输入 id、凭证 id、摘要、科目代码、总账科目、明细科目、现金流量类型、借金额、贷金额、类型代码、年、月、日、凭证号、笔号、附件数、性质和审核等字段,完成凭证库所需字段的输入。

(3) 选中 A1 单元格,选择"插入"选项卡,执行"表格"组内的"表格"命令,将指定的单元格区域转化为组。选择"设计"选项卡,将"属性"组内的表对象名称更改为"pzk",完成"凭证库"工作表的设计。

(4) 选中 B2 单元格,在 B2 单元格内输入字母"a",完成首行数据的输入。打开"凭证输入"工作表，在凭证界面中输入第一张凭证，如图 2-19 所示。当 I 列没有错误提示，并且借贷方没有红色显示时，说明该凭证在结构上是正确的，就可以通过录制一个宏将数据导入凭证库工作表中。

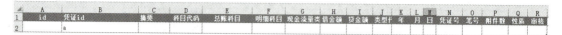

图 2-19　输入完成的第一张凭证

【提示】

使用 Excel 导入数据的应用技巧：如果向一张空表中传入数据，那么为了不发生错误，至少要有一行数据。首次导入时，由于表格中没有数据，因此要为某个字段添加数据，表示该表中现在已经存在一行数据；如果表对象中已经有数据，就无须这一行，在导入第一张凭证后，该行数据将会被手动删除。

输入内容前的凭证库如图 2-20 所示。

	记账凭证							
	凭证号：1		日期：2022/1/3			附件数：1	添加记录	获取最新凭单号
凭证ID	摘要	会计科目			现金流量类型	借方金额	贷方金额	错误提示
		科目代码	总账科目	明细科目				
2022-01-03-001-01-01	购买商品	140503	库存商品	JP34		33,000.00	-	
2022-01-03-001-02-01	购买商品	140507	库存商品	MT5		21,000.00	-	
2022-01-03-001-03-01	购买商品	140508	库存商品	KK2		8,000.00	-	
2022-01-03-001-04-01	购买商品	222101	应交税费	应交增值税（进项）		8,060.00	-	
2022-01-03-001-05-01	购买商品	100201	银行存款	工行	购买商品、接		7,006.00	

图 2-20　输入内容前的凭证库

4. 录制宏

(1) 选择"开发工具"选项卡，执行"代码"组中的"录制宏"命令，打开如图 2-21 所示的"录制宏"对话框，将宏名称更改为"添加新记录"，单击"确定"按钮，开始录制宏。

图 2-21　"录制宏"对话框

【提示】

在如图 2-21 所示的对话框中通常指定的内容包括宏名，如果把录制的宏看作一部电影，那么宏名就是这部电影的名称，用户只需要取一个比较贴切的名称即可。如果用户只是录制宏，而不准备在今后的使用中修改代码，那么用中文取一个合适的名称是最优方案。

注意："快捷键"不要和系统中已经存在的快捷键重合，否则在按下快捷键时会引起混乱。如果使用按钮绑定一个宏，那么快捷键并不是必需的。本实例没有使用快捷键。

"保存在"的位置一般只对当前工作簿有用。

(2) 选中 H5 单元格，选择"开发工具"选项卡，执行"代码"组中的"使用相对引用"命令，进入相对模式下录制。

(3) 选中 H5 单元格，同时按 Shift + Ctrl + 向下方向键，再同时按 Shift + Ctrl + 向左方向键，按 3 次向左方向键，再按 Ctrl + C 键，完成要复制内容的选择复制操作。

【提示】

H5 单元格所在的行是第 5 行，也是凭证记录的开始行。由于每笔凭证的笔数是不固定的，因此无法通过选择某个单元格区域然后复制到凭证库中的方法来完成。其解决方法是使用 Shift + Ctrl + 向下方向键到达最后一行包含数字的行。因为 H 列是贷方金额所在的列，所以只要有记录，就一定会有贷方的金额，即使是借方发生额，贷方的金额也会是 0。

同理，Shift + Ctrl + 向左方向键将会到达最后一列包含数值的列，由于 F 列的内容是现金流量类型，而现金流量并不是每笔凭证都必须填，因此按一次 Shift + Ctrl + 向左方向键并不能到达 ID 字段，其解决方法是多按几次该快捷键。由于 A 列是最左侧一列，因此用户不论按多少次 Shift + Ctrl + 向左方向键都不能逾越 A 列的位置。

上述操作的结果实际上就是选中了单元格记录中有记录的区域，如图 2-22 所示。

	A	B	C	D	E	F	G	H	I
1				记账凭证					
2		凭证号：1		日期：2022/1/3			附件数：1	添加记录	获取最新凭单号
3	凭证ID	摘要	会计科目			现金流量类型	借方金额	贷方金额	错误提示
4			科目代码	总账科目	明细科目				
5	2022-01-03-001-01-01	购买商品	140503	库存商品	JP34		33,000.00	-	
6	2022-01-03-001-02-01	购买商品	140507	库存商品	MT5		21,000.00		
7	2022-01-03-001-03-01	购买商品	140508	库存商品	KK2		8,000.00		
8	2022-01-03-001-04-01	购买商品	222101	应交税费	应交增值税（进项）		8,060.00		
9	2022-01-03-001-05-01	购买商品	100201	银行存款	工行	购买商品、接	-	7,006.00	

图 2-22　选中的包含数据的区域

(4) 选择"开发工具"选项卡，取消选中"代码"组中的"使用相对引用"命令，进入绝对引用模式。

(5) 选择"凭证库"工作表,选中 B2 单元格,选择"开发工具"选项卡,执行"代码"组中的"使用相对引用"命令,同时按 Ctrl + 向下方向键,再单独按一次向下方向键,在空白单元格内右击,在弹出的快捷菜单中选择"选择性粘贴"命令,打开如图 2-23 所示的"选择性粘贴"对话框,选中"数值"单选按钮,单击"确定"按钮,完成数据的粘贴操作。

(6) 选择"开发工具"选项卡,取消选中"代码"组中的"使用相对引用"命令,进入绝对引用模式。

(7) 选中 B1 单元格,双击,退出复制模式;选中 C1 单元格,选择"凭证输入"工作表,选中 B5:C18 单元格区域,按 Delete 键,删除凭证摘要和科目代码;选中 F5:H18 单元格区域,按 Delete 键,删除凭证的借方金额和贷方金额,完成已经导入凭证的数据的删除。

(8) 选择"开发工具"选项卡,执行"代码"组中的"停止录制"命令,完成宏的录制。

(9) 在"添加记录"按钮上右击,在弹出的快捷菜单中选择"指定宏"命令,打开如图 2-24 所示的"指定宏"对话框,选择"添加新记录"选项,单击"确定"按钮,完成指定宏的设置。

图 2-23 "选择性粘贴"对话框

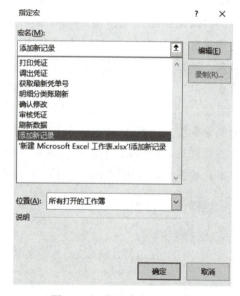

图 2-24 "指定宏"对话框

通过上述步骤,在"凭证库"工作表中就可以显示刚才输入的凭证内容,如图 2-25 所示。

	A	B	C	D	E	F	G	H	I
1	id	凭证id	摘要	科目代码	总账科目	明细科目	现金流量类	借金额	贷金额
2	2022-1-1-1	2022-01-01-001-01-01	购买商品	140503	库存商品	JP34		33000	0
3	2022-1-1-2	2022-01-01-001-02-01	购买商品	140507	库存商品	MT5		21000	0
4	2022-1-1-3	2022-01-01-001-03-01	购买商品	140508	库存商品	KK2		8000	0
5	2022-1-1-4	2022-01-01-001-04-01	购买商品	222101	应交税费	应交增值税(进项)		8060	0

图 2-25 向凭证库中导入第一条记录

5. 优化凭证号

(1) 选择"凭证输入"工作表，选择"开发工具"选项卡，执行"代码"组内的"录制宏"命令，打开"录制宏"对话框，将宏名称更改为"获取最新凭单号"，单击"确定"按钮，开始录制宏。

(2) 选中 C2 单元格，在编辑栏内输入公式"=MAX(IF(pzk[年]&″ - ″ &pzk[月]=YEAR (E2)&″ - ″ &MONTH(E2),pzk[凭证号]),0)+1"，按 Ctrl+Shift+Enter 键，获取凭证库中指定月份最新的凭单号。

(3) 选择"开发工具"选项卡，执行"代码组"中的"停止录制"命令，完成宏的录制。

(4) 在"获取最新凭单号"按钮上右击，在弹出的快捷菜单中选择"指定宏"命令，打开"指定宏"对话框，选择"获取最新凭单号"选项，单击"确定"按钮，完成指定宏的设置。

6. 其他字段数据

(1) 选中"凭证库"工作表，选中第 2 行，右击，在弹出的快捷菜单中选择"删除"命令，删除第 1 行记录。

(2) 选中 A2 单元格，在编辑栏内输入"=[@ 年]&″ - ″ &[@ 月]&″ - ″ &[@ 凭证号]&″ - ″ &[@ 笔号]"，按 Enter 键确认，完成 id 字段的设置。

(3) 选中 J2 单元格，在编辑栏内输入公式"=IFERROR(VLOOKUP([@ 现金流量类型],xjll,2,FALSE),″ ″)"，完成现金流量类型代码的设置。

(4) 选中 K2 单元格，在编辑栏内输入公式"=LEFT([@ 凭证 id],4)+0"，完成"年"字段的设置。

(5) 选中 L2 单元格，在编辑栏内输入公式"=MID([@ 凭证 id],6,2)+0"，完成"月"字段的设置。

(6) 选中 M2 单元格，在编辑栏内输入公式"=MID([@ 凭证 id],9,2)+0"，完成"日"字段的设置。

(7) 选中 N2 单元格，在编辑栏内输入公式"=MID([@ 凭证 id],12,3)+0"，完成"凭证号"字段的设置。

(8) 选中 O2 单元格，在编辑栏内输入公式"=MID([@ 凭证 id],16,2)+0"，完成"笔号"字段的设置。

(9) 选中 P2 单元格，在编辑栏内输入公式"=RIGHT([@ 凭证 id],2)+0"，完成"附件数"字段的设置。

(10) 选中 Q2 单元格，在编辑栏内输入公式"=VLOOKUP([@ 科目代码],kmdm,3,FALSE)"，完成会计科目性质的显示。

(11) 选中 A2 单元格，选择"视图"选项卡，执行"窗口"组中"冻结窗口"下的"冻结拆分窗口"命令，完成窗口冻结。

7. 后续凭证输入

(1) 选中"凭证输入"工作表，输入日期和附件数，单击"获取最新凭单号"按钮，设置本张凭单的凭单号。

(2) 选中 B5 单元格，输入摘要“销售商品”。在 C5 单元格内输入科目代码 100201，在 F5 单元格内选择“销售商品、提供劳务收到的现金”，在 G5 单元格内输入数值 13475，在 H5 单元格内输入数值 0。

(3) 选中 B6 单元格，输入摘要“销售商品”。在 C6 单元格内输入科目代码 112202，在 G6 单元格内输入数值 63 000，在 H6 单元格内输入数值 0。

(4) 选中 B7 单元格，输入摘要“销售商品”。在 C7 单元格内输入科目代码 6402, 在 G7 单元格内输入数值 0，在 H7 单元格内输入数值 17 500。

(5) 选中 B8 单元格，输入摘要“销售商品”。在 C8 单元格内输入科目代码 222102, 在 G8 单元格内输入数值 0，在 H8 单元格内输入数值 2275。最终生成的凭证如图 2-26 所示。

	A	B	C	D	E	F	G	H	I
1		记账凭证							
2		凭证号：	2	日期：2022/1/5			附件数：	3 添加记录	获取最新凭单号
3	凭证ID	摘要	会计科目			现金流量类型	借方金额	贷方金额	错误提示
4			科目代码	总账科目	明细科目				
5	2022-01-05-002-01-03	销售商品	100201	银行存款	工行	销售商品、提	13,475.00	-	
6	2022-01-05-002-02-03	销售商品	112202	应收账款	欧丽公司		63,000.00	-	
7	2022-01-05-002-03-03	销售商品	6402	其他业务支出			-	17,500.00	
8	2022-01-05-002-04-03	销售商品	222102	应交税费	应交增值税（销项）		-	2,275.00	

图 2-26　凭证内容

(6) 凭证输入检查无误后，单击“添加记录”按钮，即可将记录添加到“凭证库”中，完成将凭证内容导入“凭证库”中。打开“凭证库”工作表，可以看到输入的凭证数据，如图 2-27 所示。

	A	B	C	D	E	F	G	H	I	J	K	L	M	N	O	P	Q	R
1	id	凭证id	摘要	科目代码	总账科目	明细科目	现金流量类	借金额	贷金额	类型f	年	月	日	凭证号	笔号	附件数	性质	审核
2	2022-1-1-1	2022-01-01-001-01-01	购买商品	140503	库存商品	JP34		33000	0		2022	1	1	1	1	1	1	
3	2022-1-1-2	2022-01-01-001-02-01	购买商品	140507	库存商品	MT5		21000	0		2022	1	1	1	2	1	1	
4	2022-1-1-3	2022-01-01-001-03-01	购买商品	140508	库存商品	KK2		8000	0		2022	1	1	1	3	1	1	
5	2022-1-1-4	2022-01-01-001-04-01	购买商品	222101	应交税费	应交增值税（进项）		8060	0		2022	1	1	1	4	1	1	
6	2022-1-1-5	2022-01-01-001-05-01	购买商品	100201	银行存款	工行	购买商品、	0	70060	jy4	2022	1	1	1	5	1	1	
7	2022-1-2-1	2022-01-05-002-01-03	销售商品	100201	银行存款	工行	销售商品、	13475	0	jy1	2022	1	5	2	1	3	1	
8	2022-1-2-2	2022-01-05-002-02-03	销售商品	112201	应收账款	海尚公司		6300	0		2022	1	5	2	2	3	1	
9	2022-1-2-3	2022-01-05-002-03-03	销售商品	6001	主营业务收入			0	17500		2022	1	5	2	3	3	-1	
10	2022-1-2-4	2022-01-05-002-04-03	销售商品	222102	应交税费	应交增值税（销项）		0	2275		2022	1	5	2	4	3	-1	

图 2-27　凭证库中新增的记录

8. 会计分录参考

下面列出了本任务中涉及的各笔业务的会计分录。

第 1 笔业务：

借：库存商品 -JP34　　33 000

　　库存商品 -MT5　　21 000

　　库存商品 -KK2　　8000

　　应交税费 – 应交增值税 (进项)　　8060

　　贷：银行存款 – 工行　　70 060

第 2 笔业务：

借：银行存款－工行   13 475

  应收账款－海尚公司 6300

   贷：主营业务收入   17 500

    应交税费－应交增值税（销项） 2275

借：主营业务成本   11 000

   贷：库存商品－JP32   6000

    库存商品－JP33   5000

第 3 笔业务：

借：银行存款－工行   88 000

   贷：应收账款－欧丽公司 88 000

第 4 笔业务：

借：应付账款－一通公司   250 000

   贷：银行存款－工行   250 000

第 5 笔业务：

借：银行存款－工行   172 664

   贷：主营业务收入   152 800

    应交税费－应交增值税（销项） 19 864

借：主营业务成本   92 350

   贷：库存商品－JP35   61 000

    库存商品－MT5   28 000

    库存商品－KK2   3350

第 6 笔业务：

借：销售费用   98

   贷：库存现金   98

第 7 笔业务：

借：管理费用－业务招待费   5532

   贷：银行存款－工行   5532

第 8 笔业务：

借：应收账款－金鑫公司   287 020

   贷：主营业务收入   254 000

    应交税费－应交增值税（销项） 33 020

借：主营业务成本   189 100

   贷：库存商品－JP35   189 100

第 9 笔业务：

借：销售费用   2200

   贷：银行存款－工行   2200

第 10 笔业务：

借：银行存款－工行　　　　　　　　　　177 636

　　贷：主营业务收入　　　　　　　　　157 200

　　　　应交税费－应交增值税（销项）　20 436

借：主营业务成本　　　　　　　　　　　72 500

　　贷：库存商品－JP34　　　　　　　　72 500

第 11 笔业务：

借：应交税费－应交增值税（销项）　　　71 382

　　贷：银行存款－工行　　　　　　　　71 382

第 12 笔业务：

借：库存商品－MT4　　　　　　　　　　487 000

　　库存商品－JP32　　　　　　　　　　45 000

　　库存商品－JP34　　　　　　　　　　102 000

　　应交税费－应交增值税（进项）　　　82 420

　　贷：应付账款－合力企业　　　　　　547 940

　　　　应付账款－兴乐公司　　　　　　168 480

第 13 笔业务：

借：其他应付款　　　　　　　　　　　　6022

　　贷：银行存款－工行　　　　　　　　6022

第 14 笔业务：

借：固定资产　　　　　　　　　　　　　35 000

　　贷：银行存款－工行　　　　　　　　35 000

第 15 笔业务：

借：其他应收款－方乐　　　　　　　　　3500

　　贷：库存现金　　　　　　　　　　　3500

第 16 笔业务：

借：库存现金　　　　　　　　　　　　　175 000

　　贷：银行存款－工行　　　　　　　　175 000

借：应付职工薪酬　　　　　　　　　　　175 000

　　贷：库存现金　　　　　　　　　　　175 000

借：销售费用　　　　　　　　　　　　　95 000

　　管理费用－工资　　　　　　　　　　34 500

　　贷：应付职工薪酬　　　　　　　　　175 000

借：销售费用　　　　　　　　　　　　　9500

　　管理费用－福利费　　　　　　　　　8000

　　贷：应付职工薪酬　　　　　　　　　17 500

第 17 笔业务：

借：银行存款－工行　　　　　　　　　　125 000

　　　贷：应收账款－新通讯公司　　　　　　125 000

第 18 笔业务：

借：银行存款－工行　　　　　　　　　　152 550
　　　贷：主营业务收入　　　　　　　　　　135 000
　　　　　应交税费－应交增值税 (销项)　 17 550
借：主营业务成本　　　　　　　　　　　 60 000
　　　贷：库存商品 –KK3　　　　　　　　　 32 000
　　　　　库存商品 –KK4　　　　　　　　　 28 000

第 19 笔业务：

借：应收账款－海尚公司　　　　　　　　205 660
　　　贷：主营业务收入　　　　　　　　　　182 000
　　　　　应交税费－应交增值税 (销项)　 23 660
借：主营业务成本　　　　　　　　　　　110 000
　　　贷：库存商品 –JP35　　　　　　　　　110 000

第 20 笔业务：

借：库存商品 –MT5　　　　　　　　　　205 000
　　　库存商品 –KK4　　　　　　　　　　 25 000
　　　应交税费－应交增值税 (进项)　　 29 900
　　　贷：应付账款－一通企业　　　　　　　231 650
　　　　　应付账款－兴乐公司　　　　　　　 28 250

第 21 笔业务：

借：应付账款－一通企业　　　　　　　　150 000
　　　贷：银行存款－工行　　　　　　　　　150 000

第 22 笔业务：

借：管理费用－其他　　　　　　　　　　　1200
　　　贷：银行存款－工行　　　　　　　　　 1200

第 23 笔业务：

借：管理费用－劳保费用　　　　　　　　　8000
　　　贷：银行存款－工行　　　　　　　　　 8000

项　目　小　结

　　本项目主要介绍了福源公司设置科目代码、各科目年初数和设置现金流量类型，介绍了记账凭证和后台数据表之间的联系。通过了解表对象的使用方法，了解录制宏的过程，学习者可完成会计凭证的制作和使用。

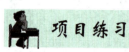 项目练习

1. 福兴公司在 2021 年年底各个会计科目的余额如表 2-2 所示。

表 2-2 2021 年期末数

科目代码	科目名称	期末数
1001	现金	5 445.00
100201	工行	2 505 632.91
100202	农行	753 225.00
112201	兴化公司	156 090.00
112202	佳佳公司	232 320.00
112203	利农公司	424 710.00
112204	万家公司	203 280.00
1231	坏账准备	5 082.00
140501	P01	37 752.00
140502	P02	42 471.00
140503	P03	292 578.00
140504	P04	827 640.00
140505	P05	680 625.00
140506	P06	413 820.00
140507	P07	609 114.00
1601	固定资产	4 646 400.00
1602	累计折旧	918 814.71
1801	长期待摊费用	217 800.00
1811	递延所得税资产	1 032 589.80
2001	短期借款	907 500.00
220201	美新公司	217 800.00
220202	胜瑞科技公司	923 835.00
220203	正则科技公司	327 930.57
2211	应付职工薪酬	567 989.73
222101	应交增值税（进项）	323 984.81
222102	应交增值税（销项）	393 104.13
222108	应交教育附加款	1 937.93
2241	其他应付款	66 483.45
4001	实收资本	9 075 000.00

2. 2022 年 1 月，金邦公司发生的业务如下：

(1) 购买编号为 P03 的商品 25 740 元，购买编号为 P02 的商品 28 080 元，购买编号为 P07 的商品 10 530 元，以工行支付货款。

(2) 向兴华公司销售 P01 和 P02 两种商品，收入为 21 060 元，其中工行收到了货款 10 000 元，其余部分稍后支付。P01 成本为 3900 元，P02 成本为 8100 元。

(3) 工行收到佳佳公司归还的货款 140 000 元。

(4) 归还胜瑞科技公司货款 300 000 元，货款已经通过工行支付。

(5) 销售 P04、P05 和 P07 三种商品共计 163 800 元，工行已经收到全部货款。P04 的成本为 53 000 元，P05 的成本为 40 000 元，P07 的成本为 25 000 元。

(6) 使用现金支付招待费 3000 元。

(7) 向利农公司销售商品 P05 共计 245 700 元，未收到货款。P05 商品成本为 198 900 元。

(8) 销售部门购买办公用品 2000 元，以工行支付。

(9) 销售 P03 商品 93 600 元，货款已经通过工行收讫，P03 商品的成本为 60 000 元。

(10) 购买商品 P07 共计 549 900 元，P01 共计 29 250 元，P03 共计 105 300 元，货款未支付，其中从正则科技公司赊购 29 250 元，其余从胜瑞科技公司赊购。

(11) 从工行支付前期计入其他应付款的电费 40 000 元。

(12) 从工行支付职工工资 70 000 元，其中销售部门 50 000 元，管理部门 20 000 元。同时，计提福利费用销售部门 7000 元，管理部门 2800 元。

(13) 工行收到利农公司归还的欠款 100 000 元。

(14) 出售商品 P07 共计 117 000 元，P07 成本为 63 225 元，货款已经通过工行收讫。

(15) 向利农公司销售商品 P04 共计 152 100 元，成本为 100 000 元，货款未收讫。

(16) 向正则科技公司和胜瑞公司赊购商品 P01 共计 198 900 元，P02 共计 7020 元，其中欠正则科技公司 100 000 元，其余为胜瑞公司欠款。

(17) 以工行支付正则科技公司商品款 100 000 元。

(18) 以工行支付报刊费 5000 元。

参照本项目介绍的方法，创建凭证输入界面，并将上述内容输入凭证输入界面中，通过该界面的功能将数据导入凭证库中。

会 计 账 簿

项目三

学习目标

(1) 了解 Microsoft Query 的使用方法；
(2) 了解数据验证的方法；
(3) 掌握总分类账的结构；
(4) 掌握科目余额表的结构和 Microsoft Query 提取数据的方法；
(5) 掌握明细分类账的设计方法；
(6) 学会应用 Excel 解决实际案例中遇到的会计账簿问题。

情景引入

凭证库相当于整个账务处理系统的数据中心，它为账簿和报表提供了所需的数据。从 Excel 应用的角度来看，账簿和报表只是从不同的分析角度来看待凭证库数据。本项目介绍了如何创建科目汇总表、科目余额表、总分类账、明细分类账以及导航页面的设计等内容。

任务一　科目汇总表

知识准备

Excel 中有一个 Microsoft Query 组件，该组件的作用相当于数据库的查询分析器，能够通过该组件从数据库中提取数据并显示到工作表中。虽然 Excel 并不是真正意义上的数据库，但是 Microsoft Query 组件依旧能够从指定的工作簿 (包括当前正在使用的工作簿) 中提取数据。如果把"科目汇总表"工作表当作数据表看待，就可以解决会计科目的来源问题；如果把"凭证库"工作表当作数据表看待，就可以解决金额来源的问题。

任务目标

(1) 制作科目汇总表；
(2) 完成科目汇总表数据。

任务资料

2022 年 1 月科目汇总表如表 3-1 所示。

表 3-1　2022 年 1 月科目汇总表

2022 年 1 月科目汇总表			
年份：2022		月份：1	
科目代码	总账科目名称	借方发生额	贷方发生额

科目汇总表包括如下内容：

(1) 日期信息。

(2) 科目代码。

(3) 科目名称。

(4) 指定月借方发生额。

(5) 指定月贷方发生额。

任务操作

1. 科目汇总表界面

(1) 在 "账务处理 .xlsm" 中新建一张工作表，将其重命名为 "科目汇总表"。

(2) 选中 A1:D1 单元格区域，选择 "开始" 选项卡，执行 "对齐方式" 组中的 "合并后居中" 命令，将指定的内容合并居中，然后在 A1 单元格中输入 "=B2&″年″&D2&″月科目汇总表″"，完成表头标题的设置。

(3) 从 A2 单元格开始输入如图 3-1 所示的内容，完成科目汇总表界面的设置。

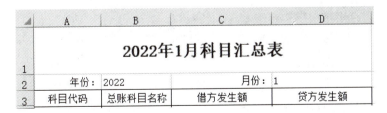

图 3-1　科目汇总表结构

2. 科目汇总表数据

(1) 选中 A4 单元格，选择 "数据" 选项卡，执行 "获取外部数据" 组中 "自其他来源" 中的 "来自 Microsoft Query" 命令，打开如图 3-2 所示的 "选择数据源" 对话框。

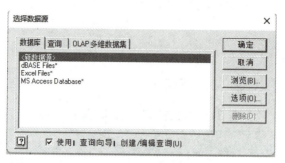

图 3-2 "选择数据源"对话框

(2) 在"选择数据源"对话框中选择数据库类型为"Excel Files*"，单击"确定"按钮，打开如图 3-3 所示的"选择工作簿"对话框。

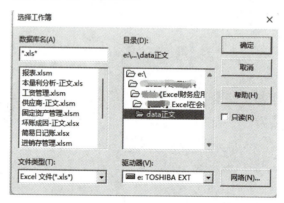

图 3-3 "选择工作簿"对话框

(3) 在"驱动器"中选择 D 盘，在"目录"中选择"data 正文"，数据库的名称指定为"账务处理 .xlsm"，单击"确定"按钮，打开如图 3-4 所示的"查询向导 – 选择列"对话框，单击"可用的表和列"中"凭证库"前的"+"按钮，展开该表所包含的列，选中要显示的列为科目代码、总账科目、借金额和贷金额。

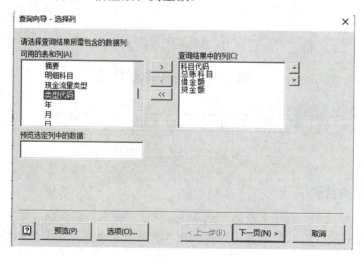

图 3-4 "查询向导 – 选择列"对话框

(4) 单击"下一页"按钮,完成要显示的列的选择,打开"查询向导－筛选数据"对话框,如图 3-5 所示。

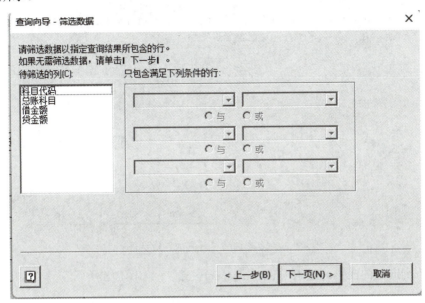

图 3-5 "查询向导－筛选数据"对话框

(5) 单击"下一页"按钮,跳过筛选过程,打开如图 3-6 所示的"查询向导－排序顺序"对话框,在该步骤中不需要设置任何内容。

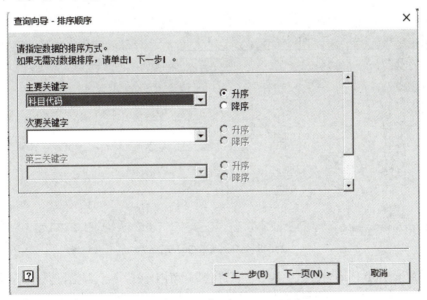

图 3-6 "查询向导－排序顺序"对话框

(6) 单击"下一页"按钮,打开如图 3-7 所示的"查询向导－完成"对话框,在"请确定下一步的动作"中选中"在 Microsoft Query 中查看数据或编辑查询"单选按钮,单击"完成"按钮。

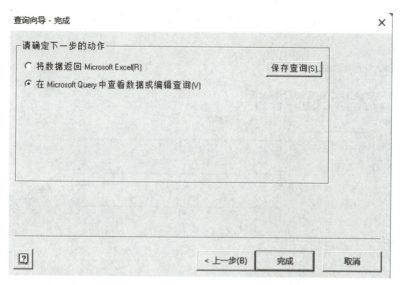

图 3-7 "查询向导 - 完成"对话框

完成查询向导的操作，进入 Microsoft Query 窗口，如图 3-8 所示。

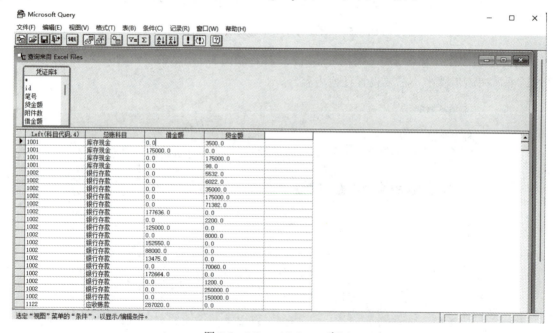

图 3-8 Microsoft Query 窗口

(7) 在 Microsoft Query 窗口中选择"科目代码"列中任意一个数据，选择"记录"→"编辑列"命令，打开如图 3-9 所示的"编辑列"对话框，将"字段"下的内容更改为"Left(科目代码,4)"，单击"确定"按钮，完成列的设置。

(8) 在 Microsoft Query 窗口中选择"借金额"列中任意一个数据，选择"记录"→"编辑列"命令，打开如图 3-10 所示的"编辑列"对话框，在"字段"下拉列表中选择"借金额"，在"总计"下拉列表中选择"求和"，单击"确定"按钮，完成"借金额"字段的求和。

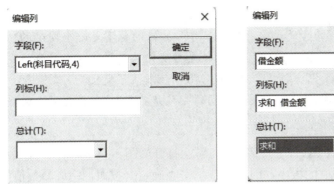
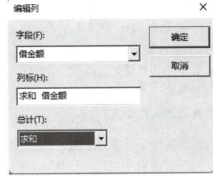

图 3-9　编辑列　　　　　　　　图 3-10　编辑"借金额"字段

(9) 在 Microsoft Query 窗口中选择"贷金额"列中任意一个数据，选择"记录"→"编辑列"命令，打开如图 3-11 所示的"编辑列"对话框，在"字段"下拉列表中选择"贷金额"，在"总计"下拉列表中选择"求和"，单击"确定"按钮，完成"贷金额"字段的求和。

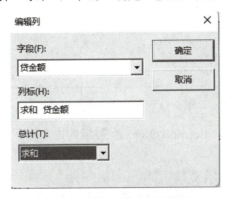

图 3-11　编辑"贷金额"字段

(10) 在 Microsoft Query 窗口中选择"条件"→"添加条件"命令，打开如图 3-12 所示的"添加条件"对话框，保持"总计"下拉列表为空，"字段"设置为"年"，"运算符"设置为"等于"，"指定值"设置为"[nian]"，单击"添加"按钮，完成年份条件的设置；保持"总计"下拉列表为空，"字段"设置为"月"，"运算符"设置为"等于"，"指定值"设置为"[yue]"，单击"添加"按钮，完成月份条件的设置。

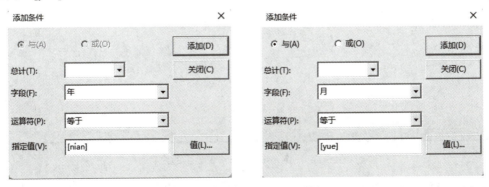

图 3-12　"添加条件"对话框

【提示】

指定值设置为"[nian]"的含义是要指定的"年"字段的值不是一个固定的值，而是一个名为 nian 的变量（也称为参数）。该参数的值是可变的，可以将该参数链接到一个单元格中，若单元格的值发生变化，则意味着查询参数的值发生了变化。

在设置第二个条件时，要指定两个条件之间的关系是"与"，即最终显示的数据是两个条件同时成立时的结果。

在"添加条件"对话框中单击"添加"按钮后，会打开如图 3-13 所示的"输入参数值"对话框，由于暂时并不指定值的大小，因此直接单击"确定"按钮，完成参数值的设置。单击"添加条件"对话框中的"关闭"按钮，关闭"添加条件"对话框，完成条件的设置。

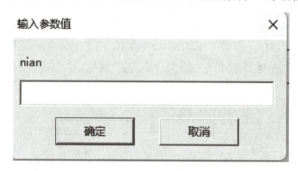

图 3-13 "输入参数值"对话框

由于没有指定值，因此 Microsoft Query 中显示的内容如图 3-14 所示。

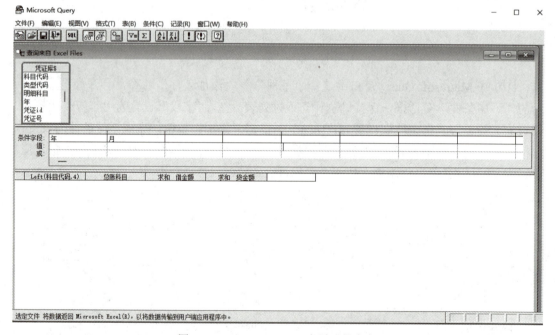

图 3-14 Microsoft Query 中显示的内容

(11) 在 Microsoft Query 窗口中选择"文件"→"将数据返回 Microsoft Excel"命令，

打开如图 3-15 所示的"导入数据"对话框，将数据的放置位置设置为"科目汇总表"的 A4 单元格，完成导入数据起始位置的设置。

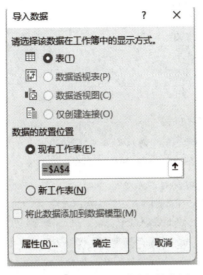

图 3-15 设置导入数据的起始位置

(12) 单击"导入数据"对话框中的"确定"按钮，打开如图 3-16 所示的"输入参数值"对话框，单击"nian"下文本框后的折叠按钮，选中工作表中的 B2 单元格，选中"在以后的刷新中使用该值或该引用"和"当单元格值更改时自动刷新"复选框，单击"确定"按钮，完成年份参数的设置。单击"yue"下文本框后的折叠按钮，选中工作表中的 D2 单元格，选中"在以后的刷新中使用该值或该引用"和"当单元格值更改时自动刷新"复选框，完成月份参数的设置。

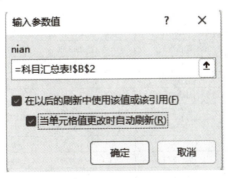

图 3-16 "输入参数值"对话框

(13) 选中 A4 单元格，选择"设计"选项卡，选择"表样式"组中的第一种样式"无"，选中"表样式"组中的"汇总行"项，添加一个汇总行，并将借金额和贷金额的汇总方式都设置为"求和"。

(14) 选中 A3:D19 单元格区域，设置指定的单元格区域包含边框线。

(15) 选中 C5:D19 单元格区域，右击，在弹出的快捷菜单中选择"设置单元格格式"命令，选择"数值类型"为"会计专用"，不显示"货币符号"类型。

(16) 选中 A4 单元格,选择"设计"选项卡,执行"外部表数据"组中的"属性"命令,打开如图 3-17 所示的"外部数据属性"对话框,取消选中"调整列宽"复选框,单击"确定"按钮,完成格式和布局的设置。

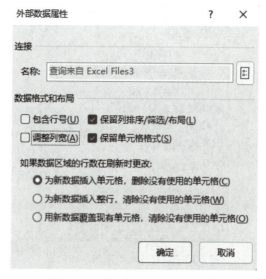

图 3-17 "外部数据属性"对话框

(17) 选中第 4 行,右击,在弹出的快捷菜单中选择"隐藏"命令,隐藏表对象的标题行。

通过上述步骤就完成了科目汇总表的所有设计,设计完成后的科目汇总表如图 3-18 所示。

	A	B	C	D
1	2022年1月科目汇总表			
2	年份:	2022		月份: 1
3	科目代码	总账科目名称	借方发生额	贷方发生额
5	1001	库存现金	175,000.00	178,598.00
6	1002	银行存款	729,325.00	774,396.00
7	1122	应收账款	498,980.00	213,000.00
8	1221	其他应收款	3,500.00	–
9	1405	库存商品	926,000.00	534,950.00
10	1601	固定资产	35,000.00	
11	2202	应付账款	400,000.00	976,320.00
12	2211	应付职工薪酬	175,000.00	192,500.00
13	2221	应交税费	191,762.00	116,805.00
14	2241	其他应付款	6,022.00	–
15	6001	主营业务收入	–	898,500.00
16	6401	主营业务成本	534,950.00	
17	6601	销售费用	106,798.00	
18	6602	管理费用	102,732.00	
19	汇总		3,885,069.00	3,885,069.00

图 3-18 1月份科目汇总表

当"汇总"行的"借方发生额"和"贷方发生额"两个数据一致时,说明所有的凭证借贷方金额没有发生输入错误，从而达到试算平衡。当要查看其他月份时，只要修改 D2 单元格中的值即可。例如，当月份修改为 2 时，由于 2 月份并没有输入凭证，因此显示的结果如图 3-19 所示。

	A	B	C	D
1	**2022年2月科目汇总表**			
2	年份：2022		月份：2	
3	科目代码	总账科目名称	借方发生额	贷方发生额
5				
6	汇总		—	—

图 3-19 2 月份科目汇总表

任务二 科目余额表

知识准备

科目余额表是记录本期所有会计科目的发生额和余额的表格，它反映了某一会计期间相关会计科目的期初余额、本期发生额和期末余额。

与科目汇总表类似，科目余额表反映的是各个科目的余额，但是各个月份的会计科目并不是固定的，部分明细科目会随着企业业务的发展而逐渐加入其中，因此直接使用公式引用科目代码表并不是一个很好的选择。任务一已经介绍了一种导入变动数据的方法，即利用 Microsoft Query 组件。

用户通过 Microsoft Query 组件将"科目代码表"中的科目导入工作表后，只需要单击刷新，则不论什么样的会计科目总能出现在工作表中，并且这些数据和科目代码表中的数据完全一致。

同样，科目余额表也会遇到余额的处理问题。科目余额表中涉及的科目余额计算包括期初余额、本期发生额和期末余额。本任务中，企业从年初开始建账，因此期初余额就是年初数，本期发生额是指定期限中的累计借方和累计贷方的发生额，期末余额则是根据期初余额和本期发生额计算的结果。

任务目标

(1) 制作科目余额表；
(2) 导入科目代码；
(3) 完成科目余额。

任务资料

科目余额表需要实现的功能如下：

(1) 期初各个会计科目的借方和贷方余额。

(2) 当期各会计科目的借方和贷方发生额。

(3) 计算本期期末各个会计科目的借方和贷方余额。

 任务操作

1. 科目余额表界面

(1) 新建工作表，将工作表重命名为"科目余额表"。

(2) 选中 E1:G1 单元格区域，选择"开始"选项卡，执行"对齐方式"组中的"合并后居中"命令，设置字体为"仿宋_GB2312"，字号为 24，并设置双下画线，完成字体字号的设置。

(3) 选中 E1 单元格，在编辑栏内输入公式"=B2&″年″&G2&″月科目余额表″"，完成科目余额表标题的设置。

(4) 从第 2 行开始输入如图 3-20 所示的科目余额表中的各项。

	A	B	C	D	E	F	G	H	I	J
1					\multicolumn{5}{c}{2022年1月科目余额表}			
2	年份:	2022					月份:	1		
3	科目代码	会计科目	性质	年初数	期初余额		本期发生额		期末余额	
4					借方	贷方	借方	贷方	借方	贷方

图 3-20　科目余额表表头部分

2. 导入科目代码

(1) 选择"数据"选项卡，执行"获取外部数据"组中"自其他来源"中的"来自 Microsoft Query"命令，打开"选择数据源"对话框。

(2) 选择"数据库类型"为"Excel Files*"，单击"确定"按钮，打开如图 3-21 所示的"选择工作簿"对话框。

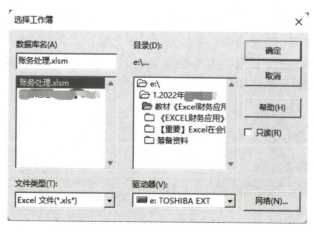

图 3-21　"选择工作簿"对话框

(3) 选择工作簿所在的文件路径，单击"确定"按钮，打开如图 3-22 所示的"查询向导-选择列"对话框，单击"科目代码表"前的"+"按钮，展开该表所包含的字段，选中要显示的列为科目代码、科目名称、性质和年初数。

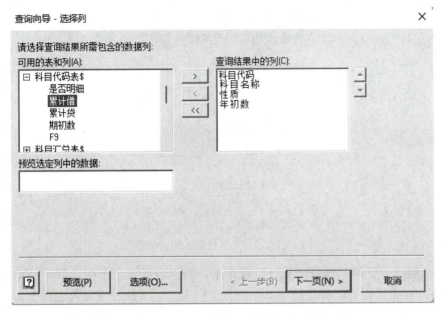

图 3-22　"查询向导–选择列"对话框

(4) 单击"下一页"按钮，完成要显示的列的选择。单击"下一页"按钮，打开"查询向导–筛选数据"对话框，单击"下一页"按钮，跳过筛选过程，打开"查询向导–排序顺序"对话框，在该步骤中不需要设置任何内容。单击"下一页"按钮，打开"查询向导–完成"对话框，在"请确定下一步的动作"中选中"在 Microsoft Query 中查看数据或编辑查询"单选按钮，单击"完成"按钮，完成查询向导的操作，进入 Microsoft Query 窗口。

(5) 在 Microsoft Query 窗口中选择"条件"→"添加条件"命令，打开如图 3-23 所示的"添加条件"对话框，选择"字段"为"是否明细"，"指定值"为"y"，单击"添加"按钮，完成条件设置，单击"关闭"按钮。

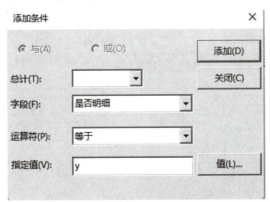

图 3-23　"添加条件"对话框

(6) 在 Microsoft Query 窗口中选择"文件"→"将数据返回 Microsoft Excel"命令，打开如图 3-24 所示的"导入数据"对话框，将"数据的放置位置"设置为科目余额表的

A5 单元格，完成数据导入操作。

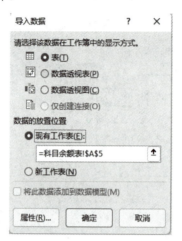

图 3-24　设置导入数据的起始位置

(7) 选中 A5 单元格，选择"设计"选项卡，在"表样式"组中选择一种样式。选中 D5 单元格，右击，在弹出的快捷菜单中选择"插入"→"在右侧插入表列"命令，插入一个新列。使用同样的操作方法插入其他 5 列，完成表主体结构的设置。

(8) 选中 A5 单元格，选择"数据"选项卡，执行"排序和筛选"组中的"筛选"命令，退出筛选状态。

(9) 选中 A5 单元格，选择"设计"选项卡，将"属性"组内的表名称更改为"kmye"，完成表名称的设置。最终完成的科目余额表如图 3-25 所示。

	A	B	E	F	G	H	I	J
1					2022年1月科目余额表			
2	年份：	2022		月份：	1			
3	科目代码	会计科目	期初余额		本期发生额		期末余额	
4			借方	贷方	借方	贷方	借方	贷方
6	1001	库存现金	3,630.00	-	175,000.00	178,598.00	32.00	-
7	100201	工行	1,670,421.94	-	729,325.00	774,396.00	1,625,350.94	-
8	100202	农行	502,150.00	-	-	-	502,150.00	-
9	1012	其他货币资金	-	-	-	-	-	-
10	1101	交易性金融资产	-	-	-	-	-	-
11	1121	应收票据	-	-	-	-	-	-
12	112201	海尚公司	104,060.00	-	211,960.00	-	316,020.00	-
13	112202	欧丽公司	154,880.00	-	-	88,000.00	66,880.00	-
14	112203	新通讯公司	283,140.00	-	-	125,000.00	158,140.00	-
15	112204	金鑫公司	135,520.00	-	287,020.00	-	422,540.00	-
16	122101	张深	-	-	-	-	-	-
17	122102	方乐	-	-	3,500.00	-	3,500.00	-
18	122103	唐里	-	-	-	-	-	-
19	1231	坏账准备	-	3,388.00	-	-	-	3,388.00
20	1402	在途物资	-	-	-	-	-	-
21	1403	材料	-	-	-	-	-	-
22	140501	JP32	25,168.00	-	45,000.00	6,000.00	64,168.00	-
23	140502	JP33	28,314.00	-	-	5,000.00	23,314.00	-
24	140503	JP34	195,052.00	-	135,000.00	72,500.00	257,552.00	-

图 3-25　完成后的科目余额表结构

3. 科目余额

(1) 选中 E6 单元格，在编辑栏内输入公式"=IF([@ 性质]=1,[@ 性质]*[@ 年初数]+(SUMIFS(pzk[借金额],pzk[科目代码],[@ 科目代码],pzk[月],″＜″&$G$2)-SUMIFS(pzk[贷金额],pzk[科目代码],[@ 科目代码],pzk[月],″＜″&$G$2)),0)"，完成期初余额的

计算。

(2) 选中 F6 单元格，在编辑栏内输入公式“=IF([@ 性质]=-1,ABS([@ 性质]*[@ 年初数]+(SUMIFS(pzk[贷金额],pzk[科目代码],[@ 科目代码],pzk[月],″ <″ &$G$2)-SUMIFS(pzk[借金额],pzk[科目代码],[@ 科目代码],pzk[月],″ <″ &$G$2))),0)”，完成期初贷方余额的计算。

(3) 选中 G6 单元格，在编辑栏内输入公式“=SUMIFS(pzk[借金额],pzk[科目代码],[@ 科目代码],pzk[月],$G$2)”，完成本月借方发生额的计算。

(4) 选中 H6 单元格，在编辑栏内输入公式“=SUMIFS(pzk[贷金额],pzk[科目代码],[@ 科目代码],pzk[月],$G$2)”，完成本月贷方发生额的计算。

(5) 选中 I6 单元格，在编辑栏内输入公式“=IF([@ 性质]=1,[@ 列 1]+[@ 列 3]-[@ 列 4],0)”，完成借方余额的计算。

(6) 选中 J6 单元格，在编辑栏内输入公式“=IF([@ 性质]=-1,[@ 列 2]+[@ 列 4]-[@ 列 3],0)”，完成贷方余额的计算。

(7) 选中 C6:J79 单元格区域，右击，在弹出的快捷菜单中选择“设置单元格格式”命令，打开“设置单元格格式”对话框，选择数值类型为“会计专用”，不显示货币符号类型。

(8) 选中 A5 单元格，选择“设计”选项卡，执行“表格样式”组内的“汇总行”命令，如图 3-26 所示，完成汇总行的添加。

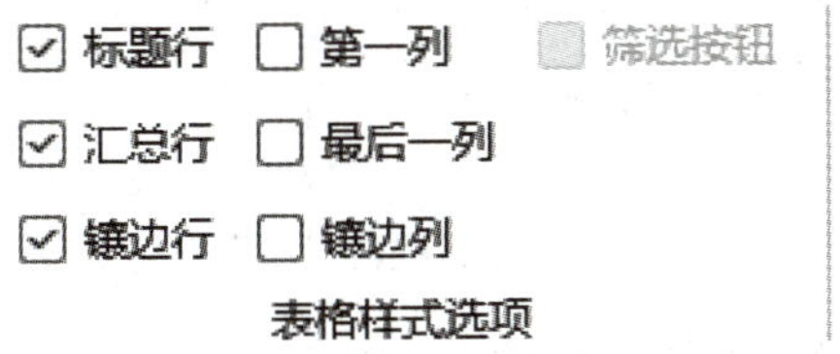

图 3-26　添加汇总行

(9) 在“汇总”行中选中列 5 所在的列，从下拉列表中选择汇总方式为“求和”，如图 3-27 所示，完成期末借方余额的汇总。

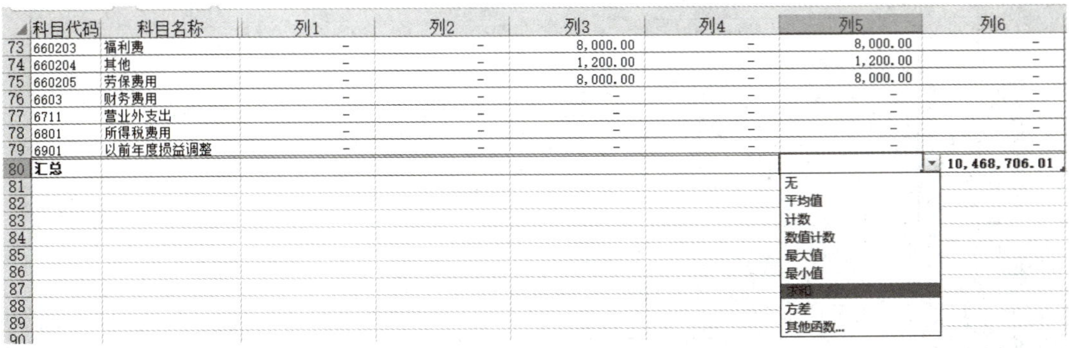

	科目代码	科目名称	列1	列2	列3	列4	列5	列6
73	660203	福利费	-	-	8,000.00	-	8,000.00	-
74	660204	其他	-	-	1,200.00	-	1,200.00	-
75	660205	劳保费用	-	-	8,000.00	-	8,000.00	-
76	6603	财务费用	-	-	-	-	-	-
77	6711	营业外支出	-	-	-	-	-	-
78	6801	所得税费用	-	-	-	-	-	-
79	6901	以前年度损益调整	-	-	-	-	-	-
80	汇总							10,468,706.01

图 3-27　汇总期末借方余额

(10) 用同样的方法，将汇总行中列 1、列 2、列 3 和列 4 字段所在的列汇总方式设置为“求和”。

(11) 在"汇总"行中选中年初数所在的列，在编辑栏内输入公式"=SUM([性质]*[年初数])"，同时按 Shift + Ctrl + Enter 键，完成数组公式的输入。

(12) 选中第 5 行，即字段名称所在的行，右击，在弹出的快捷菜单中选择"隐藏"命令，隐藏该行。

(13) 选中 C 列和 D 列，右击，在弹出的快捷菜单中选择"隐藏"命令，隐藏指定的列。

(14) 选中 A6 单元格，选择"设计"选项卡，执行"外部表数据"组中的"属性"命令，打开"外部数据属性"对话框，如图 3-28 所示。在"数据格式和布局"下取消选中"调整列宽"复选框，单击"确定"按钮，完成外部数据属性的设置。

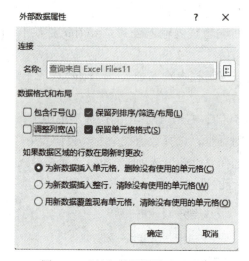

图 3-28 "外部数据属性"对话框

通过上述方式，最终形成的科目余额表如图 3-29 所示。

2022年1月科目余额表

科目代码	会计科目	期初余额		本期发生额		期末余额	
		借方	贷方	借方	贷方	借方	贷方
1001	库存现金	3,630.00	–	175,000.00	178,598.00	32.00	–
100201	工行	1,670,421.94	–	729,325.00	774,396.00	1,625,350.94	–
100202	农行	502,150.00	–	–	–	502,150.00	–
1012	其他货币资金	–	–	–	–	–	–
1101	交易性金融资产	–	–	–	–	–	–
1121	应收票据	–	–	–	–	–	–
112201	海尚公司	104,060.00	–	211,960.00	–	316,020.00	–
112202	欧丽公司	154,880.00	–	–	88,000.00	66,880.00	–
112203	新通讯公司	283,140.00	–	–	125,000.00	158,140.00	–
112204	金鑫公司	135,520.00	–	287,020.00	–	422,540.00	–
122101	张深	–	–	–	–	–	–
122102	方乐	–	–	3,500.00	–	3,500.00	–
122103	唐里	–	–	–	–	–	–
1231	坏账准备	–	3,388.00	–	–	–	3,388.00
1402	在途物资	–	–	–	–	–	–
1403	材料	–	–	–	–	–	–
140501	JP32	25,168.00	–	45,000.00	6,000.00	64,168.00	–
140502	JP33	28,314.00	–	–	5,000.00	23,314.00	–
140503	JP34	195,052.00	–	135,000.00	72,500.00	257,552.00	–
140504	JP35	551,760.00	–	–	360,100.00	191,660.00	–
140505	MT3	453,750.00	–	–	–	453,750.00	–
140506	MT4	275,880.00	–	487,000.00	–	762,880.00	–
140507	MT5	314,600.00	–	226,000.00	28,000.00	512,600.00	–
140508	KK2	7,623.00	–	8,000.00	3,350.00	12,273.00	–
140509	KK3	54,450.00	–	–	32,000.00	22,450.00	–
140510	KK4	29,403.00	–	25,000.00	28,000.00	26,403.00	–
1601	固定资产	3,097,600.00	–	35,000.00	–	3,132,600.00	–
1602	累计折旧	–	612,543.14	–	–	–	612,543.14

图 3-29 包含汇总行的科目余额表

4. 获取最新数据

(1) 选中"科目余额表",选择"开发工具"选项卡,选择"控件"组中"插入"下"表单控件"中的"按钮控件",在 J1 单元格内拖出一个命令按钮,将命令按钮内的文字更改为"刷新",如图 3-30 所示,完成命令按钮的设置。

	A	B	E	F	G	H	I	J
1			2022年1月科目余额表					刷新
2	年份:	2022		月份:	1			
3	科目代码	会计科目	期初余额		本期发生额		期末余额	
4			借方	贷方	借方	贷方	借方	贷方
6	1001	库存现金	3,630.00	-	175,000.00	178,598.00	32.00	-
7	100201	工行	1,670,421.94	-	729,325.00	774,396.00	1,625,350.94	-
8	100202	农行	502,150.00	-			502,150.00	-
9	1012	其他货币资金	-	-	-	-	-	-
10	1101	交易性金融资产	-	-	-	-	-	-
11	1121	应收票据	-	-	-	-	-	-
12	112201	海尚公司	104,060.00	-	211,960.00		316,020.00	-
13	112202	欧丽公司	154,880.00	-		88,000.00	66,880.00	-
14	112203	新通讯公司	283,140.00	-		125,000.00	158,140.00	-
15	112204	金鑫公司	135,520.00	-	287,020.00		422,540.00	-

图 3-30　添加命令按钮

(2) 选择"开发工具"选项卡,执行"代码"组中的"录制宏"命令,打开"录制宏"对话框,将宏名称更改为"刷新科目",如图 3-31 所示,单击"确定"按钮,开始录制宏。

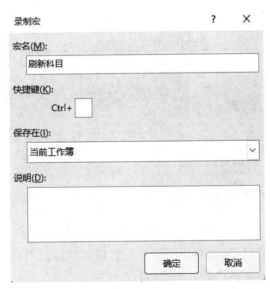

图 3-31　"录制宏"对话框

(3) 选中 A6 单元格,右击,在弹出的快捷菜单中选择"刷新"命令。选择"开发工具"选项卡,执行"代码"组中的"停止录制"命令,完成宏的录制。

(4) 在"刷新"按钮上右击,在弹出的快捷菜单中选择"指定宏"命令,打开"指定宏"对话框,选择"刷新科目"项,单击"确定"按钮,完成指定宏的设置。

假设在"科目代码表"中添加 1 个科目代码为 122103 的其他应收款的子科目,在科目代码表中添加完成后的情况如图 3-32 所示。

	A	B	C	D	E
1	科目代码	科目名称	性质	是否明细	年初数
2	1001	库存现金	1	y	3,630.00
3	1002	银行存款	1	n	–
4	100201	工行	1	y	1,670,421.94
5	100202	农行	1	y	502,150.00
6	1012	其他货币资金	1	y	–
7	1101	交易性金融资产	1	y	–
8	1121	应收票据	1	y	–
9	1122	应收账款	1	n	–
10	112201	海尚公司	1	y	104,060.00
11	112202	欧丽公司	1	y	154,880.00
12	112203	新通讯公司	1	y	283,140.00
13	112204	金鑫公司	1	y	135,520.00
14	1221	其他应收款	1	n	–
15	122101	张深	1	y	–
16	122102	方乐	1	y	–
17	122103	唐里	1	y	–
18	1231	坏账准备	-1	y	3,388.00
19	1402	在途物资	1	y	–

图 3-32　科目代码表中添加会计科目

选择"科目余额表",单击"刷新"按钮,完成数据的刷新操作。刷新后的科目余额表如图 3-33 所示。

	A	B	E	F	G	H	I	J
1				**2022年1月科目余额表**				
2	年份:	2022		月份:	1			
3	科目代码	会计科目	期初余额		本期发生额		期末余额	
4			借方	贷方	借方	贷方	借方	贷方
6	1001	库存现金	3,630.00		175,000.00	178,598.00	32.00	
7	100201	工行	1,670,421.94	–	729,325.00	774,396.00	1,625,350.94	–
8	100202	农行	502,150.00	–			502,150.00	–
9	1012	其他货币资金	–					
10	1101	交易性金融资产	–					
11	1121	应收票据	–					
12	112201	海尚公司	104,060.00	–	211,960.00		316,020.00	–
13	112202	欧丽公司	154,880.00	–		88,000.00	66,880.00	–
14	112203	新通讯公司	283,140.00	–		125,000.00	158,140.00	–
15	112204	金鑫公司	135,520.00	–	287,020.00		422,540.00	–
16	122101	张深	–					
17	122102	方乐	–			3,500.00	3,500.00	–
18	122103	唐里	–					
19	1231	坏账准备	–	3,388.00				3,388.00

图 3-33　刷新后的科目余额表

从图 3-33 可以看出,只需要单击"刷新"按钮,科目代码表中的科目代码就会同步到科目余额表中,从而保证两个表之间的科目一致性。

任务三　总分类账

知识准备

总分类账就是我们通常所称的总账,它是根据总分类科目开设账户,用来登记全部经济业务,进行总分类核算,提供总括核算资料的分类账簿。总分类账提供了编制会计报表的主要依据，是所有单位都必须设立的账簿。总分类账全面且总括地反映了业务单位的财务收支和经济活动情况。

总分类账的结构本身并不复杂，使用 Excel 进行设计时，只需要更改日期信息和会计科目，就能够得到期初余额、当期的借方发生额和贷方发生额以及期末余额，但其并不反映具体的业务信息。

日期信息是由用户手工更改的，会计科目信息可以通过数据验证的方式交由用户选择而不是直接输入，从而避免发生错误，各种余额和发生额则都是通过函数从凭证库中提取的。

 任务目标

(1) 制作总分类账；
(2) 完成总分类账数据。

 任务资料

要求根据已经完成的科目余额表中的期初数和凭证库中的凭证数据编制总分类账。

 任务操作

1. 总分类账界面

(1) 新建一张工作表，将工作表名称更改为"总分类账"，选中 D1:E1 单元格区域，将该单元格区域合并并居中，设置"字号"为 24 号，"字体"为"仿宋_GB2312"，在 D1单元格内输入"总分类账"，并设置双下画线，完成总分类账标题的设置。

(2) 从 A2 单元格开始输入如图 3-34 所示的表格内容。

			总分类账			
	年份:	2022		月份:	1	
	科目代码:	100201		会计科目:	银行存款-工行	
2022年		摘要	借金额	贷金额	借或贷	余额
月	日					
1	1	期初余额				
1	31	本月发生额				
1	31	本月合计				

图 3-34　总分类账表格

(3) 选中 C3 单元格，选择"数据"选项卡，执行"数据工具"组中的"数据验证"命令，打开如图 3-35 所示的"数据验证"对话框，在"允许"下拉列表中选择"序列"，在"来源"文本框内输入"=dm"，单击"确定"按钮，完成数据验证的设置。

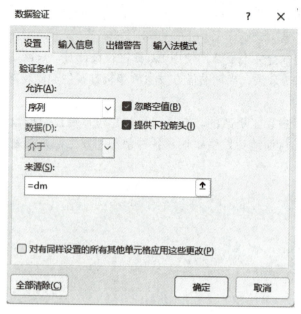

图 3-35 "数据验证"对话框

【提示】

dm 指的是科目代码表中"科目代码"列中的值,是用户自定义的名称。使用数据验证时,来源不能够直接引用某个列表中的列,如直接指定来源为"=kmdm[科目代码]"就会产生一个错误。

其解决办法是为指定的单元格区域定义一个名称:选择"公式"选项卡,执行"定义的名称"组中的"定义名称"命令,打开如图 3-36 所示的"新建名称"对话框,在"名称"文本框内输入"dm",在"引用位置"文本框内输入"kmdm[科目代码]",单击"确定"按钮,完成名称的设置。

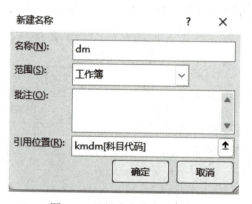

图 3-36 "新建名称"对话框

(4) 选中 F3 单元格,在编辑栏内输入公式"=IF(LEN(C3)=4,VLOOKUP($C$3,kmdm,2,FALSE),(VLOOKUP(LEFT($C$3,4)+0,kmdm,2,FALSE)) &″-″ &VLOOKUP($C$3,kmdm,2,FALSE))",完成会计科目名称的设置。

将年份信息设置为2022，月份信息设置为1，科目代码设置为1001，最终显示的科目代码如图3-37所示。

	A	B	C	D	E	F	G
				总分类账			
1							
2		年份：	2022		月份：	1	
3	科目代码：	1001			会计科目：	库存现金	
4	2022年		摘要	借金额	贷金额	借或贷	余额
5	月	日					
6	1	1	期初余额				
7	1	31	本月发生额				
8	1	31	本月合计				

图 3-37　设置总分类账条件

2. 总分类账数据

(1) 选中 C2 单元格，在编辑栏内输入公式"= 科目余额表 !B2"；选中 F2 单元格，在编辑栏内输入公式"= 科目余额表 !G2"；选中 A4 单元格，在编辑栏内输入公式"=C2&″年″"，完成年份和月份信息的设置。

(2) 选中 A6 单元格，在编辑栏内输入公式"=$F$2"，按 Enter 键确认；将 A6 单元格的内容向下拖曳到 A7 和 A8 单元格内，完成月份信息的填制。

(3) 在 B6 单元格内输入数值 1；选中 B7 单元格，在编辑栏内输入公式"=DAY(DATE($C$2,$F$2+1,0))"，计算指定月份的天数；选中 B8 单元格，在编辑栏内输入公式"=B7"，完成日信息的填制。

(4) 在 C6 单元格内输入"期初余额"，在 C7 单元格内输入"本月发生额"，在 C8 单元格内输入"本月合计"，完成摘要内容的填制。

(5) 选中 D6 单元格，在编辑栏内输入公式"=IF(LEN(C3)=6,SUMIFS(kmye[列 1],kmye[科目代码],C3),SUM(IF(LEFT(kmye[科目代码],4)+0=LEFT($C$3,4)+0,kmye[列 1],0)))"，同时按 Ctrl + Shift + Enter 键，完成借金额期初数的设置。

(6) 选中 E6 单元格，在编辑栏内输入公式"=IF(LEN(C3)=6,SUMIFS(kmye[列 2],kmye[科目代码],C3),SUM(IF(LEFT(kmye[科目代码],4)+0=LEFT($C$3,4)+0,kmye[列 2],0)))"，同时按 Ctrl + Shift + Enter 键，完成贷金额期初数的设置。

(7) 选中 F6 单元格，在编辑栏内输入公式"=IF(SUMIF(kmdm[科目代码],$C$3,kmdm[性质])>0,″借″,″贷″)"，完成借贷方向的设置。

(8) 选中 G6 单元格，在编辑栏内输入公式"=IF(F6=″借″,D6-E6,E6-D6)"，完成期初余额的设置。

(9) 选中 D7 单元格，在编辑栏内输入公式"=IF(LEN(C3)=6,SUMIFS(kmye[列 3],kmye[科目代码],C3),SUM(IF(LEFT(kmye[科目代码],4)+0=LEFT($C$3,4)+0,kmye[列 3],0)))"，同时按 Ctrl + Shift + Enter 键，完成指定月借方发生额的设置。

(10) 选中 E7 单元格，在编辑栏内输入公式"=IF(LEN(C3)=6,SUMIFS(kmye[列 4],kmye[科目代码],C3),SUM(IF(LEFT(kmye[科目代码],4)+0=LEFT($C$3,4)+0,kmye[列 4],0)))"，同时按 Ctrl + Shift + Enter 键，完成指定月贷方发生额的设置。

(11) 选中 G7 单元格，在编辑栏内输入公式"=IF($F$6="借",D7-E7,E7-D7)"，完成当月借方发生额差额的计算。

(12) 选中 F7 单元格，在编辑栏内输入公式"=IF(AND($F$6="借",G7<0),"贷",IF(AND($F$6="贷",G7<0),"借",IF(G7=0,"平",$F$6)))"，完成借贷方向的设置。

(13) 选中 D8 单元格，在编辑栏内输入公式"=SUM(D6:D7)"，完成本月借方合计数的计算。

(14) 选中 E8 单元格，在编辑栏内输入公式"=SUM(E6:E7)"，完成本月贷方合计数的计算。

(15) 选中 G8 单元格，在编辑栏内输入公式"=IF($F$6="借",D8-E8,E8-D8)"，完成指定科目当月余额的计算。

(16) 选中 F8 单元格，在编辑栏内输入公式"=IF(AND($F$6="借",G8<0),"贷",IF(AND($F$6="贷",G8<0),"借",IF(G8=0,"平",$F$6)))"，完成指定科目余额借贷方向的设置。

当用户输入不同的科目代码时，会显示不同的内容。

① 输入科目代码为 1001 时，长度为 4 且为一个明细科目，显示的内容如图 3-38 所示。

	月	日	摘要	借金额	贷金额	借或贷	余额
					总分类账		
	年份：	2022			月份：	1	
	科目代码：	1001			会计科目：	库存现金	
	2022年		摘要	借金额	贷金额	借或贷	余额
	月	日					
	1	1	期初余额	3,630.00	–	借	3,630.00
	1	31	本月发生额	175,000.00	178,598.00	贷	-3,598.00
	1	31	本月合计	178,630.00	178,598.00	借	32.00

图 3-38　科目代码为 1001 时显示的内容

② 输入科目代码为 100201 时，长度为 6 且为一个明细科目，显示的内容如图 3-39 所示。

	月	日	摘要	借金额	贷金额	借或贷	余额
					总分类账		
	年份：	2022			月份：	1	
	科目代码：	100201			会计科目：	银行存款-工行	
	2022年		摘要	借金额	贷金额	借或贷	余额
	月	日					
	1	1	期初余额	1,670,421.94	–	借	1,670,421.94
	1	31	本月发生额	729,325.00	774,396.00	贷	-45,071.00
	1	31	本月合计	2,399,746.94	774,396.00	借	1,625,350.94

图 3-39　科目代码为 100201 时显示的内容

③ 输入科目代码为 1002 时，长度为 4 且不为一个明细科目，显示的内容如图 3-40 所示。

	月	日	摘要	借金额	贷金额	借或贷	余额
					总分类账		
	年份：	2022			月份：	1	
	科目代码：	1002			会计科目：	银行存款	
	2022年		摘要	借金额	贷金额	借或贷	余额
	月	日					
	1	1	期初余额	2,172,571.94	–	借	2,172,571.94
	1	31	本月发生额	729,325.00	774,396.00	贷	-45,071.00
	1	31	本月合计	2,901,896.94	774,396.00	借	2,127,500.94

图 3-40　科目代码为 1002 时显示的内容

3. 优化显示

(1) 选中 G7:G8 单元格区域，右击，在弹出的快捷菜单中选择"设置单元格格式"命令，打开如图 3-41 所示的"设置单元格格式"对话框。选择"数字"选项卡，在"分类"列表框中选择"自定义"，在类型中输入"#,##0.00;#,##0.00"，单击"确定"按钮，完成数值显示格式的设置。

图 3-41　设置数值自定义显示格式

【提示】

自定义类型"#,##0.00;#,##0.00"的含义是不论该数字为正数还是负数，都会用正数的形式来显示。此时余额的正负不再是通过正负号来看，而是通过借贷方向获得，如科目代码设置为 1002 时的最终结果如图 3-42 所示。

				总分类账			
	A	B	C	D	E	F	G
2		年份:	2022		月份:	1	
3		科目代码:	1002		会计科目:	银行存款	
4		2022年		摘要	借金额	贷金额	借或贷	余额
5	月	日					
6	1	1	期初余额	2,172,571.94	－	借	2,172,571.94
7	1	31	本月发生额	729,325.00	774,396.00	贷	45,071.00
8	1	31	本月合计	2,901,896.94	774,396.00	借	2,127,500.94

图 3-42　总是以正数显示

(2) 选中整张工作表，右击，在弹出的快捷菜单中选择"设置单元格格式"命令，选择"保护"选项卡，选中"锁定"复选框，单击"确定"按钮，完成全部单元格的锁定操作。

(3) 选中 C3 单元格，右击，在弹出的快捷菜单中选择"设置单元格格式"命令，选择"保护"选项卡，取消选中"锁定"复选框，单击"确定"按钮，完成可编辑单元格的指定操作。

（4）选择"开始"选项卡，执行"单元格"组内"格式"下的"保护工作表"命令，打开"保护工作表"对话框，设置一个合适的密码，完成工作表的保护操作。

任务四　明　细　分　类　账

 知识准备

用户从总分类账中得到的仅仅是某个会计科目在指定期间内总的发生额，但是该科目到底发生了什么业务并不明确，这就要求使用明细分类账来显示具体的业务信息。

明细分类账是根据明细分类账户进行分类登记的账簿，是根据单位开展经济管理的需要对经济业务的详细内容进行的核算，是对总分类账进行的补充反映。

从技术角度来说，创建明细分类账需要用户指定的信息如下：

（1）会计科目：用户查询的是哪个明细分类账户的信息。

（2）日期信息：用户查询的是哪个月份的信息。

（3）期初余额：明细分类账期初余额信息，有了期初余额和本月发生信息，就可以计算期末的科目余额。

会计科目是由用户指定的，月份信息可以由用户在科目余额表中指定，期初余额数据通过公式从科目余额表中获得。具体的业务信息数据来自"凭证库"工作表，为此需要通过 Microsoft Query 组件创建查询来获得相关的数据。期末余额是通过期初余额和本期借贷方发生额获得的。

 任务目标

（1）制作明细分类账；

（2）完成明细分类账数据。

 任务资料

明细分类账要实现如下几个功能：

（1）列出指定月份和科目代码的期初数。

（2）列出本期指定会计科目的发生记录，并将这些记录填到表中。

（3）计算本期期末的借方和贷方余额。

任务操作

1. 明细分类账界面

（1）新建一张工作表，将工作表名称更改为"明细分类账"。选中 A1:H1 单元格区域，

将该单元格区域合并并居中，设置"字号"为 24 号，在编辑栏内输入公式"=F3&″明细分类账″"，并设置双下画线，完成明细分类账标题的设置。

(2) 从 A2 单元格开始输入如图 3-43 所示的内容。

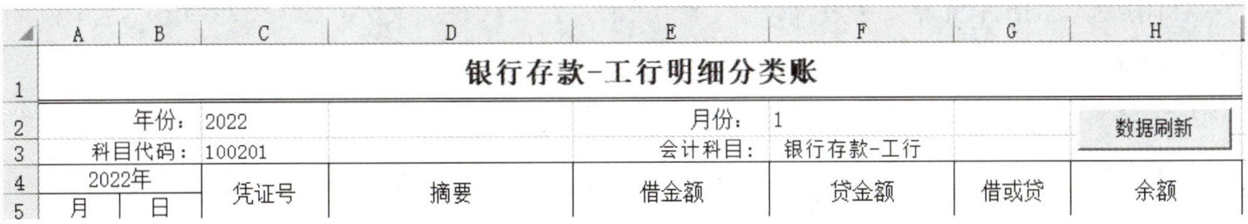

图 3-43　明细分类账界面

(3) 选中 C3 单元格，选择"数据"选项卡，执行"数据工具"组中的"数据验证"命令，打开如图 3-44 所示的"数据验证"对话框，在"允许"下拉列表中选择"序列"，在"来源"文本框内输入"=dm"，单击"确定"按钮，完成数据有效性的设置。

图 3-44　"数据验证"对话框

(4) 选中 F3 单元格，在编辑栏内输入公式"=IF(LEN(C3)=4,VLOOKUP($C$3,kmdm,2,FALSE),(VLOOKUP(LEFT($C$3,4)+0,kmdm,2,FALSE)) &″-″ & VLOOKUP($C$3,kmdm,2,FALSE))"，完成会计科目名称的设置。

(5) 选中 F2 单元格，在编辑栏内输入公式"= 科目余额表 !G2"；选中 A6 单元格，在编辑栏内输入公式"=F2"，完成月份的设置。

(6) 在 B6 单元格中输入数值 1，在 D6 单元格内输入"期初余额"。

(7) 选中 E6 单元格，在编辑栏内输入公式"==SUMIF(kmye[科目代码],$C$3,kmye[列 1])"，完成期初借方金额的设置。

(8) 选中 F6 单元格，在编辑栏内输入公式"=SUMIF(kmye[科目代码],$C$3,kmye[列

2])"，完成期初贷方金额的设置。

(9) 选中 G6 单元格，在编辑栏内输入公式 "=IF(SUMIF(kmdm[科目代码],$C$3,kmdm[性质])>0,″借″,″贷″)"，完成借贷方向的设置。

(10) 选中 H6 单元格，在编辑栏内输入公式 "=IF(G6=″借″,E6-F6,F6-E6)"，完成期初余额的设置。

2. 导入业务信息

(1) 选择"数据"选项卡，执行"获取外部数据"组中"自其他来源"中的"来自 Microsoft Query"命令，打开如图 3-45 所示的"选择数据源"对话框。

(2) 在"选择数据源"对话框中选择数据库类型为"Excel Files*"，单击"确定"按钮，打开如图 3-46 所示的"选择工作簿"对话框。

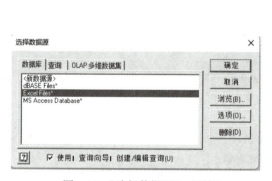

图 3-45 "选择数据源"对话框

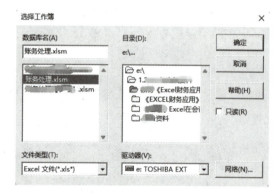

图 3-46 "选择工作簿"对话框

(3) 选择本工作簿所在的路径，单击"确定"按钮，打开如图 3-47 所示的"查询向导 – 选择列"对话框，单击"可用的表和列"中"凭证库"前的"+"按钮，展开该表所包含的列，选中要显示的列为月、日、凭证号、摘要、借金额和贷金额。

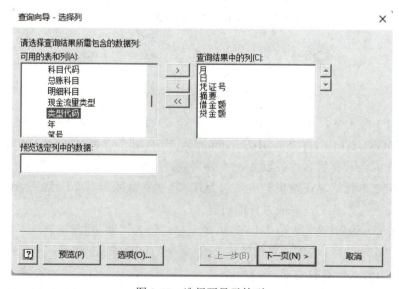

图 3-47 选择要显示的列

(4) 单击"下一页"按钮,完成要显示的列的选择,进入"查询向导-筛选数据"对话框,直接单击"下一页"按钮,跳过筛选过程,打开如图 3-48 所示的"查询向导-排序顺序"对话框,"主要关键字"设置为"凭证号",完成排序操作。

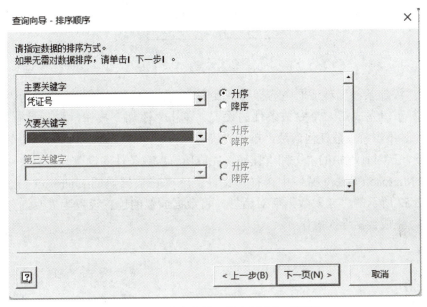

图 3-48 "查询向导-排序顺序"对话框

(5) 单击"下一页"按钮,打开"查询向导-完成"对话框,在"请确定下一步的动作"中选中"在 Microsoft Query 中查看数据或编辑查询"单选按钮,单击"完成"按钮,完成查询向导的操作,进入 Microsoft Query 窗口。

(6) 在 Microsoft Query 窗口中选择"条件"→"添加条件"命令,打开如图 3-49 所示的"添加条件"对话框,选择"字段"为"月","指定值"为"[yue]",完成第一个参数条件的设置。

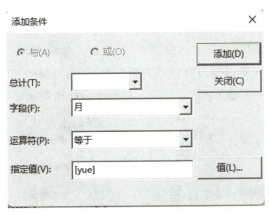

图 3-49 指定月参数

(7) 单击"添加"按钮,打开如图 3-50 所示的"输入参数值"对话框,此时不需要设置任何参数,单击"确定"按钮,完成第一个参数的设置。

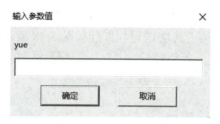

图 3-50　"输入参数值"对话框

(8) 在"添加条件"对话框中选择"字段"为"科目代码","指定值"为"[kmdm]",如图 3-51 所示,完成第二个参数条件的设置。单击"添加"按钮,打开"输入参数值"对话框,此时不需要设置任何参数,单击"确定"按钮,完成第二个参数的设置。再次单击"添加条件"对话框中的"关闭"按钮,完成所有参数条件的设置。

(9) 在 Microsoft Query 窗口中选择"文件"→"将数据返回 Microsoft Excel"命令,打开如图 3-52 所示的"导入数据"对话框,将数据放置的位置设置为"明细分类账"的 A7 单元格,完成数据导入操作。

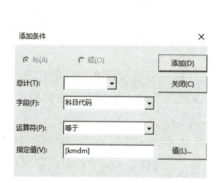

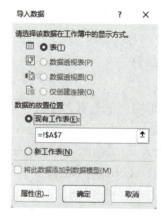

图 3-51　添加科目代码条件　　　　图 3-52　指定导入数据的起始单元格

(10) 单击"导入数据"对话框中的"确定"按钮,打开如图 3-53 所示的"输入参数值"对话框,在"yue"文本框中选择工作表的 F2 单元格,并且选中"在以后的刷新中使用该值或该引用"和"当单元格值更改时自动刷新"复选框。同样,在打开的指定参数 kmdm 中指定科目代码链接的单元格为 C3 单元格,完成参数的指定操作。

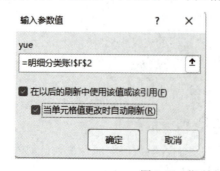

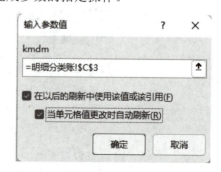

图 3-53　指定参数 yue 和 kmdm 的值

(11) 选中"贷金额"字段所在的 F7 单元格,右击,在弹出的快捷菜单中选择"插入"→"在右侧插入表列"命令,插入一个新列,列名称自动设置为"列 1"。选中"列 1"所在的单元格,右击,在弹出的快捷菜单中选择"插入"→"在右侧插入表列"命令,插入一个新列,列名称为"列 2",完成列的插入操作。

(12) 选中 A7 单元格,选择"设计"选项卡,在"表样式"组内选择"表样式浅色 8",完成表样式的选择。

(13) 选择"设计"选项卡,在"属性"组内将表名称更改为"flz"。

(14) 选中第 7 行,右击,在弹出的快捷菜单中选择"隐藏"命令,完成表头行的隐藏操作。操作完成后的明细分类账如图 3-54 所示。

	A	B	C	D	E	F	G	H
1				**库存现金明细分类账**				
2	年份:	2022		月份:	1			
3	科目代码:	1001		会计科目:	库存现金			
4	2022年		凭证号	摘要	借金额	贷金额	借或贷	余额
5	月	日						
6	1	1		期初余额	3,630.00	–	借	3,630.00
8	1	5	8	支付销售费用	–	98.00		
9	1	5	19	预付方乐出差	–	3,500.00		
10	1	5	20	提取现金	175,000.00	–		

图 3-54　明细分类账

3. 添加汇总行

(1) 选中 A8 单元格,选择"设计"选项卡,执行"表样式选项"组中的"汇总行"命令,完成添加汇总行的操作。

(2) 删除"月"字段所在列中的"汇总"字样,在汇总行中,在"摘要"字段所在的单元格内输入文字"本月合计"。

(3) 在"汇总"行中选中"借金额"所在的列,在下拉列表中选择汇总方式为"求和",如图 3-55 所示,完成本月借方发生额的计算。

	月	日	凭证号	摘要	借金额	贷金额	列1	列2
8	1	5	8	支付销售费用	–	98.00		
9	1	5	19	预付方乐出差	–	3,500.00		
10	1	5	20	提取现金	175,000.00	–		
11	1	5	22	支付员工薪酬	–	175,000.00		
12				本月合计	175,000.00	178,598.00	借	32.00

无
平均值
计数
数值计数
最大值
最小值
求和
标准偏差
方差
其他函数…

图 3-55　指定汇总行计算类型为"求和"

(4) 在"汇总"行中选中"贷金额"所在的列，在下拉列表中选择汇总方式为"求和"，完成本月贷方发生额的计算。

(5) 在"汇总"行中选中"列 1"所在的列，在编辑栏中输入公式"=G6"，完成借贷方向的设置。

(6) 在"汇总"行中选中"列 2"所在的列，在编辑栏内输入公式"=IF($G$6="借",$H$6+flz[[# 汇总],[借金额]]-flz[[# 汇总],[贷金额]],H6+flz[[# 汇总],[贷金额]]-flz[[# 汇总],[借金额]])"，完成期末余额的计算。

(7) 调整各列的宽度到合适的位置，选中 A7 单元格，选择"设计"选项卡，执行"外部表数据"组中的"属性"命令，打开如图 3-56 所示的"外部数据属性"对话框，取消选中"调整列宽"复选框，单击"确定"按钮，完成列宽格式的设置。

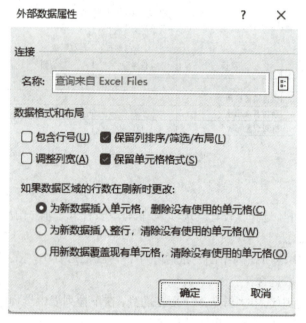

图 3-56 "外部数据属性"对话框

通过上述操作，最终的表样式如图 3-57 所示。

	A	B	C	D	E	F	G	H
1	库存现金明细分类账							
2	年份：	2022			月份：	1		
3	科目代码：	1001			会计科目：	库存现金		
4	2022年		凭证号	摘要	借金额	贷金额	借或贷	余额
5	月	日						
6	1	1		期初余额	3,630.00	–	借	3,630.00
8	1	5	8	支付销售费用	–	98.00		
9	1	5	19	预付方乐出差		3,500.00		
10	1	5	20	提取现金	175,000.00	–		
11	1	5	22	支付员工薪酬	–	175,000.00		
12				本月合计	175,000.00	178,598.00	借	32.00

图 3-57 现金明细分类账

将 C3 单元格的科目代码更改为 100201，就会显示工行的明细分类账，如图 3-58 所示。

	2022年		凭证号	摘要	借金额	贷金额	借或贷	余额
月	日							
1	1			期初余额	1,670,421.94	-	借	1,670,421.94
1	1		1	购买商品	-	70,060.00		
1	5		2	销售商品	13,475.00			
1	5		4	收到归还货款	88,000.00			
1	5		5	归还一通公司货款	-	250,000.00		
1	5		6	销售商品	172,664.00			
1	5		9	支付招待费		5,532.00		
1	5		12	销售部门购买办公用品		2,200.00		
1	5		13	销售商品	177,636.00			
1	5		15	支付增值税		71,382.00		
1	5		17	支付水费		6,022.00		
1	5		18	购买空调		35,000.00		
1	5		20	提取现金		175,000.00		
1	5		24	收新通讯公司欠款	125,000.00	-		
1	5		25	销售商品	152,550.00	-		
1	5		30	支付货款		150,000.00		
1	5		31	支付网络费		1,200.00		
1	5		32	支付劳保费用		8,000.00		
				本月合计	729,325.00	774,396.00	借	1,625,350.94

图 3-58　工行的明细分类账

4. 获取最新数据

(1) 选中"明细分类账"工作表，选择"开发工具"选项卡，执行"控件"组中"插入"下的"表单控件"命令，选择"按钮控件"，在 H2:H3 单元格区域内拖曳一个命令按钮，如图 3-59 所示，将命令按钮内的文字更改为"数据刷新"，完成命令按钮的放置。

图 3-59　添加"数据刷新"按钮

(2) 选择"开发工具"选项卡，执行"代码"组中的"录制宏"命令，打开"录制宏"对话框，将宏名称更改为"刷新明细分类账"，单击"确定"按钮，开始录制宏。

(3) 选中 A8 单元格，选择"数据"选项卡，执行"连接"组中的"全部刷新"命令，完成数据刷新操作。

(4) 选择"开发工具"选项卡，执行"代码"组中的"停止录制"命令，完成宏的录制。

(5) 在"刷新数据"按钮上右击，在弹出的快捷菜单中选择"指定宏"命令，打开"指定宏"对话框，选择"刷新明细分类账"项，单击"确定"按钮，完成为按钮指定宏的操作。

任务五　设计导航页面

 知识准备

用户为自己设计的软件添加了诸多功能后，可能会遇到一个问题，即如何快速找到自己所需的功能。这在一般的软件中是通过添加菜单、导航栏或者添加链接来解决的。由于本书设计的财务管理系统并没有采用编程方式，因此无法自定义菜单和选项卡。用户要达到相同的目的，可以在工作簿中添加一个导航页面，利用工作表链接的方法快速到达指定页面。

科目汇总表、科目余额表、总分类账和明细分类账都涉及指定月份的功能，而科目余额表又为总分类账和明细分类账提供了期初余额，这就要求上述表格中的数据要保持一致性。因此，可以在导航页面上设置月份信息，而其他表格的月份信息都和导航页面中指定的月份信息一致，从而保证不至于因为月份不同步而发生期初余额引用数据上的错误。

 任务目标

利用导航页面完成在各个页面之间的跳转。

 任务资料

导航页面要实现的功能如下：
(1) 通过导航快速到达指定页面。
(2) 科目汇总表、科目余额表、总分类账和明细分类账的月份信息与导航页面的月份信息一致。

 任务操作

1. 导航页面

(1) 创建一张新的工作表，将工作表的名称更改为"首页"。

(2) 选择"文件"→"选项"命令，打开"Excel 选项"对话框，选择"高级"选项卡，在"此工作表的显示选项"中取消选中"显示行和列标题"和"显示网格线"复选框，如

图 3-60 所示，单击"确定"按钮，完成去除网格线和行列标题的操作。

图 3-60　不显示网格线和行列标题

(3) 选择"插入"选项卡，执行"插图"组中的"联机图片"命令，打开如图 3-61 所示的"联机图片"对话框，在搜索范围内输入"计算机"，按 Enter 键确认后，选择一张合适的图片，单击"插入"按钮，完成图片的插入操作。

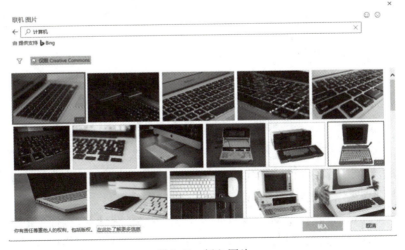

图 3-61　插入图片

(4) 将图片放置在合适的位置,调整到合适的大小,并在图片下端输入文字"账务处理",完成后的结果如图 3-62 所示。

账务处理

图 3-62   插入图片后的首页

2. 设置导航功能

(1) 在 H8 单元格内输入 "科目代码表"。

(2) 在 I8 单元格内输入"凭证输入",选择"插入"选项卡,执行"链接"组内的"超链接"命令,打开如图 3-63 所示的"插入超链接"对话框,选择链接到的位置为"本文档中的位置",并指定文档中选择的位置为"凭证输入"工作表,单击"确定"按钮,完成凭证输入超链接的指定。

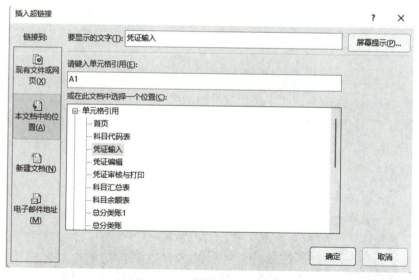

图 3-63   超链接到指定页面

(3) 在 J8 单元格内输入"凭证编辑",选择"插入"选项卡,执行"链接"组内的"超链接"命令,选择链接到的位置为"本文档中的位置",并指定文档中选择的位置为"凭证编辑"工作表,单击"确定"按钮,完成凭证编辑超链接的指定。

(4) 在 K8 单元格内输入"凭证审核打印",选择"插入"选项卡,执行"链接"组内的"超链接"命令,选择链接到的位置为"本文档中的位置",并指定文档中选择的位置为"凭证审核与打印"工作表，单击"确定"按钮，完成凭证审核与打印超链接的指定。

(5) 在 G10 单元格中输入"查询月份"，选中 H10 单元格，设置边框为双下画线。选择"数据"选项卡，执行"数据"组中的"数据验证"命令，打开如图 3-64 所示的"数据验证"对话框，在"设置"选项卡的"允许"下拉列表中选择"序列"，手工输入序列的内容"1,2,3,4,5,6,7,8,9,10,11,12"。选择"出错警告"选项卡，标题为"月份错误"，错误信息指定为"指定的月份信息错误"，单击"确定"按钮，完成月份的指定。

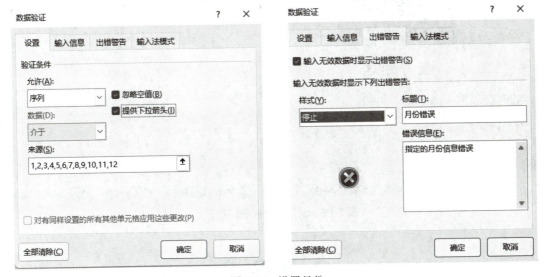

图 3-64　设置月份

(6) 在 I10 单元格内输入"科目余额表"，选择"插入"选项卡，执行"链接"组中的"超链接"命令，选择链接到的位置为"本文档中的位置"，并指定文档中选择的位置为"科目余额表"工作表，单击"确定"按钮，完成科目余额表超链接的指定。

(7) 在 J10 单元格内输入"总分类账"，选择"插入"选项卡，执行"链接"组内的"超链接"命令，选择链接到的位置为"本文档中的位置"，并指定文档中选择的位置为"总分类账"工作表，单击"确定"按钮，完成总分类账超链接的指定。

(8) 在 K10 单元格内输入"明细分类账"，选择"插入"选项卡，执行"链接"组内的"超链接"命令，选择链接到的位置为"本文档中的位置"，并指定文档中选择的位置为"明细分类账"工作表，单击"确定"按钮，完成明细分类账超链接的指定。

(9) 选中"科目汇总表"工作表，选中 D2 单元格，在编辑栏内输入公式"=首页 !H10"，完成查询月份的指定。

(10) 选中"科目余额表"工作表，选中 G2 单元格，在编辑栏内输入公式"=首页 !H10"，完成查询月份的指定。

(11) 选中"总分类账"工作表，选中 F2 单元格，在编辑栏内输入公式"=首页 !H10"，完成查询月份的指定。

(12) 选中"明细分类账"工作表，选中 F2 单元格，在编辑栏内输入公式"=首页 !H10"，完成查询月份的指定。

创建完成后的导航页面如图 3-65 所示。

凭证处理：凭证输入　凭证编辑　审核打印
查询月份　　1　　科目余额表 总分类账　明细分类账

图 3-65　创建完成后的导航页面

项 目 小 结

　　本项目主要介绍了科目汇总表、科目余额表、总分类账、明细分类账的创建以及导航页面的设计等内容。通过学习本项目内容，学习者可以了解 Microsoft Query 的使用方法和数据验证方法，掌握总分类账和科目余额表的结构以及 Microsoft Query 提取数据的方法，掌握设计明细分类账的方法。

 项目练习

　　1. 根据福兴公司发生的业务，编制公司 1 月份的科目汇总表。
　　2. 根据福兴公司发生的业务，编制公司 1 月份的科目余额表。
　　3. 根据福兴公司发生的业务，编制公司 1 月份的总分类账。
　　4. 根据福兴公司发生的业务，编制公司 1 月份的明细分类账。
　　5. 创建一个导航页面，通过单击超链接能够快速到达凭证输入、凭证修改与删除、凭证审核与打印页面，输入指定的月份信息能够快速生成科目余额表、总分类账和明细分类账。

项目四　固定资产管理

学习目标

(1) 理解固定资产折旧的基础知识；

(2) 掌握固定资产的管理；

(3) 掌握固定资产折旧的计算；

(4) 学会应用 Excel 解决实际案例中遇到的固定资产管理问题。

情景引入

固定资产是指企业为生产产品、提供劳务、出租或者经营管理而持有的、使用时间超过一年及以上，价值达到一定标准并且在使用过程中能够保持其原有的物资形态的非货币性资产，如房屋、建筑物、生产用的各种机器设备等。

固定资产是企业开展生产经营的必备资产，具有使用时间长、单位价值大等特点。在日常生产经营活动中，固定资产会随着使用年限的增加而产生相应的损耗，并且固定资产的价值也会越来越低，所以企业需要对固定资产进行折旧，同时企业还面临日常维护、修理等问题，这都是需要进行会计处理的经济活动。在智能化大数据的时代背景下，固定资产的损耗在 Excel 中应当如何处理？采用什么方法？不同的方法在 Excel 中是否有不同的计算方法？本项目就针对这些问题展开讲解。

任务一　固定资产的管理

知识准备

固定资产的取得登记是固定资产进入会计信息系统的第一步，可以看作固定资产管理的起点，所以企业在取得固定资产后就要在固定资产卡片中进行登记。固定资产卡片是固定资产管理的基础数据，在手工账时代，企业使用的是一张一张的卡片；在数字化智能时代可以将数据引入计算机领域，避免手工账难以储存、易丢失等缺点。本任务介绍的是一种比较普遍的固定资产卡片在 Excel 中的编制方法，不同的企业在实操上对于固定资产卡片的设计可能会存在一定的格式误差。

本任务主要从以下三个方面展开：在 Excel 中编制固定资产卡片参数表、增加固定资产和查询固定资产。在参数设置环节，根据企业需求进行选择设置，如原值、型号、采购日期、折旧方法、折旧年限、净残值、净残值率、折旧时间等。

 任务目标

(1) 在 Excel 中编制固定资产卡片参数表，根据企业需求设置相关的基础信息；
(2) 掌握增加固定资产的两种方法；
(3) 掌握查询固定资产的两种方法。

 任务资料

福源公司是一家生产制造企业，该公司目前的固定资产采购信息如表 4-1 所示。

表 4-1　福源公司固定资产采购信息

编号	固定资产名称	型号	单位	部门	使用状态	增加方式	开始使用日期	预计使用年限/年	原值/元	净残值/元
1	电脑	联想123	台	人事	在用	外购	2020.12.3	5	10 000	50
2	桌子	s1	张	生产	闲置	自制	2020.12.5	10	800	0
3	椅子	s1	张	销售	在用	外购	2020.12.6	10	500	0
4	打印机	s1	台	生产	在用	外购	2020.12.6	10	2300	50
5	电脑	华为123	台	财务	在用	外购	2020.12.6	5	8000	50
6	电脑	戴尔123	台	后勤	在用	外购	2020.12.6	5	8000	50
7	电脑	华硕123	台	研发	季节性闲置	外购	2020.12.6	5	8000	50

 任务操作

1. 在 Excel 中编制固定资产卡片参数表

(1) 启动 Excel 2010 应用程序，将工作表保存为"固定资产管理 .xlsm"，将"Sheet1"改为"固定资产卡片"，如图 4-1 所示，然后输入相应的数据，如卡片编号、固定资产名称、型号规格、所属部门，原值、开始使用时间、预计使用年限、预计净残值、折旧方法、年折旧额等。

图 4-1　新建表格

(2) 设置固定资产使用状态。选中"使用状态"列,选择"数据"选项卡,执行"数据工具"组中的"数据有效性"命令,打开"数据有效性"对话框,选择"设置"选项卡,在"允许"下拉列表中选择"序列",在"来源"文本框中输入"在用,季节性闲置,闲置",单击"确定"按钮,如图 4-2 和图 4-3 所示。

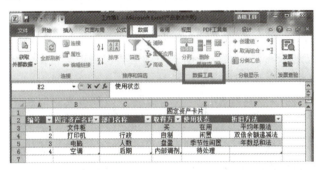

图 4-2　选择"数据有效性"命令

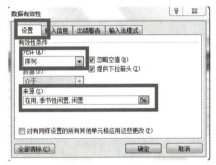

图 4-3　"数据有效性"对话框

【提示】

在"来源"下拉列表中,不同选项之间要用英文状态下的","隔开。

(3) 如果"折旧方法""部门名称"等列也想采用先编辑好后选择的方式,则重复步骤(2)的操作即可。

(4) 根据企业购入的固定资产,按照对应的基本信息填入对应的表格,如图 4-4 所示。

图 4-4　输入基本信息

(5) 在实际工作中，如果表格列数较多，不方便查看，则可以使用拆分窗口的方式将表格拆分为几个窗口，用户可以根据需求滚动查看每个窗口中的内容。选中需要隔开的单元格，选择"视图"选项卡，执行"窗口"组中的"拆分"命令即可。如果要取消拆分，可采用同样的操作步骤，再次执行"拆分"命令即可，如图 4-5 所示。

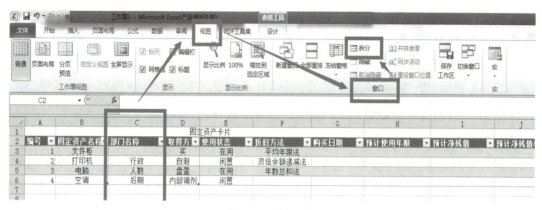

图 4-5　拆分表格

2. 增加固定资产

当企业增加各种固定资产时，按照会计核算的及时性等原则，需要及时进行记录。当需要将新的固定资产进行记录时，可以采取两种方法：直接手动输入和使用"记录单"功能添加，这里只介绍通过"记录单"功能添加。

(1) 如果 Excel 页面没有"记录单"命令，则需要用户手动将其添加到页面。随机选中表格中的一列，选择"文件"→"选项"命令，打开"Excel 选项"对话框，选择"快速访问工具栏"选项卡，在"从下列位置选择命令"下拉列表中选择"不在功能区中的命令"，在其下的列表框中选择"记录单"，单击"添加"按钮，再单击"确定"按钮，则快捷功能按键添加完成，如图 4-6 和图 4-7 所示。

图 4-6　选择"选项"命令

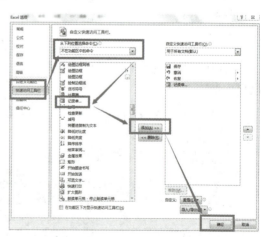

图 4-7　"Excel 选项"对话框

(2) 选中添加的区域，单击"记录单"按钮，在打开的"固定资产卡片"对话框中输入新增加的固定资产的信息，单击"新建"按钮，则新增信息输入完成，如图 4-8 所示。

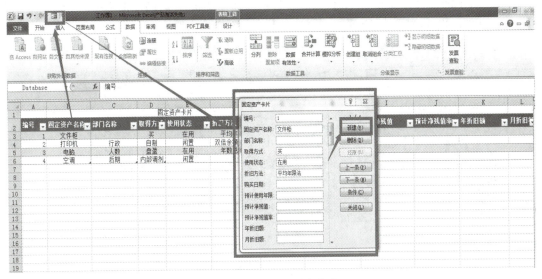

图 4-8 增加固定资产信息

3. 查询固定资产

固定资产在因为各种原因减少或者内部调剂以及状态发生变化时，需要对其各项信息进行变更或者登记。要想在众多的信息中快速准确地找到需要编辑的数据栏，可以使用 Excel 中的查找、筛选等功能。其具体操作方法有以下两种。

方法一：查找。打开 Excel 表格，选择"开始"选项卡，执行"编辑"组中的"查找和选择"命令，打开"查找和替换"对话框，输入需要查找的数据，单击"查找全部"按钮。也可以按 Ctrl+F 组合键，打开"查找和替换"对话框，如图 4-9 所示。

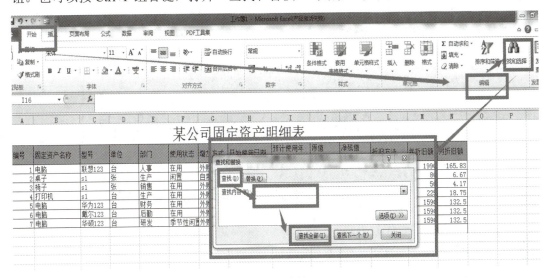

图 4-9 查找

方法二：筛选。打开 Excel 表格，选中要筛选的单元格区域，选择"开始"选项卡，执行"编辑"组中的"排序和筛选"下的"筛选"命令,此时选中的行列会出现倒三角按钮，单击倒三角按钮，在搜索框中输入筛选的内容，选中出现的筛选结果复选框，单击"确定"按钮，如图 4-10 和图 4-11 所示。

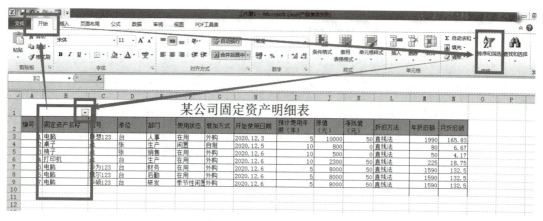

图4-10　筛选

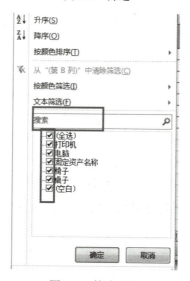

图4-11　筛选设置

通过以上两种方法都可以很快捷地找到用户需要的数据，从而节约时间。

任务二　固定资产折旧的计算方法

 知识准备

固定资产的确认条件之一是达到一定标准，而该标准的价值是比较大的，所以固定资

产的成本采取的方式是在使用过程中按月分摊和计提，将其成本转移到产品或者劳务成本中。所以，企业需要对固定资产计提折旧。折旧的计算方法主要有平均年限法、双倍余额递减法、年限总和法等。

注意：企业会计的折旧时间点当月增加当月不计提，次月开始计提；当月减少当月计提。

本任务将采用这三种方法对固定资产的折旧方法在 Excel 中的运用进行阐述。

任务目标

掌握三种不同的折旧方法——平均年限法、双倍余额递减法、年限总和法在 Excel 中运用公式进行折旧的计算。

任务资料

福源公司是一家生产制造企业，该公司目前的固定资产信息如表 4-1 所示。

任务操作

1. 计算资产的残值和已经计提的月份

(1) 建立一张固定资产折旧表，输入以下基本信息：固定资产名称、型号、开始使用日期、资产性质、原值、净残值、折旧方法、已计提月份、月折旧额等。如果表格中设置的是净残值率，则需要计算净残值，如图 4-12 所示。

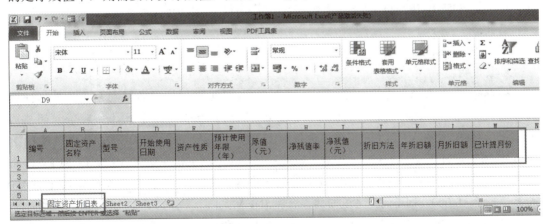

图 4-12　新建工作表

(2) 净残值计算方法：根据计算公式"固定资产残值 = 固定资产原值 × 净残值率"，在 H2 单元格中输入公式"=F2*G2"，按 Enter 键得到计算结果。将鼠标指针放在 H2 单元格右下角，当鼠标指针呈实心十字架时，按住鼠标左键往下拖，直到需要填充的最后一个单元格，松开鼠标，则所有数据填充完成，数据生成，如图 4-13 所示。

图 4-13　计算净残值

(3) 已计提月份的计算方法：在 M2 单元格中输入公式 "=INT(DAYS360(D2,DATE(2022,6,30))/30)"，按 Enter 键得到计算结果。将鼠标指针放在 M2 单元格右下角，当鼠标指针呈实心十字架时，按住鼠标左键往下拖，直到需要填充的最后一个单元格，松开鼠标，则所有数据填充完成，数据生成，如图 4-14 所示。

图 4-14　计算已计提月份

【提示】

1) DATE 函数

含义：返回日期时间代码中代表日期的数字。

函数语法：

DAY(year,month,day)

参数说明：

• year：可以为 1～4 位数字。Microsoft Excel 将根据所使用的日期系统解释 year 参数。默认情况下，Microsoft Excel for Windows 将使用 1900 日期系统。如果 year 的值为 0(零)～1899(包含)，则 Excel 会将该值加上 1900 后再计算年份。例如，DATE(108,1,2) 将返回 2008 年 1 月 2 日 (1900 + 108)。如果 year 的值为 1900～9999(包含)，则 Excel 将使用该数值作为年份。例如，DATE(2008,1,2) 将返回 2008 年 1 月 2 日。如果 year 小于 0 或大于等于 10 000，则 Excel 将返回错误值 "#NUM!"。

• month：每年中月份的数字。如果所输入的月份大于 12，将从指定年份的一月份开始往上加算。例如，DATE(2008,14,2) 返回代表 2009 年 2 月 2 日的序列号。

• day：在该月份中第几天的数字。如果 day 大于该月份的最大天数，则将从指定月份的第一天开始往上累加。例如，DATE(2008,1,35) 返回代表 2008 年 2 月 4 日的序列号。

2) Days 函数

含义：可以返回两个日期相差的天数。

函数语法：

    DAYS(end_date, start_date)

参数说明：

end_date 和 start_date：必需参数，可以手动输入，或者是引用单元格。第一个为结束日期，第二个为开始日期，按 Enter 键就可以得到两个日期相差的天数。

3) INT 函数

含义：将数字向下舍入到最接近的整数。

语法格式：

    INT(number)

参数说明：

number：需要进行向下舍入取整的实数。

使用此函数需要注意：INT 函数是取整函数，不进行四舍五入，而是直接去掉小数部分取整。

2. 平均年限法

平均年限法又称为直线法，是将固定资产在有限的使用年限内平均分摊计提折旧的一种摊销方法。采用平均年限法时，每年或者每个月计提的折旧额是相等的，在计算过程中影响计算数据的主要因素有三个，即固定资产原值、净残值和预计使用年限。

平均年限法的计算公式如下：

$$年折旧额 = \frac{原值 - 预计净残值}{预计使用年限}$$

$$月折旧 = \frac{年折旧额}{12}$$

$$年折旧率 = \frac{1 - 预计净残值率}{预计使用年限} \times 100\%$$

$$预计净残值率 = \frac{固定资产净残值}{固定资产原值} \times 100\%$$

(1) 根据公式"年折旧额 =（原值 - 预计净残值）/ 预计使用年限"，在K2单元格中输入公式"=(G2-I2)/F2"，按Enter键得到结果，如图4-15所示。

编号	固定资产名称	型号	开始使用日期	资产性质	预计使用年限（年）	原值（元）	净残值率	净残值（元）	折旧方法	年折旧额	月折旧额
1	电脑	联想123	2019/12/3	当月增加	5	10000	7%	700	直线法	=(G2-I2)/F2	
2	桌子	s1	2020/12/5	当月增加	10	800	4%	32	双倍余额递减法		
3	椅子	s1	2020/12/6	正常	10	500	4%	20	直线法		
4	打印机	s1	2020/12/6	正常	10	2300	3%	69	直线法		
5	电脑	华为123	2020/12/6	正常	5	8000	6%	480	直线法		
6	电脑	戴尔123	2020/12/6	当月增加	5	8000	4%	320	直线法		
7	电脑	华硕123	2020/12/6	当月增加	5	8000	4%	320	直线法		

图4-15 计算年折旧额

(2) 将鼠标指针放在 M2 单元格右下角，当其呈实心十字时 (填充柄) 按住鼠标左键往下拖，得出表格数据 (注意，往下填充的前提是必须要采用同样的折旧方法)，如图 4-16 所示。

图 4-16　填充数据

(3) 计算月折旧额。在 L2 单元格中输入公式 "=K2/12"，按 Enter 键得到结果，如图 4-17 所示。

图 4-17　计算月折旧额

(4) 将鼠标指针放在 N2 单元格右下角，当其呈实心十字时 (填充柄) 按住鼠标左键往下拖，得出表格数据，如图 4-18 所示。

图 4-18　填充数据

【提示】

在 Excel 中，除了采用上述方法计算月折旧额外，还可以使用 SLN 函数计算月折旧额。

含义：基于直线折旧法返回某项资产每期的线性折旧值，即平均折旧值。

函数语法：

SLN(cost,salvage,life)

参数说明：

• cost：资产原值。

- salvage：资产在折旧期末的价值，即资产残值。
- life：折旧期限，有时也指使用寿命。

所有参数值必须为正数，否则返回值为"#NUM"。

3. 双倍余额递减法

双倍余额递减法是加速折旧法的一种，其假设固定资产的服务潜力在前期消耗较大，在后期消耗较少，为此在使用前期多提折旧，后期少提折旧，从而相对加速折旧。双倍余额递减法是指在不考虑固定资产预计残值的情况下，将每期固定资产的期初账面净值乘以一个固定不变的百分率，计算折旧额的一种加速折旧的方法。

双倍余额递减法的计算公式如下：

$$年折旧率 = \frac{2}{预计的折旧年限} \times 100\%$$

$$年折旧额 = 固定资产期初折余价值 \times 年折旧率$$

$$月折旧率 = \frac{年折旧率}{12}$$

【提示】

在 Excel 中可以用 DDB 函数来计算。DDB 函数用双倍余额递减法或其他指定方法，返回指定期间内某项固定资产的折旧值。

函数语法：

　　DDB(Cost, Salvage, Life, Period, [Factor])

参数说明：

- Cost：资产原值。
- Salvage：固定资产使用年限终了时的估计残值 (有时也称为资产残值)。
- Life：资产的折旧期数 (有时也称为资产的使用寿命)。
- Period：要计算折旧的时期。Period 必须使用与 Life 相同的单位。
- Factor：余额递减速率。如果省略影响因素，则假定其为 2(双倍余额递减法)。

以上参数都必须是正数。

(1) 打开固定资产管理表格，切换到"固定资产折旧"工作表，选中 K12 单元格，选择"公式"选项卡，执行"函数库"组中的"插入函数"命令，打开"插入函数"对话框，在"或选择类别"下拉列表中选择函数类型"财务"，找到并选择"DDB"，单击"确定"按钮，如图 4-19 所示。

(2) 在打开的"函数参数"对话框中设置对应的参数。在"Cost"文本框中输入"G12"(可以手动输入，也可以直接选中 G12 单元格)，在"Salvage"文本框中输入"I12"，在"Life"文本框中输入"F12*12"，在"Period"文本框中输入"M12"，单击"确定"按钮，得出表格数据，如图 4-20 所示。

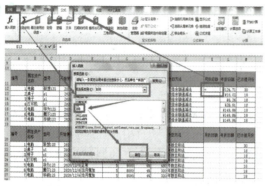

图 4-19　选择公式

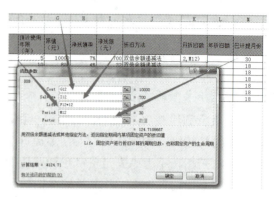

图 4-20　输入数据

（3）将鼠标指针放在 K12 单元格右下角，当鼠标指针呈实心十字时往下拖，填充所有表格，生成数据，如图 4-21 所示。

固定资产名称	型号	开始使用日期	资产性质	预计使用年限（年）	原值（元）	净残值率	净残值（元）	折旧方法	月折旧额	年折旧额	已计提月份
电脑	联想123	2019/12/3	当月增加	5	10000	7%	700	双倍余额递减法	¥124.71		30
桌子	s1	2020/12/5	当月增加	10	800	4%	32	双倍余额递减法	¥10.02		18
椅子	s1	2020/12/6	正常	10	500	4%	20	双倍余额递减法	¥6.26		18
打印机	s1	2020/12/6	正常	10	2300	3%	69	双倍余额递减法	¥28.81		18
电脑	华为123	2020/12/6	正常	5	8000	6%	480	双倍余额递减法	¥149.86		18
电脑	戴尔123	2020/12/6	当月增加	5	8000	4%	320	双倍余额递减法	¥149.86		18
电脑	华硕123	2020/12/6	当月增加	5	8000	4%	320	双倍余额递减法	¥149.86		18

图 4-21　填充数据

4. 年限总和法

年限总和法又称折旧年限积数法或级数递减法，是将固定资产的原值减去残值后的净额乘以一个逐年递减的分数计算确定固定资产折旧额的一种方法。逐年递减分数的分子代表固定资产尚可使用的年数，分母代表使用年数的逐年数字总和。假定使用年限为 n 年，分母即为 $1 + 2 + 3 + \cdots + n = n(n+1) \div 2$，其折旧的计算公式如下：

$$年折旧率 = \frac{折旧年限 - 已使用年数}{折旧年限 \times (折旧年限 + 1) \div 2} \times 100\%$$

$$年折旧额 = (固定资产原值 - 预计残值) \times 年折旧率$$

$$月折旧率 = \frac{年折旧率}{12}$$

$$年折旧额 = (固定资产原值 - 预计净残值) \times 月折旧率$$

【提示】

在 Excel 中可以用 SYD 函数来计算。

SYD 函数返回某项资产按年限总和法计算的指定期间的折旧值。

函数语法：

SYD(Cost, Salvage, Life, Period)

参数说明：

- Cost：资产原值。
- Salvage：固定资产使用年限终了时的估计残值(有时也称为资产残值)。
- Life：资产的折旧期数(有时也称为资产的使用寿命)。
- Period：要计算折旧的时期。Period 必须使用与 Life 相同的单位。

(1) 打开固定资产管理表格，切换到"固定资产折旧"工作表，选中 K21 单元格，选择"公式"选项卡，执行"函数库"组中的"插入函数"命令，打开"插入函数"对话框，在"或选择类别"下拉列表中选择函数类型"财务"，找到并选择"SYD"，单击"确定"按钮，如图 4-22 所示。

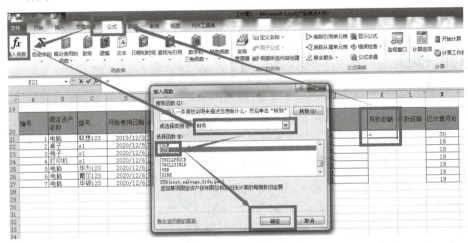

图 4-22　选择函数

(2) 在打开的"函数参数"对话框中设置对应的参数。在"Cost"文本框中输入"G21"(可以手动输入，也可以直接选中 G21 单元格)，在"Salvage"文本框中输入"I21"，在"Life"文本框中输入"F21*12"，在"Period"文本框中输入"M21"，单击"确定"按钮，得出表格数据，如图 4-23 所示。

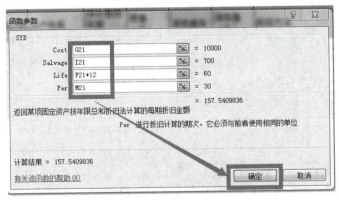

图 4-23　输入数据

(3) 将鼠标指针放在 K12 单元格右下角，当鼠标指针呈实心十字时往下拖(填充柄)，填充所有表格，生成数据，如图 4-24 所示。

固定资产名称	型号	开始使用日期	资产性质	预计使用年限（年）	原值（元）	净残值率	净残值（元）	折旧方法	月折旧额	手折旧额	已计提月份
电脑	联想123	2019/12/3	当月增加	5	10000	7%	700	年数总和法	¥157.54		30
桌子	s1	2020/12/5	当月增加	10	800	4%	32	年数总和法	¥10.90		18
椅子	s1	2020/12/6	正常	10	500	4%	20	年数总和法	¥6.81		18
打印机	s1	2020/12/6	正常	10	2300	3%	69	年数总和法	¥31.65		18
电脑	华为123	2020/12/6	正常	5	8000	6%	480	年数总和法	¥176.70		18
电脑	戴尔123	2020/12/6	当月增加	5	8000	4%	320	年数总和法	¥180.46		18
电脑	华硕123	2020/12/6	当月增加	5	8000	4%	320	年数总和法	¥180.46		18

图 4-24　填充数据

任务三　创建折旧费用数据透视表

知识准备

合理地使用数据透视表功能，可以进行数据筛选和汇总，直观地反映数据对比关系，深入分析数值数据，方便查看和比较相关数据。创建数据透视图时，需要使用相同的数据创建一个相关联的数据透视表，为数据透视图提供数据源。数据源数据变化也会引起数据透视表的变化。下面利用数据透视表进行折旧分析。

任务目标

(1) 理解数据透视表的作用；
(2) 掌握数据透视表在固定资产折旧分析中的具体操作。

任务资料

福源公司是一家生产制造企业，该公司目前的固定资产采购信息如表 4-2 所示。

表 4-2　福源公司固定资产采购信息

编号	固定资产名称	型号	单位	部门	使用状态	增加方式	开始使用日期	预计使用年限/年	原值/元	净残值/元
1	电脑	联想123	台	人事	在用	外购	2020.12.3	5	10 000	50
2	桌子	s1	张	生产	闲置	自制	2020.12.5	10	800	0
3	椅子	s1	张	销售	在用	外购	2020.12.6	10	500	0
4	打印机	s1	台	生产	在用	外购	2020.12.6	10	2300	50
5	电脑	华为123	台	财务	在用	外购	2020.12.6	5	8000	50
6	电脑	戴尔123	台	后勤	在用	外购	2020.12.6	5	8000	50
7	电脑	华硕123	台	研发	季节性闲置	外购	2020.12.6	5	8000	50

任务操作

1. 创建折旧费用数据透视表

(1) 找到前面制作的"固定资产折旧"工作表，选中数据区域中的任意一个单元格，选择"插入"选项卡，执行"表格"组中的"数据透视表"命令，如图4-25所示。

	A	B	C	D	E	F	G	H	I	J	K	L	M
1	编号	固定资产名称	型号	开始使用日期	资产性质	预计使用年限(年)	原值(元)	净残值率	净残值(元)	折旧方法	年折旧额	月折旧额	已计提月份
2	1	电脑	联想123	2019/12/3	当月增加	5	10000	7%	700	直线法	1860	155	30
3	2	桌子	s1	2020/12/5	当月增加	10	800	4%	32	直线法	76.8	6.4	18
4	3	椅子	s1	2020/12/6	正常	10	500	4%	20	直线法	48	4	18
5	4	打印机	s1	2020/12/6	正常	10	2300	3%	69	直线法	223.1	18.59167	18
6	5	电脑	华为123	2020/12/6	正常	5	8000	6%	480	直线法	1504	125.3333	18
7	6	电脑	戴尔123	2020/12/6	当月增加	5	8000	4%	320	直线法	1536	128	18
8	7	电脑	华硕123	2020/12/6	当月增加	5	8000	4%	320	直线法	1536	128	18

图4-25 执行"数据透视表"命令

(2) 打开"创建数据透视表"对话框，此时在"请选择要分析的数据"中有两个选项，即"选择一个表或区域"和"使用外部数据源"。这两个选项主要根据要分析的数据是本表中的数据(选择一个表或区域)还是来自除了这个表之外的其他表格的数据(使用外部数据源)来选择。本案例中要分析的数据是本表格中的，所以选中"选择一个表或区域"单选按钮，此时文本框中默认显示该工作表的所有数据区域，如果需要更改区域，就手动输入区域范围。在"选择放置数据透视表的位置"中也有两个选项，可以选择放在本工作表中，也可以选择放在新工作表中，这里选择放在新工作表中。设置完成，单击"确定"按钮，如图4-26所示。

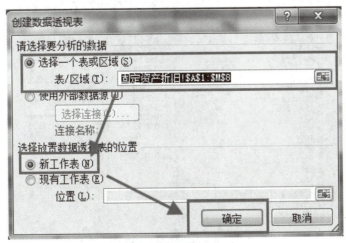

图4-26 "创建数据透视表"对话框

(3) 系统自动跳转到一个新工作表中并自动命名为 "Sheet1"，该工作表中有数据透视表的基本框架，并弹出 "数据透视表字段列表" 任务窗格，如图 4-27 所示。

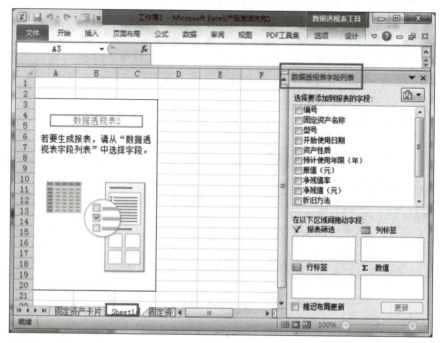

图 4-27　生成新工作表

(4) 添加字段，在 "选择要添加到报表的字段" 列表框中的 "固定资产名称" 上右击，在弹出的快捷菜单中选择 "添加到行标签" 命令 (或直接将 "固定资产名称" 拖拽到 "行标签" 列表框中)，如图 4-28 所示。

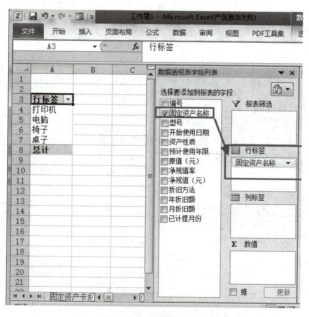

图 4-28　添加行标签

(5) 按照上述相同的方式将"编号"添加到"行标签",根据需求将"月折旧额"添加到"数值",如图 4-29 所示。

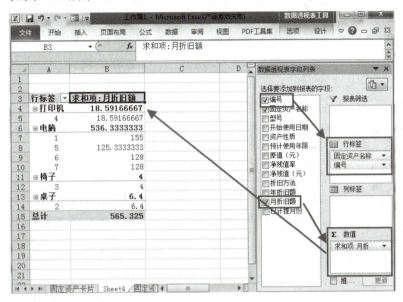

图 4-29 效果展示

(6) 添加完毕后,单击任务窗格中的"关闭"按钮,关闭任务窗格即可 (也可以直接单击任意一个空白单元格关闭)。

(7) 调整数据透视表布局。单击透视表中的任一单元格,选择"数据透视表工具 – 设计"选项卡,执行"布局"组中"报表布局"下的"以表格形式显示"命令。为了美化表格,还可以在"数据透视表样式"组中进行样式的选择,如图 4-30 所示。

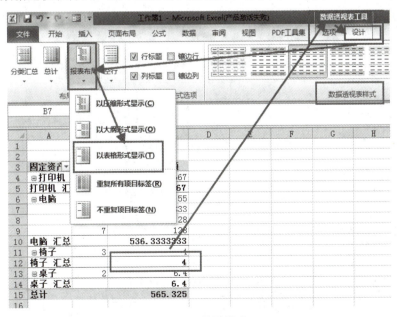

图 4-30 设置样式

2. 创建折旧费用数据透视图

当数据源中的数据过多时，为了反映数据之间的对比关系，可以选择数据透视图进行直观的展示。

在数据透视表的基础之上创建数据透视图的具体操作如下：

(1) 打开前面制作的数据透视表，选中数据区域中的任意一个单元格，选择"数据透视表工具－选项"选项卡，执行"工具"组中的"数据透视图"命令，在打开的"插入图表"对话框中根据需求选择不同的图形，如图 4-31 所示。

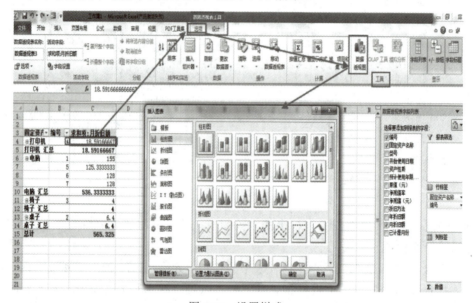

图 4-31　设置样式

(2) 假如选择的是"三维簇状柱形图"，单击"确定"按钮，形成数据透视图，如图 4-32 所示。

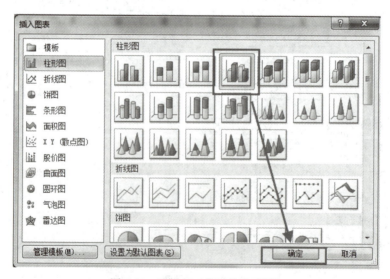

图 4-32　选择"三维簇状柱形图"

(3) 选中形成的数据透视图,激活"数据透视图工具"选项卡,根据需求进行位置、形状、颜色等美化工作, 如图 4-33 所示。

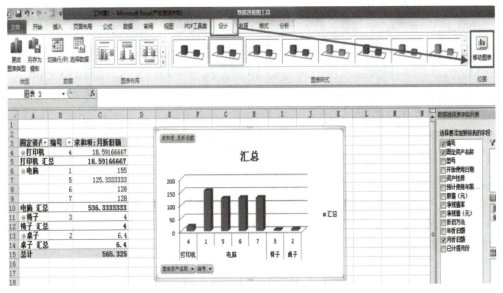

图 4-33 效果展示

 项 目 小 结

在数字信息化发展的时代背景下,可将固定资产管理的手工操作通过 Excel 计算机软件来完成。这一方面是顺应时代的发展;另一方面可以减轻手工账的工作压力,使数据的保存更为方便。本项目首先介绍了建立固定资产管理的 Excel 表格;其次介绍了三种不同的折旧方法在 Excel 中的操作和应用,这里会涉及 SLN、DDB、DB、SYD 等函数计算公式;最后为了反映数据之间的关系,介绍了如何创建数据透视表和数据透视图。

 项目练习

福兴公司有办公室一间,规格为砖混结构,供所有部门使用,直接购入,现在正在投入使用,开始使用日期是 2009 年 4 月 15 日,预计使用时间 15 年,原值 20 000 元;仓库一间,属于砖混结构,供采购部门和销售部门使用,直接购入,现在正在投入使用,开始使用日期是 2009 年 4 月 15 日,预计使用时间 10 年,原值 50 000 元;计算机三台——长城 DDX、联想开天、联想启天,分别供办公室、财务部和人事部使用,全部是投资者投入的资产,现在处于正在使用状态,开始使用日期分别是 2009 年 7 月 17 日、2010 年 4 月 25 日、2011 年 5 月 10 日,预计使用 6 年,原值分别是 5100、5200、4500 元;扫描

仪一台，型号佳能，供所有部门使用，在用，属于投资者投入的资产，开始使用日期是
2009 年 5 月 10 日，预计使用时间 6 年，原值 2150 元；打印机一台，型号 EPSON，供所
有部门使用，正在投入使用，属于投资者投入的资产，开始使用日期是 2009 年 7 月 22 日，
预计使用时间 6 年，原值 2450 元。空调两台，型号 MR501，一台供办公室、人事和财务
部门使用，另一台供采购部和销售部使用，使用状态季节性停用，直接购入，开始使用日
期分别是 2009 年 7 月 26 日和 2011 年 3 月 10 日，预计使用时间 5 年，单价 5300 元 (两
台单价一样)；饮水机两台，型号 YTS，一台供办公室、人事和财务部门使用，另一台供
采购部和销售部使用，正在投入使用，直接购入，开始使用日期分别是 2011 年 5 月 10 日
和 2009 年 5 月 10 日，预计使用时间 5 年，单价 300 元 (两台单价一样)。

1. 根据上述描述建立固定资产卡片。

2. 净残值率都为 5%，在表格中运用函数计算已提折旧月数 (至 2013 年 8 月 31 日)。

3. 在表格中运用函数，分别用直线法、双倍余额递减法和年数综合法计算月折旧额。

4. 根据直线法、双倍余额递减法计算出来的月折旧额建立折旧费用的数据透视表和数
据透视图 (在新工作表中建立)。

项目五 工资管理

学习目标

(1) 理解员工组成部分、个税、工资的计算等基本内容；

(2) 掌握在 Excel 中建立管理单据表，计算员工工资和制作工资条；

(3) 掌握查询和分析工资数据的操作；

(4) 学会应用 Excel 解决实际案例中遇到的员工工资问题。

情景引入

工资管理涉及企业的人事管理和财务管理两方面。当企业录用一名员工后，企业的员工信息就会在人事管理部门进行登记，即该员工的基本情况，其中某些数据就会反映在工资管理中。这些数据可以由财务部门单独建立，由人事部门提供。在不同的企业，工资管理方式是不相同的，员工信息表的创建方法也不尽相同，需要切合企业的生产特点。随着经济社会的发展，很多企业的规模在不断扩张，同时拥有的员工数量也日益庞大，如果采用原始的人工记录和计算工资的方式，那么财会人员和人事人员的工作量就会非常大，工作难度加大，而在信息化电子时代背景下，可以采用计算机软件进行工资的记录和管理。如果公司采用钉钉软件或者指纹打卡机等工具对员工进行考勤，则考勤数据可以在后台导出，一键生成。这就减轻了工作负担，提高了工资核算的效率，规范了工资的核算。本项目内容从以下三个部分展开：创建工资管理单表、制作工资条、查询和分析工资数据。

任务一　创建工资管理单表

知识准备

通常在核算员工工资之前，要先获取员工的基本信息，建立员工档案。员工工资管理除了基本档案之外，还涉及基本工资、考勤、奖金、社保、福利和加班等项目。本任务首先利用 Excel 建立基础表格，然后利用 Excel 的公式和函数对这些项目进行统计和计算。

1. 建立员工档案表

根据企业需求，在人事录用员工开始就要建立员工档案，方便后续管理。员工档案一般应包括以下信息：员工编号、姓名、所属部门、职位等级、联系电话、邮箱、婚姻状况、身份证号码、家庭地址、基本工资、工资卡所属银行、工资卡卡号等，需根据公司的需求进行选择。首先建立 Excel 表格，然后将员工的基本信息录入表格中，此项工作即完成。

2. 创建考勤表

员工考勤表是用于记录和统计员工出勤状态的表格。出勤状态包括正常、迟到、早退、请假（病假、事假、婚假、丧假）等。依据国家相关法律法规和企业的规章制度，请假状态对于工资核算的影响程度是不一样的。通过创建考勤表，可为后续人事和财务在核算工资时提供考勤依据。

3. 创建"五险一金"表

"五险"就是通常说的社会保险，主要包括养老保险、医疗保险、失业保险、工伤保险和生育保险。2016 年 3 月 23 日"十三五"规划纲要提出，将生育保险和基本医疗保险合并实施。这意味着未来随着生育保险和基本医疗保险的合并，人们熟悉的"五险一金"或将变为"四险一金"。《中华人民共和国劳动法》第九章"社会保险和福利"第七十二条规定："用人单位和劳动者必须依法参加社会保险，缴纳社会保险费。"社保由员工和企业共同承担，企业承担一部分，员工承担一部分。员工承担的一部分在企业发工资之前要予以扣除，由企业一并代缴相关部门。五险一金的缴纳额度在每个地区都不同，以工资总额为基数。"一金"指的是住房公积金，是指国家机关和事业单位、国企、城镇集体企业、外商投资企业、城镇私营企业及其他城镇企业和事业单位、民办非企业单位、社会团体及其在职职工等缴存的长期住房储蓄。

4. 创建奖金、津贴表

奖金和津贴是企业为了鼓励员工采取的奖励措施。奖金是支付给员工的超额劳动报酬和增收节支的劳动报酬，它与员工的表现息息相关。津贴是指补偿职工在特殊条件下的劳动消耗及生活费额外支出的工资补充形式，如常见的生活补贴、交通补贴、住房补贴、高温补贴等。在这里要用到 Excel 中的 IF 函数，其根据指定的条件判断"真""假"，根据逻辑计算的真假值返回相应的内容。可以使用函数 IF 对数值和公式进行条件检测。

语法格式：

　　　IF(Logical_test,Value_if_true,Value_if_false)

参数说明：

• Logical_test：计算结果为 TRUE 或 FALSE 的任意值或表达式。

• Value_if_true：Logical_test 为 TRUE 时返回的值。

• Value_if_false：Logical_test 为 FALSE 时返回的值。

5. 创建个人所得税表

《中华人民共和国个人所得税法》第一条规定：

"在中国境内有住所，或者无住所而一个纳税年度内在中国境内居住累计满一百八十三天的个人，为居民个人。居民个人从中国境内和境外取得的所得，依照本法规定缴纳个人所得税。

在中国境内无住所又不居住，或者无住所而一个纳税年度内在中国境内居住累计不满一百八十三天的个人，为非居民个人。非居民个人从中国境内取得的所得，依照本法规定缴纳个人所得税。

纳税年度，自公历一月一日起至十二月三十一日止。"

第三条规定：

"个人所得税的税率：

(一) 综合所得，适用百分之三至百分之四十五的超额累进税率；

(二) 经营所得，适用百分之五至百分之三十五的超额累进税率；

(三) 利息、股息、红利所得，财产租赁所得，财产转让所得和偶然所得，适用比例税率，税率为百分之二十。"

个人所得税实施的方式是企业代扣代缴。代扣指的是企业在发放工资之前要把员工个人应该承担的所得税先扣除，代缴指的是企业将从员工工资中扣除个税一并交给税务局。

按月取得的工资、薪金所得计税方法是按月预征，年终汇算清缴，税率采用的是 3% ～ 45% 七级超额累进税率。

本任务中的案例采用的是收入超过 5000 元起征应纳税额。

应纳税额的计算公式如下：

$$应纳税额 = 应纳税所得额 × 适用税率 - 速算扣除数$$

个人所得税税率表 (月度税率表) 如表 5-1 所示。

表 5-1 个人所得税税率表 (月度税率表)

(全年一次性奖金；非居民个人工资、薪金所得，劳务报酬所得，稿酬所得，特许权使用费所得适用)

级数	应纳税所得额	税率 /%	速算扣除数
1	不超过 3000 元	3	0
2	超过 3000 元至 12 000 元的部分	10	210
3	超过 12 000 元至 25 000 元的部分	20	1410
4	超过 25 000 元至 35 000 元的部分	25	2660
5	超过 35 000 元至 55 000 元的部分	30	4410
6	超过 55 000 元至 80 000 元的部分	35	7160
7	超过 80 000 元的部分	45	15160

任务目标

(1) 在 Excel 中建立员工档案表；
(2) 在 Excel 中创建考勤表；
(3) 在 Excel 中创建"五险一金"表；
(4) 在 Excel 中创建奖金、津贴表；
(5) 在 Excel 中创建个人所得税表。

任务资料

福源公司是一家生产制造企业，目前公司员工的情况如表 5-2 所示。

表 5-2　福源公司员工基本情况

姓名	所属部门	职务	学历	婚姻状况	身份证号	联系电话	电子邮箱	工资卡所属银行	工资卡卡号	基本工资
李苏兴	人事	经理	硕士	已婚	51078119930718	15692103423	1233425@QQ.com	农行	25151545123	5000
李雅勋	人事	专员	本科	未婚	51078120000717	13687423983	1233426@QQ.com	农行	33211525123	3000
张鲸双	财务	经理	硕士	已婚	51078120000417	18733413412	1233425@QQ.com	农行	14511345145	5000
朱晨奇	财务	专员	本科	未婚	51078119990719	15633241315	1233426@QQ.com	农行	51521315125	3000
张金称	生产	经理	硕士	未婚	51078119930710	13563131234	1233427@QQ.com	农行	15313215123	5000
李长白	生产	组长	大专	已婚	51078119960727	13515795365	1233428@QQ.com	农行	14312345151	4000
张骞西	生产	组长	大专	未婚	51078120010711	13553567465	1233429@QQ.com	农行	24361431324	4000
李哲殷	生产	专员	本科	已婚	51078120000712	13634637637	123330@QQ.com	农行	45424341451	3000
张钟俊	生产	专员	大专	已婚	51078119950417	18605845673	1235431@QQ.com	农行	13246427234	3000
李尧进	生产	专员	大专	已婚	51078119910517	18353317472	1234432@QQ.com	农行	13251232343	3000
张京楚	生产	专员	大专	未婚	51078119990817	13164561234	1233433@QQ.com	农行	12312351235	3000
李羡祺	研发	经理	硕士	已婚	51078119921017	14346573434	1233434@QQ.com	农行	54363114615	5000
李爱池	研发	专员	硕士	未婚	51078119911117	13518954146	1233435@QQ.com	农行	13413132416	3000
朱尚坤	研发	专员	硕士	未婚	51078119921217	17446361467	1233436@QQ.com	农行	15133151251	3000
张太展	销售	经理	本科	已婚	51078119970117	15888588888	1233437@QQ.com	农行	16145124323	5000
朱亮怡	销售	专员	大专	未婚	51078119990212	13263688858	1233438@QQ.com	农行	43252352346	3000
张瑞政	销售	专员	大专	已婚	51078119880310	15264462737	1233439@QQ.com	农行	32462342346	3000
朱允琪	销售	专员	大专	未婚	51078119990421	15224632426	1623340@QQ.com	农行	32436264264	3000
李钧德	宣传	经理	硕士	已婚	51078119850817	18694346468	1233441@QQ.com	农行	23463234626	5000
张顺引	宣传	专员	大专	未婚	51178119850817	16276466844	122343344@QQ.com	农行	31233432634	3000
李风念	宣传	专员	本科	已婚	51278119850817	15275849497	123313443@QQ.com	农行	62325213412	3000
朱云汉	宣传	专员	本科	未婚	51378119850817	14653537373	12353444@QQ.com	农行	31235123512	3000

任务操作

1. 在 Excel 中建立员工档案表

(1) 打开 Excel，单击"保存"按钮，将 Excel 工作薄命名为"员工档案表 .xlsm"，如图 5-1 所示。

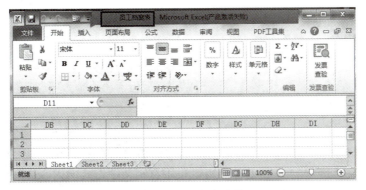

图 5-1 新建并保存表格

(2) 在 Sheet1 工作表中输入如图 5-2 所示列标题。

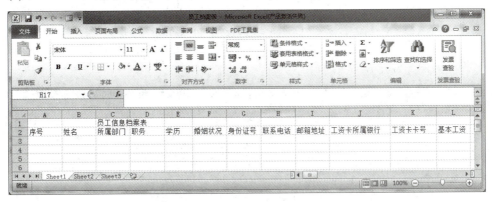

图 5-2 输入列标题

(3) 选中 A1:L1 单元格区域，选择"开始"选项卡，执行"对齐方式"组中的"合并后居中"命令，如图 5-3 所示。

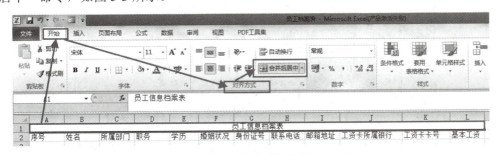

图 5-3 设置对齐方式

(4) 在 A3 单元格中输入"0001"，将鼠标指针放在 A3 单元格右下角，当其呈实心十字时，按住 Ctrl 键，向下拖动鼠标，自动填充序号 (如果企业员工较多，则可以分部门建立，也可设置多位数编号)，如图 5-4 所示。

	A	B	C	D	E	F	
1							员工
2	序号	姓名	所属部门	职务	学历	婚姻状况	身
3	0001						
4	0002						
5	0003						
6	0004						
7	0005						
8	0006						
9	0007						
10	0008						
11	0009						

图 5-4　设置序号

(5) 输入表格中需要登记的员工基本信息。手动输入姓名；其后的信息可以先设置后直选择，也可以手动输入；重复的信息可以采用复制粘贴方式输入。这里介绍先设置后根据需求直接进行选择的方式。首先选中需要设置的列，即 C3 列，选择"数据"选项卡，执行"数据工具"组中的"数据有效性"命令，打开"数据有效性"对话框，选择"设置"选项卡，在"允许"下拉列表中选择"序列"，"来源"根据需求进行设置，这里假定公司拥有人事、财务、生产、研发、销售和宣传部门。注意，部门之间用英文逗号","隔开。单击"确定"按钮，数据设置完毕，即可直接使用单元格右侧的下拉按钮对员工所属部门进行选择，如图 5-5 所示。

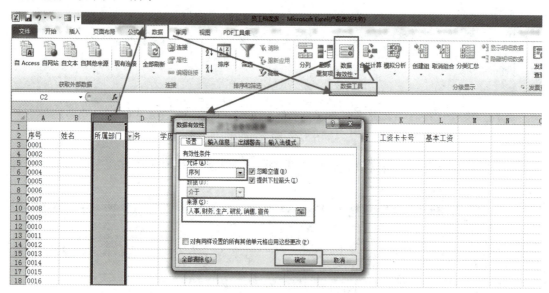

图 5-5　设置数据

(6) 将后面选择有限的几列进行上面的操作，手动输入独立存在的信息。通过以上操作，员工的信息档案表即建立完成，如图 5-6 所示。

员工信息档案表

序号	姓名	所属部门	职务	学历	婚姻状况	身份证号	联系电话	电子邮箱	工资卡所属银行	工资卡卡号	基本工资
0001	李苏兴	人事	经理	硕士	已婚	51078119930718	15692103423	1233425@QQ.com	农业银行	25151545123	5000
0002	李雅勋	人事	专员	本科	未婚	51078120000717	13687423983	1233426@QQ.com	农业银行	33211525123	3000
0003	张鲸双	财务	经理	硕士	已婚	51078120000417	18733413412	123q3425@QQ.com	农业银行	14511345145	5000
0004	朱晨奇	财务	专员	本科	未婚	51078119990719	15633241315	123e3426@QQ.com	农业银行	51521315125	3000
0005	张金称	生产	经理	硕士	未婚	51078119930710	13563131234	123w3427@QQ.com	农业银行	15313215123	5000
0006	李长白	生产	组长	大专	已婚	51078119960727	13515795365	123w3428@QQ.com	农业银行	14312345151	4000
0007	张骞西	生产	组长	大专	未婚	51078120010711	13553567465	1233q429@QQ.com	农业银行	24361431324	4000
0008	李哲毅	生产	组员	本科	未婚	51078120000712	13634637637	12332430@QQ.com	农业银行	45424341451	3000
0009	张钟俊	生产	专员	大专	已婚	51078119950417	18605845673	12335431@QQ.com	农业银行	13246427234	3000
0010	李尧进	生产	专员	大专	已婚	51078119910517	18353317472	12334432@QQ.com	农业银行	13251232343	3000
0011	张京楚	生产	专员	大专	未婚	51078119990817	13164561234	12334u33@QQ.com	农业银行	12312351235	3000
0012	李羡祺	研发	经理	硕士	已婚	51078119921017	14346573434	12334134@QQ.com	农业银行	54363114615	5000
0013	李爱池	研发	专员	硕士	未婚	51078119911117	13518954146	123349441@QQ.com	农业银行	13413132416	3000
0014	朱尚坤	研发	专员	硕士	未婚	51078119921217	17446361467	12334d36@QQ.com	农业银行	15133151251	3000
0015	张太展	销售	经理	本科	已婚	51078119970117	15888588888	123d3437@QQ.com	农业银行	16145124323	5000
0016	朱亮怡	销售	专员	大专	未婚	51078119990212	13263688858	123k3438@QQ.com	农业银行	43252352346	3000
0017	张瑞政	销售	专员	大专	未婚	51078119880310	15264462737	1233439@QQ.com	农业银行	32462342346	3000
0018	朱允琪	销售	专员	大专	未婚	51078119990421	15224632426	16233440@QQ.com	农业银行	32436264264	3000
0019	李钧德	宣传	经理	硕士	已婚	51078119850817	18694346468	12363441@QQ.com	农业银行	23463234626	5000
0020	张顺引	宣传	专员	大专	未婚	51178119850817	16276466844	122343344@QQ.com	农业银行	31233432634	3000
0021	李风念	宣传	专员	本科	未婚	51278119850817	15275849497	1233134443@QQ.com	农业银行	62325213412	3000
0022	朱云汉	宣传	专员	本科	未婚	51378119850817	14653537373	12355444@QQ.com	农业银行	31235123512	3000

图 5-6 填充数据

2. 在 Excel 中创建考勤表

(1) 打开 Excel，将 Sheet2 工作表命名为"考勤"，在考勤表中输入工作表标题、行标题、列标题以及员工的出勤情况，并对工作表格式进行简单的设置，如图 5-7 所示。

图 5-7 设置考勤表

(2) 在计算事假、旷工、病假和实际出勤天数时，需要使用 COUNTIF 函数进行自动求和。例如，要求实际出勤天数，可选中 AN4 单元格，选择"公式"选项卡，执行"函数库"组中的"插入函数"命令，打开"插入函数"对话框，在"或选择类别"下拉列表中选择"统计"，找到 COUNTIF 函数，单击"确定"按钮，如图 5-8 所示。

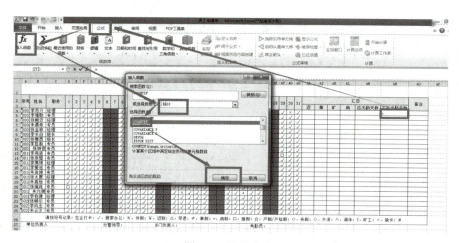

图 5-8　设置公式

(3) 打开"函数参数"对话框，"Range"处选择要进行统计的单元格区域，"Criteria"处为"√"(注意输入英文格式的双引号。另外，如果要统计的是字符，则须加双引号；如果是数字，则不用)，单击"确定"按钮，即可计算出结果，如图 5-9 所示。

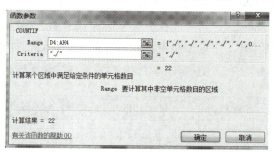

图 5-9　设置函数参数

(4) 将鼠标指针放在 AN4 单元格右下角，当其呈实心十字时，按住鼠标左键向下拖动，进行数据的填充。事假、旷工、病假三列按照同样的方法计算出结果。根据人事制度，在"备注"列可以计算出扣款金额(假设旷工扣 100 元，事假扣 50 元，病假扣 30 元，迟到早退 1 min 扣 1 元)，如图 5-10 所示。

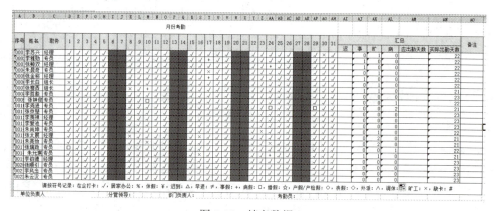

图 5-10　填充数据

3. 在 Excel 中创建“五险一金”表

(1) 打开员工档案表，将 Sheet3 命名为“五险一金”，将员工信息档案表中的“序号”和“姓名”列粘贴复制到“五险一金”工作表中，添加“缴费基数”“应扣保险费”“应扣公积金”列，如图 5-11 所示。

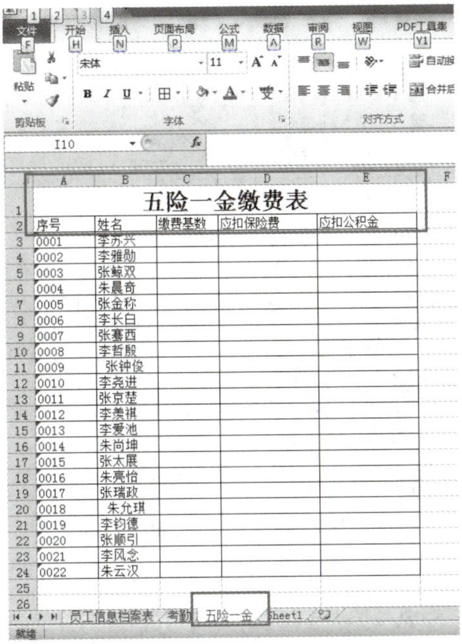

图 5-11　新建工作表

(2) 打开“五险一金”工作表，输入“缴费基数”“应扣保险费”“应扣公积金”三列数据。每个单位的缴费基数由其缴费标准确定，案例中假定缴费基数是 3397.6 元；应扣保险费按照福源最低工资标准计算，应扣金额为 414.91 元；应扣住房公积金按照福源最低工资标准计算，应扣金额为 158 元。将以上数据输入表格中，如图 5-12 所示。

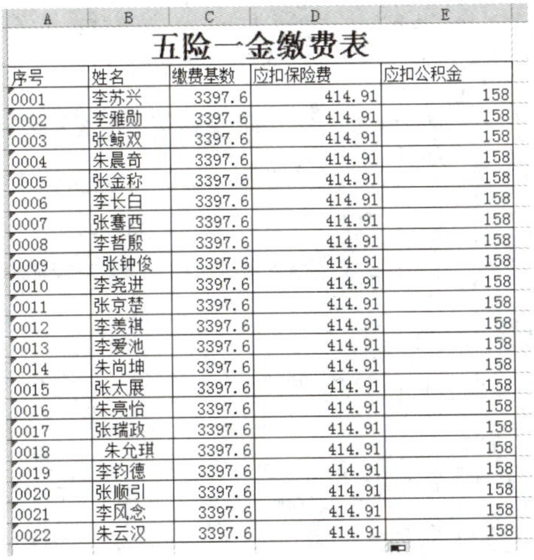

五险一金缴费表

序号	姓名	缴费基数	应扣保险费	应扣公积金
0001	李苏兴	3397.6	414.91	158
0002	李雅勋	3397.6	414.91	158
0003	张鲸双	3397.6	414.91	158
0004	朱晨奇	3397.6	414.91	158
0005	张金称	3397.6	414.91	158
0006	李长白	3397.6	414.91	158
0007	张骞西	3397.6	414.91	158
0008	李哲殷	3397.6	414.91	158
0009	张钟俊	3397.6	414.91	158
0010	李尧进	3397.6	414.91	158
0011	张京楚	3397.6	414.91	158
0012	李羡祺	3397.6	414.91	158
0013	李爱池	3397.6	414.91	158
0014	朱尚坤	3397.6	414.91	158
0015	张太展	3397.6	414.91	158
0016	朱亮怡	3397.6	414.91	158
0017	张瑞政	3397.6	414.91	158
0018	朱允琪	3397.6	414.91	158
0019	李钧德	3397.6	414.91	158
0020	张顺引	3397.6	414.91	158
0021	李风念	3397.6	414.91	158
0022	朱云汉	3397.6	414.91	158

图 5-12　输入数据

4. 在 Excel 中创建奖金、津贴表

(1) 打开员工信息档案表，将 Sheet4 重命名为“奖金、津贴表”，将员工信息档案表中的“序号”和“姓名”列复制粘贴到“奖金、津贴表”工作表中，添加“奖金”“津贴”列，如图 5-13 所示。

奖金、津贴表

序号	姓名	奖金	津贴
0001	李苏兴		
0002	李雅勋		
0003	张鲸双		
0004	朱晨奇		
0005	张金称		
0006	李长白		
0007	张骞西		
0008	李哲殷		
0009	张钟俊		
0010	李尧进		
0011	张京楚		
0012	李羡祺		
0013	李爱池		
0014	朱尚坤		
0015	张太展		
0016	朱亮怡		
0017	张瑞政		
0018	朱允琪		
0019	李钧德		
0020	张顺引		
0021	李风念		
0022	朱云汉		

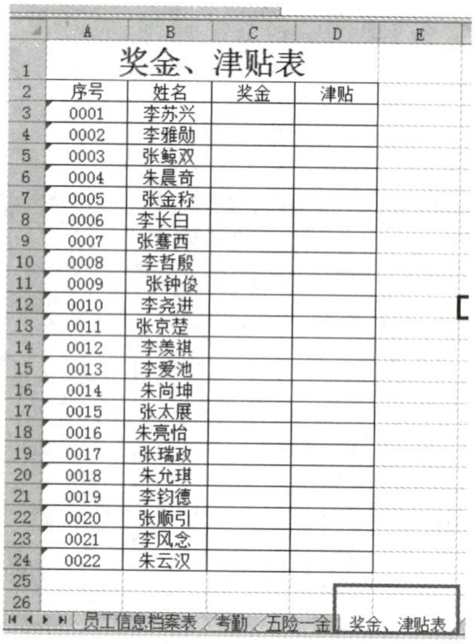

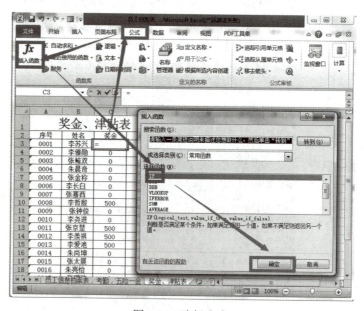

图 5-13　新建工作表

(2) 在“奖金、津贴表”工作表中，根据公司人事制度，假设全勤奖奖金为 500 元，旷工、请假、迟到、早退均没有奖金。选中 C3 单元格，选择“公式”选项卡，执行“函数库”组中的“插入函数”命令，弹出“插入函数”对话框，找到 IF 函数，单击“确定”按钮，如图 5-14 所示。

图 5-14　选择公式

（3）打开"函数参数"对话框，在 Logical_test 中输入"考勤 !AM4= 考勤 !AN4"；在 Value_if_true 中，如果应出勤天数等于实际出勤天数，则应该奖励 500 元，所以输入"500"；在 Value_if_false 中，如果应出勤天数不等于实际出勤天数，则没有奖金，输入"0"，如图 5-15 所示。

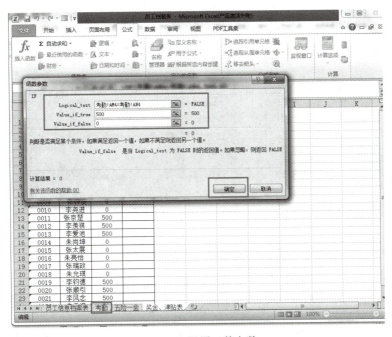

图 5-15　设置函数参数

（4）单击"确定"按钮，得出计算结果。将鼠标指针放在 C3 单元格右下角，当鼠标指针呈实心十字时，向下拖动鼠标，填充单元格，得出表格数据，则"奖金"列计算完毕，如图 5-16 所示。

序号	姓名	奖金	津贴
0001	李苏兴	0	
0002	李雅勋	0	
0003	张鲸双	0	
0004	朱晨奇	0	
0005	张金称	0	
0006	李长白	0	
0007	张赛西	0	
0008	李哲殷	500	
0009	张钟俊	0	
0010	李尧进	0	
0011	张京楚	500	
0012	李羡祺	500	
0013	李爱池	500	
0014	朱尚坤	0	
0015	张太展	0	
0016	朱亮怡	0	
0017	张瑞政	0	
0018	朱允琪	0	
0019	李钧德	500	
0020	张顺引	500	
0021	李风念	500	
0022	朱云汉	500	

奖金、津贴表

图 5-16　填充数据

(5) 假设根据人事规章制度，经理级员工津贴的幅度为基本工资的10%，其他级员工津贴的幅度为基本工资的5%。选中 D3 单元格，选择"公式"选项卡，执行"函数库"中的"插入函数"命令，打开"插入函数"对话框，找到 IF 函数，单击"确定"按钮，如图 5-17 所示。

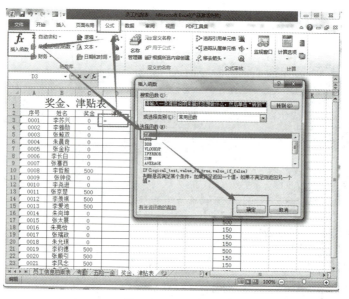

图 5-17　选择公式

(6) 打开"函数参数"对话框，在 Logical_test 中输入"员工信息档案表 !D3=″经理″"；在 Value_if_true 中，如果是经理，则津贴为基本工资的10%，所以输入"员工信息档案表 !L3*10%"；在 Value_if_false 中，如果不是经理，则津贴为基本工资的5%，所以输入"员工信息档案表 !L3*5%"，如图 5-18 所示。

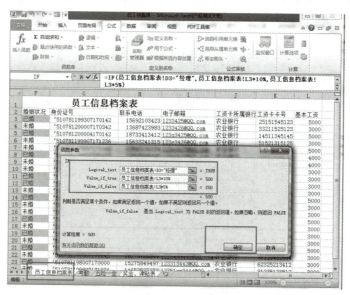

图 5-18　设置函数参数

(7) 单击“确定”按钮，得出计算结果。将鼠标指针放在 D3 单元格右下角，当鼠标指针呈实心十字时，向下拖动鼠标，填充单元格，得出表格数据，则“津贴”列计算完毕，如图 5-19 所示。

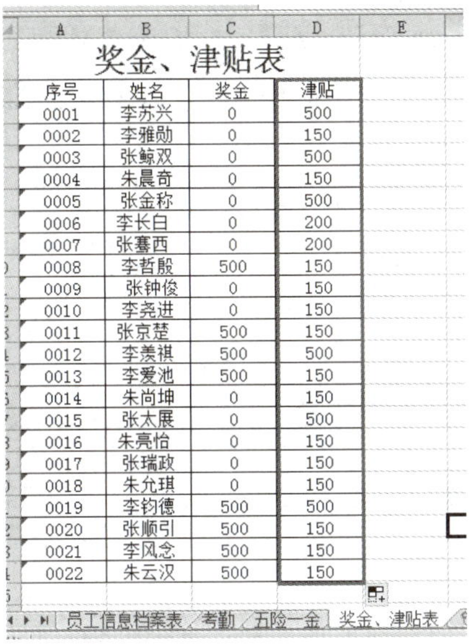

奖金、津贴表

序号	姓名	奖金	津贴
0001	李苏兴	0	500
0002	李雅勋	0	150
0003	张鲸双	0	500
0004	朱晨奇	0	150
0005	张金称	0	500
0006	李长白	0	200
0007	张蹇西	0	200
0008	李哲殷	500	150
0009	张钟俊	0	150
0010	李尧进	0	150
0011	张京楚	500	150
0012	李美祺	500	500
0013	李爱池	500	150
0014	朱尚坤	0	150
0015	张太展	0	500
0016	朱亮怡	0	150
0017	张瑞政	0	150
0018	朱允琪	0	150
0019	李钧德	500	500
0020	张顺引	500	150
0021	李风念	500	150
0022	朱云汉	500	150

员工信息档案表 / 考勤 / 五险一金 / 奖金、津贴表

图 5-19　填充数据

5. 在 Excel 中创建个人所得税表

(1) 在“员工档案表”中新建工作表，命名为“个税税率表”，将 Sheet5 重命名为“个人所得税计算表”，如图 5-20 所示。

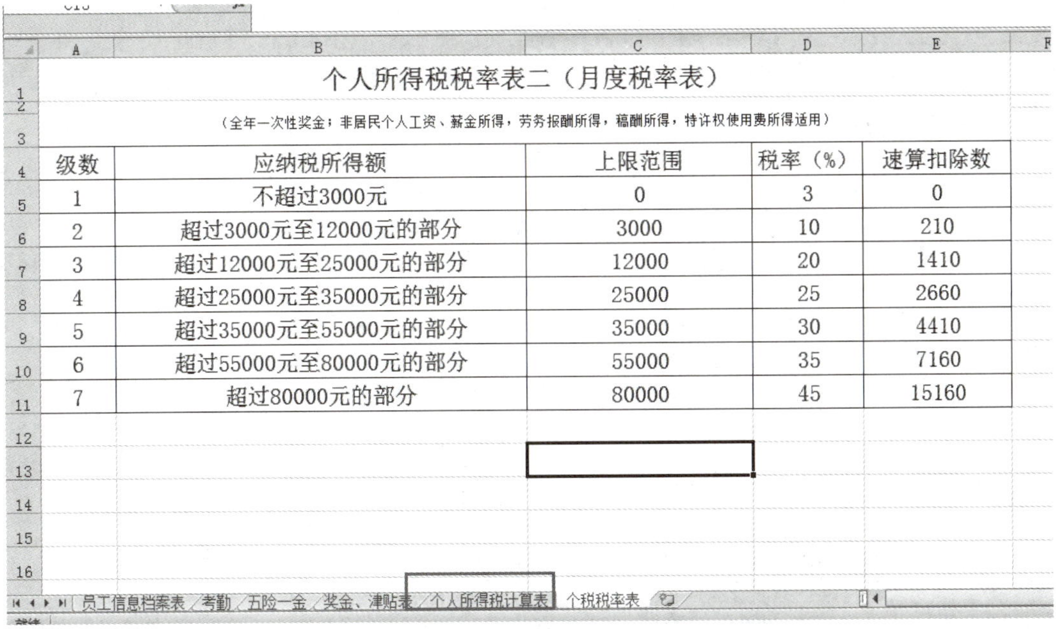

个人所得税税率表二（月度税率表）

（全年一次性奖金；非居民个人工资、薪金所得，劳务报酬所得，稿酬所得，特许权使用费所得适用）

级数	应纳税所得额	上限范围	税率（%）	速算扣除数
1	不超过3000元	0	3	0
2	超过3000元至12000元的部分	3000	10	210
3	超过12000元至25000元的部分	12000	20	1410
4	超过25000元至35000元的部分	25000	25	2660
5	超过35000元至55000元的部分	35000	30	4410
6	超过55000元至80000元的部分	55000	35	7160
7	超过80000元的部分	80000	45	15160

员工信息档案表 / 考勤 / 五险一金 / 奖金、津贴表 / 个人所得税计算表 / 个税税率表

图 5-20　新建工作表

(2) 选择“个人所得税计算表”工作表，将“员工信息档案表”工作表中的“序号”和“姓名”列复制粘贴到工作表中，添加“工资合计”“应纳税所得额”“税率”“速算扣除数”“代扣个人所得税额”列，如图 5-21 所示。

个人所得税计算表

序号	姓名	工资合计	应纳税所得额	税率	速算扣除数	代扣个人所得税额
0001	李苏兴					
0002	李雅勋					
0003	张鲸双					
0004	朱晨奇					
0005	张金称					
0006	李长白					
0007	张謇西					
0008	李哲殷					
0009	张钟俊					
0010	李尧进					
0011	张京楚					
0012	李羡祺					
0013	李爱池					
0014	朱尚坤					
0015	张太展					
0016	朱亮怡					
0017	张瑞政					
0018	朱允琪					
0019	李钧德					
0020	张顺引					
0021	李风念					
0022	朱云汉					

五险一金　奖金、津贴表　个人所得税计算表　个税税率表

图 5-21　输入数据

(3) 计算工资合计。这里的工资合计指的是应发工资，包括基本工资、奖金、津贴和扣除的款项。在 C3 单元格中输入公式“= 员工信息档案表 !L3+ 考勤 !AO4+ 奖金、津贴表 !C3+ 奖金、津贴表 !D3- 五险一金 !D3- 五险一金 !E3”，按 Enter 键得出结果。将鼠标指针放在 C3 单元格右下角，当其呈实心十字时向下拖动填充数据，如图 5-22 所示。

个人所得税计算表

序号	姓名	工资合计	应纳税所得额	税率	速算扣除数	代扣个人所得税额
0001	李苏兴	4827.09				
0002	李雅勋	2527.09				
0003	张鲸双	4877.09				
0004	朱晨奇	2477.09				
0005	张金称	4877.09				
0006	李长白	3527.09				
0007	张謇西	3477.09				
0008	李哲殷	3077.09				
0009	张钟俊	2547.09				
0010	李尧进	2517.09				
0011	张京楚	3077.09				
0012	李羡祺	5427.09				
0013	李爱池	3077.09				
0014	朱尚坤	2477.09				
0015	张太展	4727.09				
0016	朱亮怡	2377.09				
0017	张瑞政	2547.09				
0018	朱允琪	2427.09				
0019	李钧德	5427.09				
0020	张顺引	3077.09				
0021	李风念	3077.09				
0022	朱云汉	3077.09				

图 5-22　计算工资合计

(4) 计算应纳税所得额(本案例中不涉及专项扣除因素)。在D3单元格中输入公式“=IF(C3<5000,0,C3-5000)”，按Enter键，得出结果。将鼠标指针放在D3单元格右下角，当其呈实心十字时向下拖动填充数据，如图5-23所示。

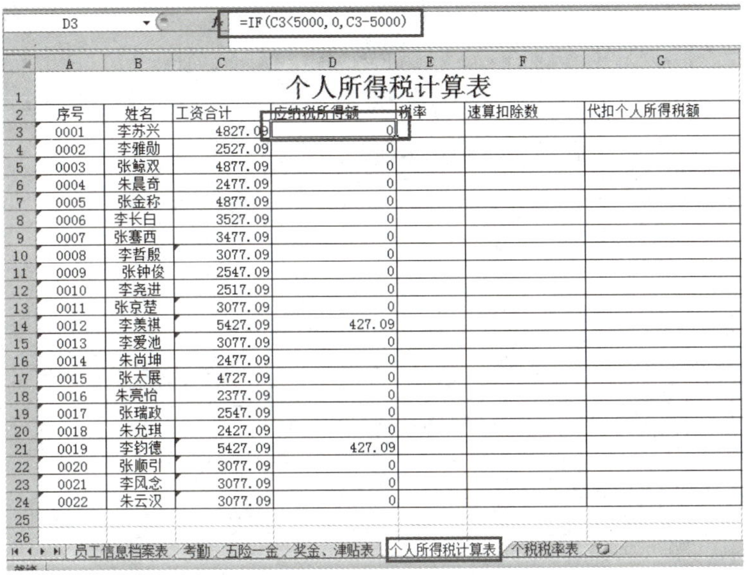

D3 =IF(C3<5000,0,C3-5000)

个人所得税计算表

序号	姓名	工资合计	应纳税所得额	税率	速算扣除数	代扣个人所得税额
0001	李苏兴	4827.09	0			
0002	李雅勋	2527.09	0			
0003	张鲸双	4877.09	0			
0004	朱晨奇	2477.09	0			
0005	张金称	4877.09	0			
0006	李长白	3527.09	0			
0007	张赛西	3477.09	0			
0008	李哲殷	3077.09	0			
0009	张钟俊	2547.09	0			
0010	李尧进	2517.09	0			
0011	张京楚	3077.09	0			
0012	李羡祺	5427.09	427.09			
0013	李爱池	3077.09	0			
0014	朱尚坤	2477.09	0			
0015	张太展	4727.09	0			
0016	朱亮怡	2377.09	0			
0017	张瑞政	2547.09	0			
0018	朱允琪	2427.09	0			
0019	李钧德	5427.09	427.09			
0020	张顺引	3077.09	0			
0021	李风念	3077.09	0			
0022	朱云汉	3077.09	0			

图5-23 计算应纳税所得额

(5) 计算税率(本案例中不涉及专项扣除因素)。在E3单元格中输入公式“=IF(个人所得税计算表!D3=0,0,LOOKUP(个人所得税计算表!D3,个税税率表!$C$4:$C$11,个税税率表!$D$4:$D$11))”，按Enter键，得出结果。将鼠标指针放在E3单元格右下角，当其呈实心十字时向下拖动填充数据，如图5-24所示。

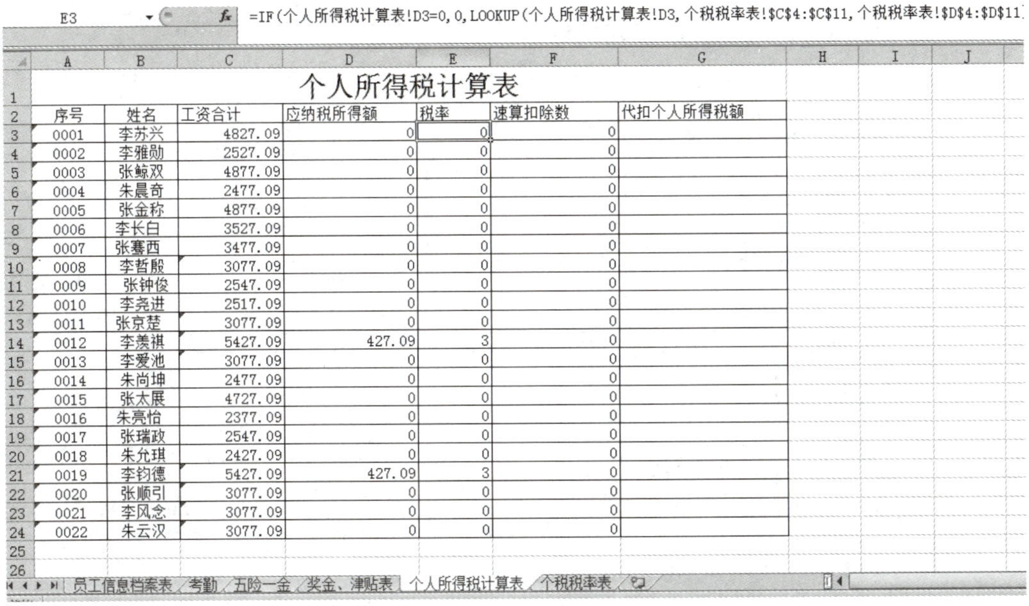

E3 =IF(个人所得税计算表!D3=0,0,LOOKUP(个人所得税计算表!D3,个税税率表!$C$4:$C$11,个税税率表!$D$4:$D$11)

个人所得税计算表

序号	姓名	工资合计	应纳税所得额	税率	速算扣除数	代扣个人所得税额
0001	李苏兴	4827.09	0	0	0	
0002	李雅勋	2527.09	0	0	0	
0003	张鲸双	4877.09	0	0	0	
0004	朱晨奇	2477.09	0	0	0	
0005	张金称	4877.09	0	0	0	
0006	李长白	3527.09	0	0	0	
0007	张赛西	3477.09	0	0	0	
0008	李哲殷	3077.09	0	0	0	
0009	张钟俊	2547.09	0	0	0	
0010	李尧进	2517.09	0	0	0	
0011	张京楚	3077.09	0	0	0	
0012	李羡祺	5427.09	427.09	3	0	
0013	李爱池	3077.09	0	0	0	
0014	朱尚坤	2477.09	0	0	0	
0015	张太展	4727.09	0	0	0	
0016	朱亮怡	2377.09	0	0	0	
0017	张瑞政	2547.09	0	0	0	
0018	朱允琪	2427.09	0	0	0	
0019	李钧德	5427.09	427.09	3	0	
0020	张顺引	3077.09	0	0	0	
0021	李风念	3077.09	0	0	0	
0022	朱云汉	3077.09	0	0	0	

图5-24 计算税率

(6) 计算速算扣除数。在 F3 单元格中输入公式“=IF(个人所得税计算表 !E3=0,0,LOOKUP (个人所得税计算表 !E3, 个税税率表 !$D$4:$D$11, 个税税率表 !$E$4:$E$11))”，按 Enter 键，得出结果。将鼠标指针放在 F3 单元格右下角，当其呈实心十字时向下拖动填充数据，如图 5-25 所示。

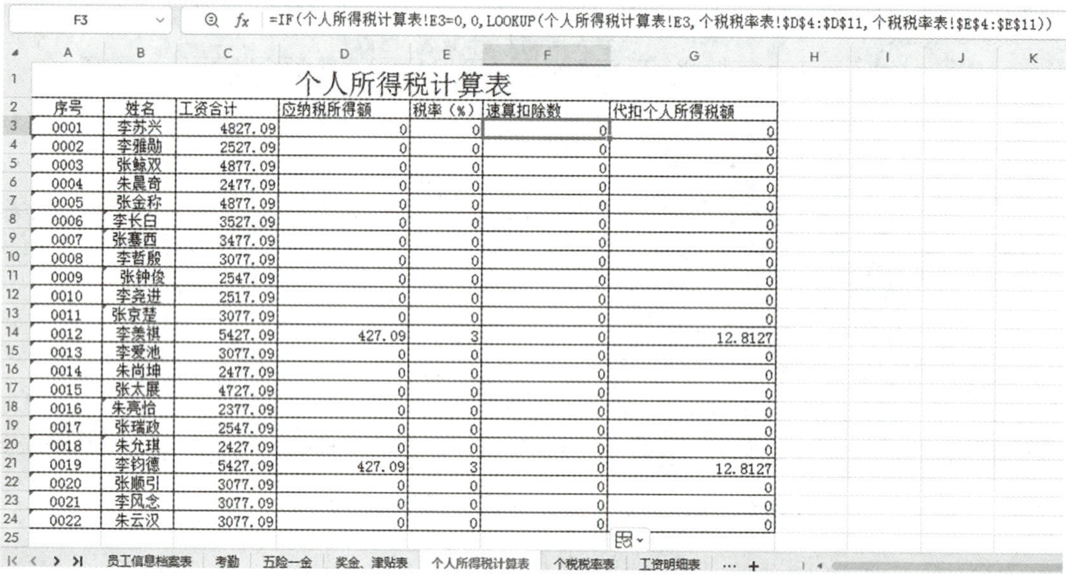

F3 =IF(个人所得税计算表!E3=0, 0, LOOKUP(个人所得税计算表!E3, 个税税率表!$D$4:$D$11, 个税税率表!$E$4:$E$11))

个人所得税计算表

序号	姓名	工资合计	应纳税所得额	税率（%）	速算扣除数	代扣个人所得税额
0001	李苏兴	4827.09	0	0	0	0
0002	李雅勋	2527.09	0	0	0	0
0003	张鲸双	4877.09	0	0	0	0
0004	朱晨奇	2477.09	0	0	0	0
0005	张金称	4877.09	0	0	0	0
0006	李长白	3527.09	0	0	0	0
0007	张謇西	3477.09	0	0	0	0
0008	李哲殷	3077.09	0	0	0	0
0009	张钟俊	2547.09	0	0	0	0
0010	李尧进	2517.09	0	0	0	0
0011	张京楚	3077.09	0	0	0	0
0012	李羡祺	5427.09	427.09	3	0	12.8127
0013	李爱池	3077.09	0	0	0	0
0014	朱尚坤	2477.09	0	0	0	0
0015	张太展	4727.09	0	0	0	0
0016	朱亮怡	2377.09	0	0	0	0
0017	张瑞政	2547.09	0	0	0	0
0018	朱允琪	2427.09	0	0	0	0
0019	李钧德	5427.09	427.09	3	0	12.8127
0020	张顺引	3077.09	0	0	0	0
0021	李风念	3077.09	0	0	0	0
0022	朱云汉	3077.09	0	0	0	0

员工信息档案表 考勤 五险一金 奖金、津贴表 个人所得税计算表 个税税率表 工资明细表

图 5-25　计算速算扣除数

(7) 计算代扣个人所得税额。在 G3 单元格中输入公式 “=D3*E3*0.01-F3” (输入的公式中之所以乘以 0.01，是因为税率在表格中没有用 “%” 表示)，按 Enter 键，得出结果。将鼠标指针放在 G3 单元格右下角，当其呈实心十字时向下拖动填充数据，如图 5-26 所示。

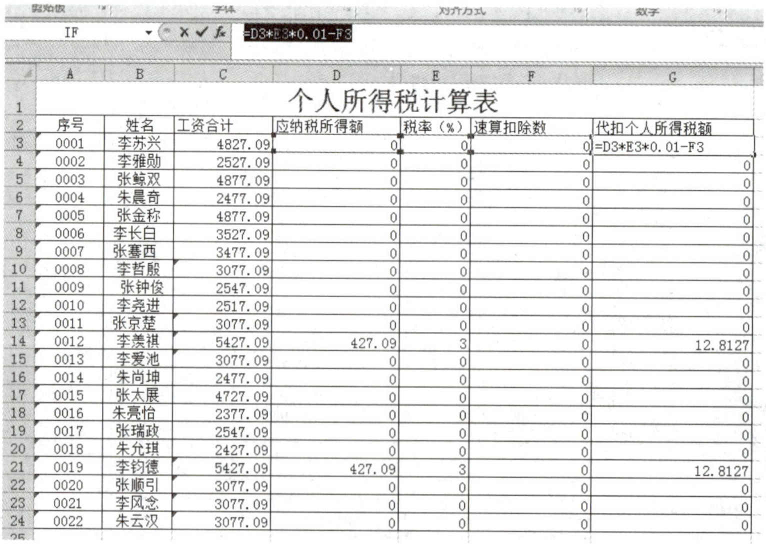

IF =D3*E3*0.01-F3

个人所得税计算表

序号	姓名	工资合计	应纳税所得额	税率（%）	速算扣除数	代扣个人所得税额
0001	李苏兴	4827.09	0	0	0	=D3*E3*0.01-F3
0002	李雅勋	2527.09	0	0	0	0
0003	张鲸双	4877.09	0	0	0	0
0004	朱晨奇	2477.09	0	0	0	0
0005	张金称	4877.09	0	0	0	0
0006	李长白	3527.09	0	0	0	0
0007	张謇西	3477.09	0	0	0	0
0008	李哲殷	3077.09	0	0	0	0
0009	张钟俊	2547.09	0	0	0	0
0010	李尧进	2517.09	0	0	0	0
0011	张京楚	3077.09	0	0	0	0
0012	李羡祺	5427.09	427.09	3	0	12.8127
0013	李爱池	3077.09	0	0	0	0
0014	朱尚坤	2477.09	0	0	0	0
0015	张太展	4727.09	0	0	0	0
0016	朱亮怡	2377.09	0	0	0	0
0017	张瑞政	2547.09	0	0	0	0
0018	朱允琪	2427.09	0	0	0	0
0019	李钧德	5427.09	427.09	3	0	12.8127
0020	张顺引	3077.09	0	0	0	0
0021	李风念	3077.09	0	0	0	0
0022	朱云汉	3077.09	0	0	0	0

图 5-26　计算代扣个人所得税额

任务二 制作工资条

 知识准备

工资条是伴随着工资的发放而产生的，是员工工资组成的明细表，是发放给员工供员工查看的工资的明细条。职工工资构成往往有很多项，如姓名、职称、基本工资、岗位工资等；每月发工资时要向职工提供一个包含工资各构成部分的项目名称和具体数值的工资条，且打印工资条时要求在每个职工的工资条间有一空行便于彼此裁开。因此，工资表的基本形式应为三行，即标题、工资数据、空白行，如图 5-27 所示。

编号	姓名	所属部门	职工类型	基本工资	奖金	津贴	缺勤扣款	应发工资	保险费扣款	代扣个人所得税	实发工资
1	刘艳	办公部	主管	3500	500	350	20.58	4329.42	280	24.8826	4024.54

编号	姓名	所属部门	职工类型	基本工资	奖金	津贴	缺勤扣款	应发工资	保险费扣款	代扣个人所得税	实发工资
2	薛阳	生产部	员工	2000	500	300	50	2750	280	24.8826	2445.1174

图 5-27 工资条

使用 Excel 制作工资条有很多方法，如排序法制作工资条、插行法制作工资条、函数法制作工资条等。本任务主要介绍函数法制作工资条。这里主要介绍三个函数，即 VLOOKUP 函数、MOD 和 ROW 函数。

VLOOKUP 函数是指在表格或数值数组的首列查找指定的数值，并由此返回表格或数组当前行中指定列处的数值。

函数语法：

LOOKUP(Lookup_value, Lookup_vector, Result_vector)

参数说明：

• Lookup_value：要查找的值。

• Lookup_vector：要查找的范围。

• Result_vector：要获得的值。

需要注意的是，VLOOKUP 函数的查询方式为二分法查询。

MOD 函数是一个求余函数，即求两个数值表达式做除法运算后的余数。

函数语法：

MOD(Number, Divisor)

参数说明：

• Number：被除数。

• Divisor：除数。

在 Oracle 中，如果 Divisor 为 0，则函数直接返回 Number。特别注意：在 Excel 中，MOD 函数用于返回两数相除的余数，返回结果的符号与除数 (Divisor) 的符号相同。

ROW 函数用来确定光标的当前行位置，并返回光标的当前行位置。

函数语法：

ROW(Reference)

参数说明：

Reference：需要得到其行号的单元格或单元格区域。

如果省略 Reference，则假定是对 ROW 函数所在单元格的引用。如果 Reference 为一个单元格区域，并且 ROW 函数作为垂直数组输入，则 ROW 函数将 Reference 的行号以垂直数组的形式返回。Reference 不能引用多个单元格区域。

任务目标

(1) 利用 VLOOKUP 函数制作工资条；

(2) 利用 MOD 和 ROW 函数制作工资条。

任务资料

福源公司员工的基本工资情况如图 5-27 所示，公司有严格的考勤、奖金、津贴制度，同时只要入职通过试用期的员工，企业都给员工购买五险一金，缴纳基数和比例在具体的每一步业务操作中。根据下面业务操作完成学习任务。

任务操作

1. 利用 VLOOKUP 函数制作工资条

(1) 打开员工档案表，在“个税税率表”工作表右侧新建一个“工资明细表”工作表，将序号、姓名、基本工资、奖金、津贴、代扣个人所得税额、五险一金费、考勤扣款等前面计算过的涉及工资核算的所有信息复制粘贴到本工作表中，增加“应发工资”和“实发工资”列，如图 5-28 所示。

工资明细表

序号	姓名	所属部门	职务	基本工资	考勤扣款	应扣保险费	应扣公积金	奖金	津贴	代扣个人所得税额	应发工资	实发工资
0001	李苏兴	人事	经理	5000	-100	414.91	158	0	500	0		
0002	李稚勋	人事	专员	3000	-50	414.91	158	0	150	0		
0003	张鲸双	财务	经理	5000	-50	414.91	158	0	500	0		
0004	朱晨奇	财务	专员	3000	-100	414.91	158	0	150	0		
0005	张金称	生产	经理	5000	-50	414.91	158	0	500	0		
0006	李长白	生产	组长	4000	-100	414.91	158	0	200	0		
0007	张骞西	生产	组长	4000	-150	414.91	158	0	200	0		
0008	李哲殿	生产	专员	3000		414.91	158	500	150	0		
0009	张钟俊	生产	专员	3000	-30	414.91	158	0	150	0		
0010	李尧进	生产	专员	3000	-60	414.91	158	0	150	0		
0011	张京楚	生产	专员	3000		414.91	158	500	150	0		
0012	李羡祺	研发	经理	5000		414.91	158	500	500	12.8127		
0013	李爱池	研发	专员	3000		414.91	158	500	150	0		
0014	朱尚坤	研发	专员	3000	-100	414.91	158	0	150	0		
0015	张太展	销售	经理	5000	-200	414.91	158	0	500	0		
0016	朱高怡	销售	专员	3000	-200	414.91	158	0	150	0		
0017	张瑞政	销售	专员	3000	-30	414.91	158	0	150	0		
0018	朱允琪	销售	专员	3000	-150	414.91	158	0	150	0		
0019	李钧德	宣传	经理	5000		414.91	158	500	500	12.8127		
0020	张顺引	宣传	专员	3000		414.91	158	500	150	0		
0021	李风念	宣传	专员	3000		414.91	158	500	150	0		
0022	朱云汉	宣传	专员	3000		414.91	158	500	150	0		

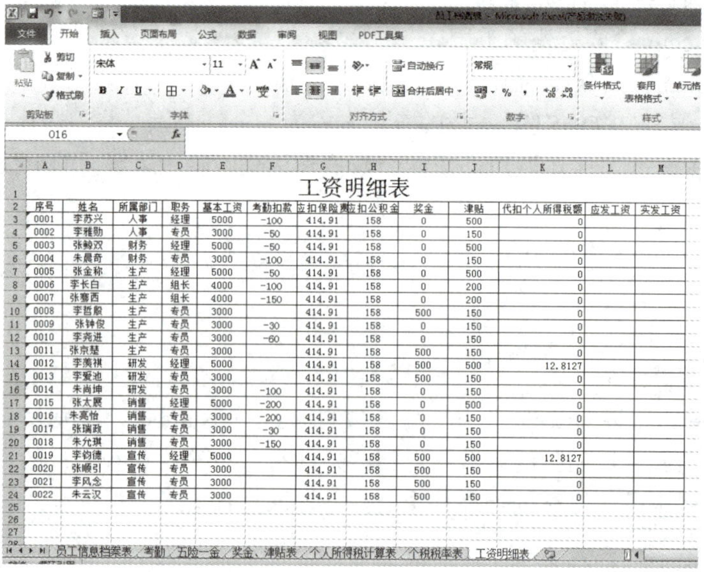

图5-28　输入数据

(2) 计算应发工资，应发工资＝基本工资＋奖金＋津贴－考勤扣款。在 L3 单元格中输入公式"=E3+F3+J3+I3"，按 Enter 键，得出结果。将鼠标指针放在 L3 单元格右下角，当其呈实心十字时向下拖动填充数据，如图 5-29 所示。

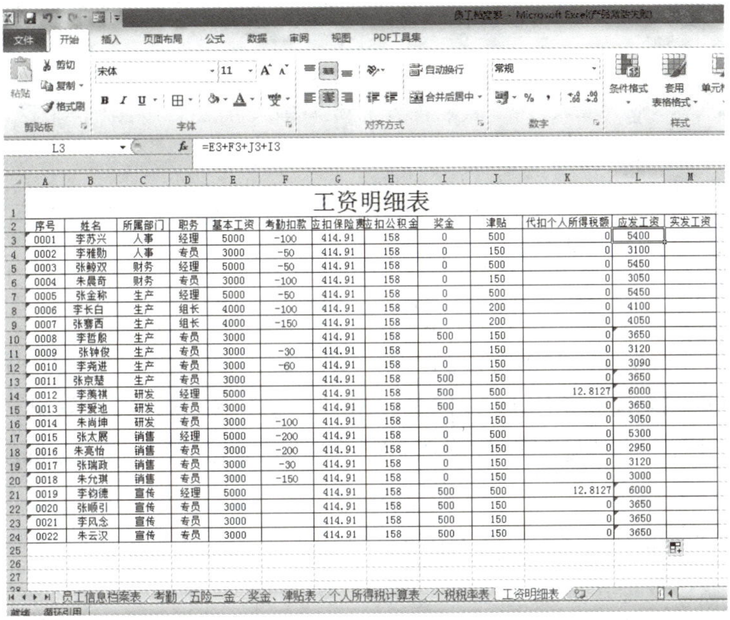

图 5-29　计算应发工资

(3) 计算实发工资，实发工资＝应发工资－代扣的五险一金－代扣的个税。在 M3 单元格中输入公式"=ROUND(L3-G3-H3-K3,2)"(ROUND 函数用于设置保留的小数点位数)，按 Enter 键，得出结果。将鼠标指针放在 M3 单元格右下角，当其呈实心十字时向下拖动填充数据，如图 5-30 所示。

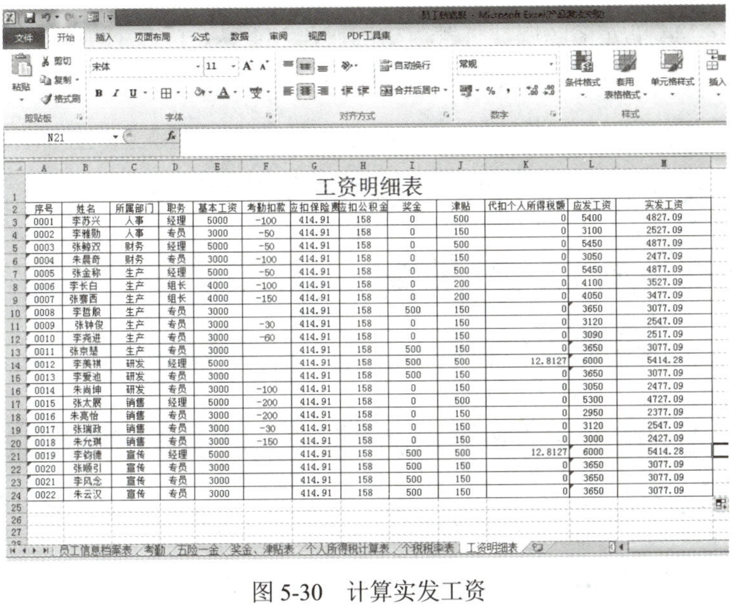

图 5-30　计算实发工资

(4) 在"工资明细表"工作表右侧新建一个"工资条"工作表，在该工作表中插入工资发放信息和工资条标题行，并进行格式的设置，如图 5-31 所示 (这里的表格建立在工资明细表基础上，所以列标题可以直接复制粘贴)。

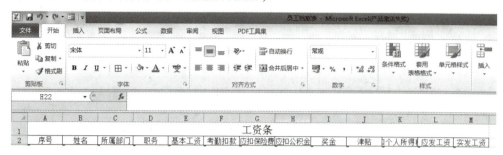

图 5-31　输入基础数据

(5) 在 A3 单元格中输入"0001"，在 B3 单元格中输入 VLOOKUP 函数公式"=VLOOKUP ($A3, 工资明细表 !$A:B,COLUMN(B:B),FALSE)"，按 Enter 键，得出结果。将鼠标指针放在 B3 单元格右下角，当其呈实心十字时向右拖动填充单元格，完成数据的填充，如图 5-32 所示。

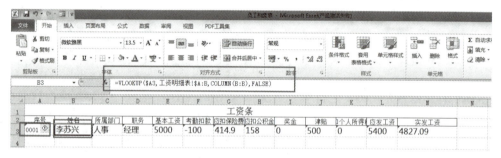

图 5-32　输入公式

(6) 选中 A4:M4 单元格区域，将鼠标指针放在 M4 单元格右下角，当其呈实心十字时向下拖动填充，完成工资条的数据填充，如图 5-33 所示。

	A	B	C	D	E	F	G	H	I	J	K	L	M
1							工资条						
2	序号	姓名	所属部门	职务	基本工资	考勤扣款	应扣保险费	应扣公积金	奖金	津贴	个人所得税	应发工资	实发工资
3	0001	李苏兴	人事	经理	5000	-100	414.9	158	0	500	0	5400	4827.09
4													
5							工资条						
6	序号	姓名	所属部门	职务	基本工资	考勤扣款	应扣保险费	应扣公积金	奖金	津贴	个人所得税	应发工资	实发工资
7	0002	李雅勋	人事	专员	3000	-50	414.9	158	0	150	0	3100	2527.09
8													
9							工资条						
10	序号	姓名	所属部门	职务	基本工资	考勤扣款	应扣保险费	应扣公积金	奖金	津贴	个人所得税	应发工资	实发工资
11	0003	张鲸双	财务	经理	5000	-50	414.9	158	0	500	0	5450	4877.09
12													
13							工资条						
14	序号	姓名	所属部门	职务	基本工资	考勤扣款	应扣保险费	应扣公积金	奖金	津贴	个人所得税	应发工资	实发工资
15	0004	朱晨奇	财务	专员	3000	-100	414.9	158	0	150	0	3050	2477.09
16													
17							工资条						
18	序号	姓名	所属部门	职务	基本工资	考勤扣款	应扣保险费	应扣公积金	奖金	津贴	个人所得税	应发工资	实发工资
19	0005	张金称	生产	经理	5000	-50	414.9	158	0	500	0	5450	4877.09

图 5-33　填充数据

2. 利用 MOD 和 ROW 函数制作工资条

(1) 同 VLOOKUP 函数一样，首先设置完成"工资明细表"工作表，然后在其右侧新建一个"MOD 工资条"工作表。

(2) 在"MOD 工资条"工作表 A1 单元格中输入公式"=IF(MOD(ROW(),3)=0,″″,IF(MOD(ROW(),3)=1,工资明细表!A$2,INDEX(工资明细表!$A:$M,INT((ROW()+8)/3),COLUMN()))）"，该公式的含义是能被 3 整除的行为空行，被 3 除余 1 的行为标题，被 3 除余 2 的行为包括职工编号、姓名等各项工资数据的行。将鼠标指针放在 A1 单元格右下角，向右拖动填充单元格，如图 5-34 所示。

图 5-34 输入公式

(3) 向下拖动 A1:M1 单元格区域，直到显示所有员工的工资条数据，如图 5-35 所示。

序号	姓名	所属部门	职务	基本工资	考勤扣款	应扣保险费	应扣公积金	奖金	津贴	代扣个人所…	应发工资	实发工资
0001	李苏兴	人事	经理	5000	-100	414.91	158	0	500	0	5400	4827.09
序号	姓名	所属部门	职务	基本工资	考勤扣款	应扣保险费	应扣公积金	奖金	津贴	代扣个人所…	应发工资	实发工资
0002	李雅勋	人事	专员	3000	-50	414.91	158	0	150	0	3100	2527.09
序号	姓名	所属部门	职务	基本工资	考勤扣款	应扣保险费	应扣公积金	奖金	津贴	代扣个人所…	应发工资	实发工资
0003	张鲸双	财务	经理	5000	-50	414.91	158	0	500	0	5450	4877.09
序号	姓名	所属部门	职务	基本工资	考勤扣款	应扣保险费	应扣公积金	奖金	津贴	代扣个人所…	应发工资	实发工资
0004	朱晨奇	财务	专员	3000	-100	414.91	158	0	150	0	3050	2477.09
序号	姓名	所属部门	职务	基本工资	考勤扣款	应扣保险费	应扣公积金	奖金	津贴	代扣个人所…	应发工资	实发工资
0005	张金称	生产	经理	5000	-50	414.91	158	0	500	0	5450	4877.09
序号	姓名	所属部门	职务	基本工资	考勤扣款	应扣保险费	应扣公积金	奖金	津贴	代扣个人所…	应发工资	实发工资
0006	李长白	生产	组长	4000	-100	414.91	158	0	200	0	4100	3527.09
序号	姓名	所属部门	职务	基本工资	考勤扣款	应扣保险费	应扣公积金	奖金	津贴	代扣个人所…	应发工资	实发工资
0007	张喜西	生产	组长	4000	-150	414.91	158	0	200	0	4050	3477.09
序号	姓名	所属部门	职务	基本工资	考勤扣款	应扣保险费	应扣公积金	奖金	津贴	代扣个人所…	应发工资	实发工资
0008	李哲殷	生产	专员	3000	0	414.91	158	500	150	0	3650	3077.09

图 5-35 填充数据

任务三 查询和分析工资数据

知识准备

为了方便公司财务人员查询每一个员工的工资详情，可以建立一个员工工资查询表，只要在工资查询表中输入员工的某一个信息，就可以查看员工的所有工资信息。所以，本任务的第一个内容是建立一个可供查询的员工工资查询表。

员工工资是企业成本的重要组成部分。本任务的第二个内容是在现有的工资基础上，采用图表的形式对员工工资进行分析，提高公司对员工工资的管理效率，完善公司的工资管理制度，找到节约公司成本的途径，从而提高公司的利润空间。

 任务目标

(1) 建立员工工资查询表；
(2) 掌握员工工资查询表的查询操作；
(3) 建立员工工资查询的图和表。

 任务资料

本任务的任务资料是任务一和任务二的操作结果。

任务操作

1. 查询员工工资数据

(1) 打开员工档案表，在最后一个工作表的右侧新建一个"工资查询表"工作表，如图 5-36 所示 (该表格中的行标题可以从工资明细表中进行复制粘贴，标题行要进行"合并单元格"设置)。

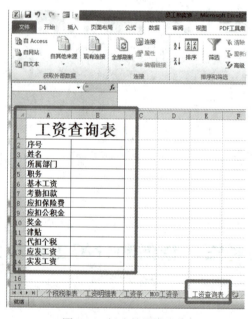

图5-36　新建并设置表格

【提示】

行标题除了可以采用复制粘贴的方式输入外，还可以使用函数输入。INDEX 函数的作用是返回表或区域中的值或对值的引用，其有两种形式：数组形式和引用形式。其中，数组形式通常返回数值或数值数组；引用形式通常返回引用，返回特定行和列交叉处单元格的引用。如果该引用是由非连续选中区域组成的，则可以选择要用作查找范围的选中区域。

函数语法：

INDEX(Array，Row_num，Column_num)

返回数组中指定的单元格或单元格数组的数值。

INDEX(Reference，Row_num，Column_num，Area_num)

返回引用中指定单元格或单元格区域的引用。

参数说明：

- Array：单元格区域或数组常数。
- Row_num：数组中某行的行序号，函数从该行返回数值。如果省略 Row_num，则必须有 Column_num。
- Column_num：数组中某列的列序号，函数从该列返回数值。如果省略 Column_num，则必须有 Row_num。
- Reference：对一个或多个单元格区域的引用。如果引用一个不连续的选中区域，必须用括号括起来。
- Area_num：选择引用中的一个区域，并返回该区域中 Row_num 和 Column_num 的交叉区域。选中或输入的第一个区域序号为 1，第二个为 2，依此类推。如果省略 Area_num，则 INDEX 函数使用区域 1。

以图 5-36 所示表格为例，介绍行标题“序号”的函数运用。在 A2 单元格中输入公式“=INDEX(工资明细表 !$A$2:$M$2,1)”，按 Enter 键，即可得出结果，如图 5-37 所示。拖动 C2 单元格右下角的填充柄至 C14 单元格后松开鼠标，将数据填充完整。按照顺序，将公式中最后一个数字“1”改为“2”，得到“姓名”；改为“3”，得到“所属部门”；改为“4”,得到“职务”；改为“5”,得到“基本工资”；改为“6”,得到“考勤扣款”；改为“7”，得到“应扣保险费”；改为“8”,得到“应扣公积金”；改为“9”,得到“奖金”；改为“10”，得到“津贴”；改为“11”，得到“代扣个税”；改为“12”，得到“应发工资”；改为“13”，得到“实发工资”。

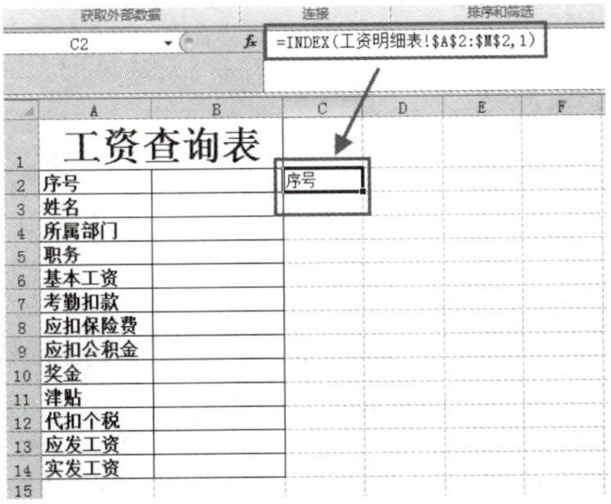

图5-37 输入数据

(2) 在美化过程中，可以在"开始"选项卡的"字体"组进行字体、大小、颜色、加粗、斜向、表格方框等基础设置，在"对齐方式"组进行字体是左对齐还是右对齐或是居中等基本设置。

(3) 建立了工资查询表的基本框架后，接下来就是引入具体数据。在 B3 单元格中输入公式"=VLOOKUP($B$2, 工资明细表 !$A$3:$M$24,2,FALSE)"，并向下填充至 B14 单元格，如图 5-38 所示。

图 5-38　输入公式

(4) 将公式"=VLOOKUP($B$2, 工资明细表 !$A$3:$M$24,2,FALSE)"中的数字"2"依次改为 3～13，如图 5-39 所示。

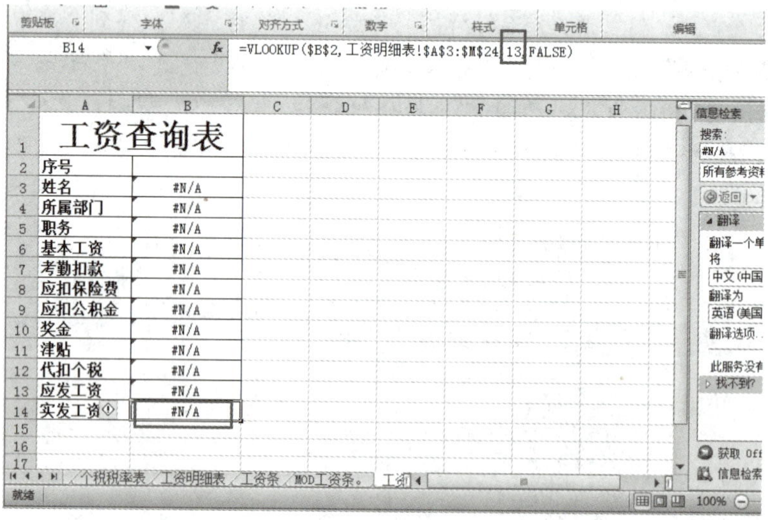

图 5-39　填充数据

(5) 上述表格设置好之后，只要在 B2 单元格中输入员工对应的序号，按 Enter 键，即可查询相应序号的员工的工资具体情况，如图 5-40 所示。

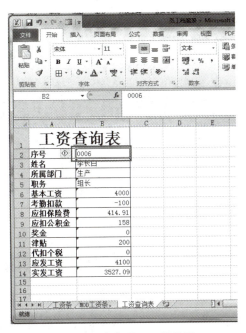

图 5-40 查询员工工资结果

2. 分析员工工资数据

1) 对员工工资数据排序

(1) 复制"工资明细表"工作表，将新工作表命名为"工资排序表"。选中该工作表中的任意单元格，选择"数据"选项卡，执行"排序和筛选"组中的"排序"命令，如图 5-41 所示。

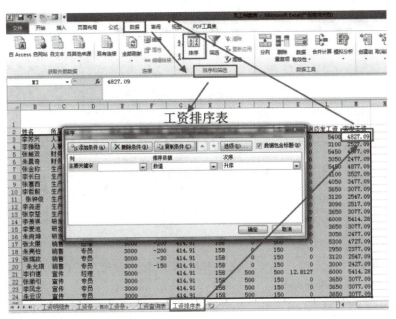

图 5-41 执行"排序"命令

(2) 打开"排序"对话框，设置主要关键字为"实发工资"，排序依据为"数值"，次序为"升序"，单击"确定"按钮 (如图 5-42 所示)，即可得出实发工资的升序排序结果 (也可以选择降序排序)。

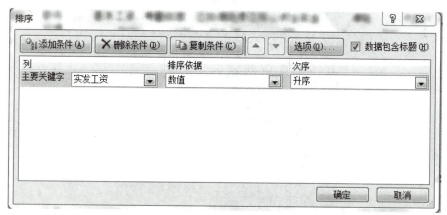

图 5-42　设置主要关键字

(3) 单击"添加条件"按钮，可以设置次要关键字，如图 5-43 所示。设置次要关键字为"姓名"，排序依据为"数值"，次序为"升序"，单击"确定"按钮，即可得到以实发工资为主要关键字，以姓名为次要关键字的工资排序情况。

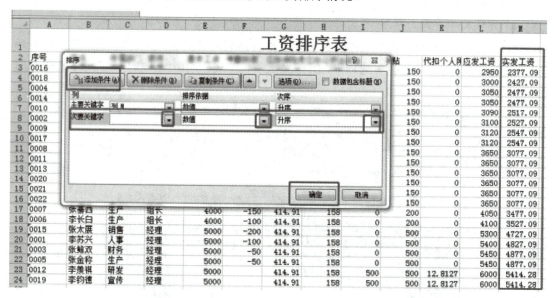

图 5-43　设置次要关键字

【提示】

除了上述的排列方法外，还可以使用 RANK 函数进行排序。RANK 函数最常用于求某一个数值在某一区域内的排名。

函数语法：

RANK(Number, Ref, [Order])

参数说明：

• Number：需要排名的那个数值或者单元格名称（单元格内必须为数字）。

• Ref：排名的参照数值区域。

• Order：为 0 和 1，默认不用输入，得到的就是从大到小的排名。若想求倒数第几，Order 的数值应为 1。

RANK 是一个比较常用的排序函数。

2) 建立员工工资统计图

该操作可以在"工资明细表"工作表中进行，也可以在"工资排序表"工作表中进行，这里选择在"工资明细表"工作表中进行。

(1) 打开工资排序表，选中需要用图形进行分析的数据。由于这里只反映两项（实发工资和姓名），因此选中这两列。选择"插入"选项卡，在"图表"组中可以根据需求选择条形图、折线图、饼状图等。这里以折线图举例，如图 5-44 所示。

工资明细表

序号	姓名	所属部门	职务	基本工资	考勤扣款	应扣保险费	应扣公积金	奖金	津贴	代扣个人所得税额	应发工资	实发工资
0001	李苏兴	人事	经理	5000	-100	414.91	158	0	500	0	5400	4827.09
0002	李雅勋	人事	专员	3000	-50	414.91	158	0	150	0	3100	2527.09
0003	张赖汉	财务	经理	5000	-50	414.91	158	0	500	0	5450	4877.09
0004	朱晨奇	财务	专员	3000	-100	414.91	158	0	150	0	3050	2477.09
0005	张金称	生产	经理	5000	-50	414.91	158	0	500	0	5450	4877.09
0006	李长白	生产	组长	4000	-100	414.91	158	0	200	0	4100	3527.09
0007	张赛西	生产	组长	4000	-150	414.91	158	0	200	0	4050	3477.09
0008	李哲朦	生产	专员	3000		414.91	158	500	150	0	3650	3077.09
0009	张钟俊	生产	专员	3000	-30	414.91	158	0	150	0	3120	2547.09
0010	张尧进	生产	专员	3000	-60	414.91	158	0	150	0	3090	2517.09
0011	张京楚	生产	专员	3000		414.91	158	500	150	0	3650	3077.09
0012	李羡祺	研发	经理	5000		414.91	158	500	500	12.8127	6000	5414.28
0013	李爱池	研发	专员	3000		414.91	158	500	150	0	3650	3077.09
0014	朱尚坤	研发	专员	3000	-100	414.91	158	0	150	0	3050	2477.09
0015	张太展	销售	经理	5000	-200	414.91	158	0	500	0	5300	4727.09
0016	朱亮怡	销售	专员	3000	-200	414.91	158	0	150	0	2950	2377.09
0017	张瑞政	销售	专员	3000	-30	414.91	158	0	150	0	3120	2547.09
0018	朱允琪	销售	专员	3000	-150	414.91	158	0	150	0	3000	2427.09
0019	李钧德	宣传	经理	5000		414.91	158	500	500	12.8127	6000	5414.28
0020	张顺引	宣传	专员	3000		414.91	158	500	150	0	3650	3077.09
0021	李风念	宣传	专员	3000		414.91	158	500	150	0	3650	3077.09
0022	朱云汉	宣传	专员	3000		414.91	158	500	150	0	3650	3077.09

图 5-44　选中数据和图表形式

(2) 选择折线图后，表中就会出现相应的图形。选中图形，即可激活"图表工具"选项卡，在该选项卡下有三个子选项卡，即"设计""布局""格式"。在"设计"子选项卡中可以对已经形成的折线图进行颜色等基本设置，在"布局"子选项卡中可以对已经形成的折线图进行横纵坐标、图例等基础设置，在"格式"子选项卡中可以对已经形成的折线图进行形状样式、艺术字等的设置，如图 5-45 所示。在"图表工具"选项卡中可以对折线图进行所有的美化工作。

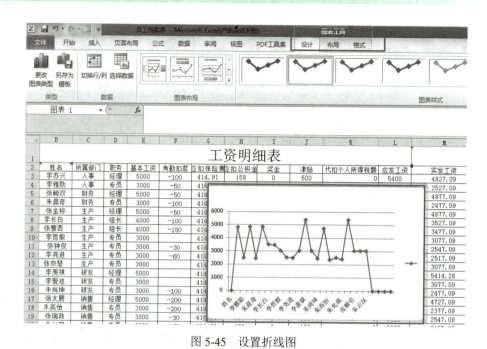

图 5-45　设置折线图

通过折线图可以清晰地显示工资的起伏状况、工资差距、工资主要集中在哪个水平等，以帮助企业优化工资制度。

项 目 小 结

本项目主要介绍了员工信息的输入，建立员工档案；企业考勤表、五险一金表、奖金津贴表、个税表、工资明细表、工资查询表、工资条等的设置和相关函数的运用；企业对员工工资信息进行查询和分析的工具。通过本项目的学习，学习者可学会建立相应的表格，并熟练运用 VLOOKUP、IF、MOD、ROW、COUNTA、RAND 等函数。

项目练习

福兴公司 2021 年 2 月 1 日的员工情况如表 5-3 所示。本公司 1 月份员工的奖金情况如下：表 5-3 中的前 8 名员工奖金是 500 元，9～11 名员工奖金是 800 元，其余员工奖金是 1000 元。津贴情况依次是 350、250、250、300、250、300、250、250、375、300、300、500、400、400、400 元。根据国家相关法律规定，员工需要和企业共同承担的保险部分是养老保险、医疗保险和失业保险，这里假设员工需要承担的养老保险是基本工资的 8%，医疗保险是基本工资的 2%，失业保险是基本工资的 1%。考勤扣款依次是 20.58、40.32、0、0、0、0、40.32、20.16、0、74.52、0、0、16.13、12.69、64.52 元。　第 1 位员工应当扣除个税 24.88 元，第 4 位员工应当扣除个税 9 元，第 6 位员工应当扣除个税 9 元，第 9 位员工应当扣除个税 5.25 元，第 12 位员工应当扣除个税 15 元，其余员工没有个税。

表 5-3 员工情况

编号	姓名	所属部门	职工类型	基本工资
101	刘艳	办公部	主管	3500.00
102	周晓晓	办公部	员工	2500.00
103	崔涛	办公部	员工	2500.00
201	李蓓蕾	人事部	主管	3000.00
202	田刚	人事部	员工	2500.00
301	苏雪妍	财务部	主管	3000.00
302	金欣	财务部	员工	2500.00
303	王凤	财务部	员工	2500.00
401	李岩	采购部	主管	2500.00
402	何力	采购部	员工	2000.00
403	宋宏伟	采购部	员工	2000.00
501	陆鸿伟	销售部	主管	2500.00
502	王锋	销售部	员工	2000.00
503	汪峰	销售部	员工	2000.00
504	李艳	销售部	员工	2000.00

要求：

1. 建立员工的档案表。

2. 建立员工的奖金表和津贴表。

3. 建立员工个人部分应当承担的保险费用表。

4. 自行设计和建立企业考勤表，并将考勤扣款填入表格中。

5. 计算员工的工资合计，建立个人所得税表。

6. 计算员工的实发工资，建立工资明细表。

7. 设置工资条。

8. 建立工资查询表。

9. 建立工资由低到高的排序表，并建立工资分析的条形统计图。

项目六　往来款项管理

学习目标

(1) 理解应收账款、坏账准备和应付账款的基本概念与理论知识；

(2) 掌握 Excel 中管理与分析应收账款、应付账款的操作，建立分析表格和分析图；

(3) 掌握 Excel 中提取和分析坏账的操作。

情景引入

往来款项 (account current) 是指企业在生产经营过程中发生的各种应收、应付款项及预收、预付款项。本项目主要介绍应收账款以及相应的坏账准备、应付账款在 Excel 中的应用和操作。

应收账款是伴随企业的销售行为发生而形成的一项债权，通常要经过一段时间之后才能收回。企业在应收账款收回之前，该笔款项不仅不会增值，而且还可能存在一定的风险，这种风险指的是因为各种情况导致资金收不回来，如购货方意外死亡、破产无力支付等。发生应收账款时就会存在收不回来的情况，这种情况就是坏账。坏账准备是指企业无法收回或收回的可能性极小的应收账款，是应收账款的备抵账户。企业对坏账损失的核算采用备抵法。在备抵法下，企业每期末要估计坏账损失，设置"坏账准备"账户。备抵法是指采用一定的方法按期 (至少每年末) 估计坏账损失，提取坏账准备并转作当期费用；实际发生坏账时，直接冲减已计提坏账准备，同时转销相应的应收账款余额的一种处理方法。

应付账款是伴随企业的购货行为发生而形成的一项债务，用以核算企业因购买材料、商品和接受劳务供应等经营活动经过一段时间之后应支付尚未支付的款项。这是买卖双方在购销活动中由于取得物资与支付货款在时间上不一致而产生的负债。

下面以福源公司在某段时间内发生的应收账款、应付账款明细数据为例，介绍如何按账龄分别统计应收账款和应付账款、如何使用图表分析应收账款和应付账款、如何根据账龄提取坏账准备并进行坏账分析等。

任务一　应收账款的管理与分析

知识准备

应收账款是指企业在正常的经营过程中因销售商品、产品、提供劳务等业务而应向购买单位收取的款项，包括应由购买单位或接受劳务单位负担的税金、代购买方垫付的各种运杂费等。加强对应收账款的管理已经成为企业财务管理的一项重要工作，在进行应收账款管理之前，首先需要建立应收账款明细表；然后建立应收账款账龄分析表，加强应收账款的管理；最后，为了方便数据对比，可以建立账龄统计分析图。

 任务目标

(1) 建立应收账款明细表；
(2) 按账龄统计应收账款；
(3) 建立应收账款账龄统计分析图。

 任务资料

福源公司是一家生产制造企业，本公司日常合作的企业如表6-1所示。自2020年以来，公司的应收账款数据如表6-2所示。

表 6-1　合作企业数据

客户代码	公司名称	客户代码	公司名称
SC001	立讯有限公司	GZ002	子金有限公司
SC002	斯莱有限公司	GZ003	凯贝有限公司
SC003	大尔有限公司	SH001	天生有限公司
SC004	旭英有限公司	SH002	玛洁有限公司
GZ001	佩丰有限公司	SH003	营皇有限公司
GZ002	裕纳有限公司	BJ003	利正有限公司
BJ001	达达有限公司	GZ001	仕福有限公司
BJ002	宝迈有限公司	—	—

表 6-2　应收账款数据

交易日期	客户代码	客户名称	应收金额	本期已收金额	未收款金额	付款期限
2020年1月15日	SC001	立讯有限公司	¥11 341	¥1134.10	¥10 206.90	12天
2020年4月16日	SC002	斯莱有限公司	¥34 123	¥3412.30	¥30 710.70	24天
2020年2月17日	SC003	大尔有限公司	¥43 632	¥4363.20	¥39 268.80	36天
2020年3月18日	SC004	旭英有限公司	¥36 622	¥3662.20	¥32 959.80	28天
2020年1月19日	GZ001	佩丰有限公司	¥67 345	¥6734.50	¥60 610.50	27天
2020年5月20日	GZ002	裕纳有限公司	¥46 525	¥4652.50	¥41 872.50	31天
2020年6月21日	BJ001	达达有限公司	¥27 422	¥2742.20	¥24 679.80	40天
2020年7月22日	BJ002	宝迈有限公司	¥24 524	¥2452.40	¥22 071.60	39天
2020年9月24日	BJ003	利正有限公司	¥47 367	¥4736.70	¥42 630.30	10天

续表

交易日期	客户代码	客户名称	应收金额	本期已收金额	未收款金额	付款期限
2020 年 10 月 25 日	GZ001	佩丰有限公司	¥45 626	¥4562.60	¥41 063.40	11 天
2020 年 11 月 26 日	GZ002	裕纳有限公司	¥7637	¥763.70	¥6873.30	39 天
2020 年 12 月 27 日	GZ003	凯贝有限公司	¥56 377	¥5637.70	¥50 739.30	17 天
2021 年 1 月 29 日	SH001	天生有限公司	¥34 562	¥3456.20	¥31 105.80	46 天
2021 年 1 月 30 日	SH002	玛洁有限公司	¥66 664	¥6666.40	¥59 997.60	31 天
2021 年 1 月 31 日	SH003	营皇有限公司	¥37 377	¥3737.70	¥33 639.30	32 天
2021 年 2 月 1 日	SC002	斯莱有限公司	¥73 626	¥7362.60	¥66 263.40	35 天
2021 年 2 月 2 日	GZ001	佩丰有限公司	¥57 895	¥5789.50	¥52 105.50	36 天
2021 年 2 月 3 日	BJ003	利正有限公司	¥45 672	¥4567.20	¥41 104.80	34 天
2021 年 2 月 6 日	GZ002	裕纳有限公司	¥36 563	¥3656.30	¥32 906.70	21 天
2021 年 2 月 7 日	SH003	营皇有限公司	¥4374	¥437.40	¥3936.60	49 天
2021 年 2 月 8 日	GZ001	佩丰有限公司	¥7367	¥736.70	¥6630.30	38 天
2021 年 2 月 9 日	SC002	斯莱有限公司	¥35 632	¥3563.20	¥32 068.80	13 天
2021 年 2 月 10 日	SC004	旭英有限公司	¥2347	¥234.70	¥2112.30	32 天
2021 年 2 月 11 日	GZ003	凯贝有限公司	¥51 267	¥5126.70	¥46 140.30	21 天
2021 年 2 月 12 日	GZ003	凯贝有限公司	¥42 152	¥4215.20	¥37 936.80	15 天

 任务操作

1. 建立应收账款明细表

(1) 启动 Excel 2010，创建一个新的工作簿，命名为"应收账款"。将 Sheet1 工作表命名为"客户代码"，将公司的客户信息输入该表中，如图 6-1 所示。

图 6-1　新建工作表

(2) 将 Sheet2 工作表重命名为"应收账款明细表",根据实际业务发生情况在其中输入应收账款明细数据,并输入列标题,即交易日期、客户代码、客户名称、应收金额、本期已收金额、未收款金额、付款期限。将 A 列设置为"长日期"格式,将 D、E、F 三列设置为"货币"格式,将 G 列设置为自定义"0″天″"格式,如图 6-2 所示。根据实际业务发生情况将数据输入表格中,如图 6-3 所示。

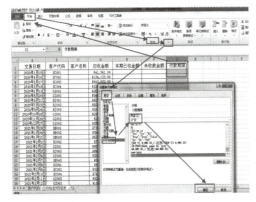

图 6-2　设置数据格式　　　　　　　　图 6-3　输入数据

(3) 引用"客户代码"工作表中的"公司名称"列数据。在"应收账款明细表"工作表 C2 单元格中输入公式"=VLOOKUP(B2, 客户代码 !$A$2:$B$16,2,FALSE)",按 Enter 键。将鼠标指针放在 C2 单元格右下角,向下拖动填充柄填充单元格,完成数据的录入,如图 6-4 所示(这种方法适用于公司重复的业务较多的情况;如果公司业务很少是重复的,则不用建立客户代码,直接录入即可)。

	C2		=VLOOKUP(B2, 客户代码!$A$2:$B$16, 2, FALSE)			
	A	B	C	D	E	F	G
1	交易日期	客户代码	客户名称	应收金额	本期已收金额	未收款金额	付款期限
2	2020年1月15日	SC001	应讯有限公司	¥11,341.00			12天
3	2020年4月16日	SC002	斯来有限公司	¥34,123.00			24天
4	2020年2月17日	SC003	大尔有限公司	¥43,632.00			36天
5	2020年3月18日	SC004	旭英有限公司	¥36,622.00			28天
6	2020年1月19日	GZ001	佩丰有限公司	¥67,345.00			27天
7	2020年5月20日	GZ002	裕纳有限公司	¥46,525.00			31天
8	2020年6月21日	BJ001	达达有限公司	¥27,422.00			40天
9	2020年7月22日	BJ002	宝迈有限公司	¥24,524.00			39天
10	2020年9月24日	BJ003	利正有限公司	¥47,367.00			10天
11	2020年10月25日	GZ001	佩丰有限公司	¥45,626.00			11天
12	2020年11月26日	GZ002	裕纳有限公司	¥7,637.00			39天
13	2020年12月27日	GZ003	凯贝有限公司	¥56,377.00			17天
14	2021年1月29日	SH001	天生有限公司	¥34,562.00			46天
15	2021年1月30日	SH002	玛洁有限公司	¥66,664.00			31天
16	2021年1月31日	SH003	营皇有限公司	¥37,377.00			32天
17	2021年2月1日	SC002	斯来有限公司	¥73,626.00			35天
18	2021年2月2日	GZ001	佩丰有限公司	¥57,895.00			36天
19	2021年2月3日	BJ003	利正有限公司	¥45,672.00			34天
20	2021年2月6日	GZ002	裕纳有限公司	¥36,563.00			21天
21	2021年2月8日	SH003	营皇有限公司	¥4,374.00			49天
22	2021年2月8日	GZ001	佩丰有限公司	¥7,367.00			38天
23	2021年2月9日	SC002	斯来有限公司	¥35,632.00			13天
24	2021年2月10日	SC004	旭英有限公司	¥2,347.00			32天
25	2021年2月11日	GZ003	凯贝有限公司	¥51,267.00			21天
26	2021年2月12日	GZ003	凯贝有限公司	¥42,152.00			15天

图 6-4　填充"客户名称"列

(4) 假设本期已收金额都是应收金额的 10%,在 E2 单元格中输入"=D2*10%",按 Enter 键,将鼠标指针放在 E2 单元格右下角,向下拖动填充柄填充单元格,完成数据的录入,如图 6-5 所示。

	E2	▼	= =D2*10%			
	A	B	C	D	E	F	G
1	交易日期	客户代码	客户名称	应收金额	本期已收金额	未收款金额	付款期限
2	2020年1月15日	SC001	立讯有限公司	¥11,341.00	¥1,134.10		12天
3	2020年4月16日	SC002	斯莱有限公司	¥34,123.00	¥3,412.30		24天
4	2020年2月17日	SC003	大尔有限公司	¥43,632.00	¥4,363.20		36天
5	2020年3月18日	SC004	旭英有限公司	¥36,622.00	¥3,662.20		28天
6	2020年1月19日	GZ001	佩丰有限公司	¥67,345.00	¥6,734.50		27天
7	2020年5月20日	GZ002	裕纳有限公司	¥46,525.00	¥4,652.50		31天
8	2020年6月21日	BJ001	达达有限公司	¥27,422.00	¥2,742.20		40天
9	2020年7月22日	BJ002	宝迈有限公司	¥24,524.00	¥2,452.40		39天
10	2020年9月24日	BJ003	利正有限公司	¥47,367.00	¥4,736.70		10天
11	2020年10月25日	GZ001	佩丰有限公司	¥45,626.00	¥4,562.60		11天
12	2020年11月26日	GZ002	裕纳有限公司	¥7,637.00	¥763.70		39天
13	2020年12月27日	GZ003	凯贝有限公司	¥56,377.00	¥5,637.70		17天
14	2021年1月29日	SH001	天生有限公司	¥34,562.00	¥3,456.20		46天
15	2021年1月30日	SH002	玛洁有限公司	¥66,664.00	¥6,666.40		31天
16	2021年1月31日	SH003	营皇有限公司	¥37,377.00	¥3,737.70		32天
17	2021年2月1日	SC002	斯莱有限公司	¥73,626.00	¥7,362.60		35天
18	2021年2月2日	GZ001	佩丰有限公司	¥57,895.00	¥5,789.50		36天
19	2021年2月3日	BJ001	利正有限公司	¥45,672.00	¥4,567.20		34天
20	2021年2月6日	GZ002	裕纳有限公司	¥36,563.00	¥3,656.30		21天
21	2021年2月7日	SH003	营皇有限公司	¥4,374.00	¥437.40		49天
22	2021年2月8日	GZ001	佩丰有限公司	¥7,367.00	¥736.70		38天
23	2021年2月9日	SC002	斯莱有限公司	¥35,632.00	¥3,563.20		13天
24	2021年2月10日	SC004	旭英有限公司	¥2,347.00	¥234.70		32天
25	2021年2月11日	GZ003	凯贝有限公司	¥51,267.00	¥5,126.70		21天
26	2021年2月12日	GZ003	凯贝有限公司	¥42,152.00	¥4,215.20		15天

图 6-5 填充"本期已收金额"列

(5) 计算未收款金额。在 F2 单元格中输入"=D2-E2",按 Enter 键,将鼠标指针放在 F2 单元格右下角,向下拖动填充柄填充单元格,完成数据的录入,此时整张应收账款明细表即完成,如图 6-6 所示。

	F2	▼	= =D2-E2			
	A	B	C	D	E	F	G
1	交易日期	客户代码	客户名称	应收金额	本期已收金额	未收款金额	付款期限
2	2020年1月15日	SC001	立讯有限公司	¥11,341.00	¥1,134.10	¥10,206.90	12天
3	2020年4月16日	SC002	斯莱有限公司	¥34,123.00	¥3,412.30	¥30,710.70	24天
4	2020年2月17日	SC003	大尔有限公司	¥43,632.00	¥4,363.20	¥39,268.80	36天
5	2020年3月18日	SC004	旭英有限公司	¥36,622.00	¥3,662.20	¥32,959.80	28天
6	2020年1月19日	GZ001	佩丰有限公司	¥67,345.00	¥6,734.50	¥60,610.50	27天
7	2020年5月20日	GZ002	裕纳有限公司	¥46,525.00	¥4,652.50	¥41,872.50	31天
8	2020年6月21日	BJ001	达达有限公司	¥27,422.00	¥2,742.20	¥24,679.80	40天
9	2020年7月22日	BJ002	宝迈有限公司	¥24,524.00	¥2,452.40	¥22,071.60	39天
10	2020年9月24日	BJ003	利正有限公司	¥47,367.00	¥4,736.70	¥42,630.30	10天
11	2020年10月25日	GZ001	佩丰有限公司	¥45,626.00	¥4,562.60	¥41,063.40	11天
12	2020年11月26日	GZ002	裕纳有限公司	¥7,637.00	¥763.70	¥6,873.30	39天
13	2020年12月27日	GZ003	凯贝有限公司	¥56,377.00	¥5,637.70	¥50,739.30	17天
14	2021年1月29日	SH001	天生有限公司	¥34,562.00	¥3,456.20	¥31,105.80	46天
15	2021年1月30日	SH002	玛洁有限公司	¥66,664.00	¥6,666.40	¥59,997.60	31天
16	2021年1月31日	SH003	营皇有限公司	¥37,377.00	¥3,737.70	¥33,639.30	32天
17	2021年2月1日	SC002	斯莱有限公司	¥73,626.00	¥7,362.60	¥66,263.40	35天
18	2021年2月2日	GZ001	佩丰有限公司	¥57,895.00	¥5,789.50	¥52,105.50	36天
19	2021年2月3日	BJ001	利正有限公司	¥45,672.00	¥4,567.20	¥41,104.80	34天
20	2021年2月6日	GZ002	裕纳有限公司	¥36,563.00	¥3,656.30	¥32,906.70	21天
21	2021年2月7日	SH003	营皇有限公司	¥4,374.00	¥437.40	¥3,936.60	49天
22	2021年2月8日	GZ001	佩丰有限公司	¥7,367.00	¥736.70	¥6,630.30	38天
23	2021年2月9日	SC002	斯莱有限公司	¥35,632.00	¥3,563.20	¥32,068.80	13天
24	2021年2月10日	SC004	旭英有限公司	¥2,347.00	¥234.70	¥2,112.30	32天
25	2021年2月11日	GZ003	凯贝有限公司	¥51,267.00	¥5,126.70	¥46,140.30	21天
26	2021年2月12日	GZ003	凯贝有限公司	¥42,152.00	¥4,215.20	¥37,936.80	15天

图 6-6 填充"未收款金额"列

2. 按账龄统计应收账款

随着经济的发展,赊销经济行为也逐渐兴起,企业应收账款总量呈持续上升趋势,并逐渐成为制约企业健康、稳定发展的主要"瓶颈",所以企业应当加强对应收账款的管理。为了方便管理,很多企业会选择建立应收账款账龄分析表。账龄分析表是以账龄为序对应收账款分类列示的表格,可较全面地显示应收账款账龄的分布情况,以此来判断企业应收账款的总体质量以及不同客户的信用状况,为企业后续赊销政策和赊销判断提供依据。通过账龄分析表可以了解不同客户应收账款发生时间的长短,反映不同客户的信用状况、拖欠情况等。拖欠账款时间越长,发生坏账的可能性越大。

建立应收账款账龄分析表的方式主要有两种，一种是根据企业需求设置表格，运用函数公式进行计算；另外一种是制作数据透视图。这里主要介绍采用数据透视图的形式制作应收账款账龄分析表，感兴趣的学习者也可以自行研究运用函数公式来制作应收账款账龄分析表。

(1) 计算账龄。在"应收账款明细表"工作表中新增一列"账龄"，在 H2 单元格中输入公式"=TODAY()-A2"，按 Enter 键，得出数据。将鼠标指针放在 H2 单元格右下角，向下拖动填充柄填充数据，如图 6-7 所示 (如果计算得出的结果是日期或者其他形式，则右击，在弹出的快捷菜单中选择"设置单元格格式"命令，把单元格格式改为常规或者文本即可)。

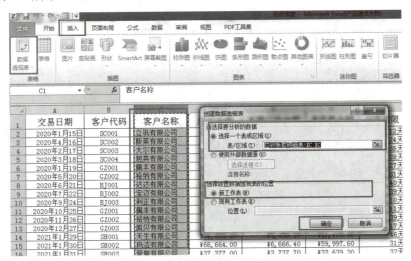

图 6-7　计算账龄

(2) 创建数据透视表。选中"客户名称"列，选择"插入"选项卡，执行"表格"组中的"数据透视表"命令，在打开的"创建数据透视表"对话框中设置数据，单击"确定"按钮，如图 6-8 所示。

图 6-8　创建数据透视表

(3) 设置数据透视表字段。设置行字段为"客户名称"，列字段为"账龄"，数值字段为"未收款金额"，如图 6-9 所示。

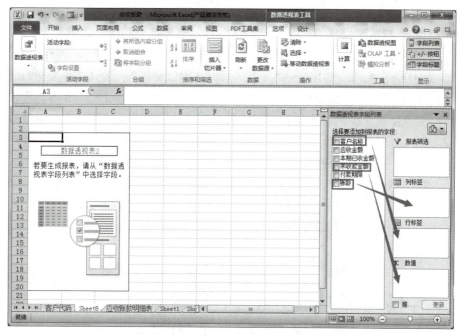

图6-9　设置数据透视表字段

(4) 设置完成就可以得到数据透视图，从图中可以清晰地看出应收账款的欠账情况 (还可以进行数据设置，选中数据透视表中账期为"371"的单元格，右击，在弹出的快捷菜单中选择"创建组"命令，设置账期区间，如图 6-10 所示)，如图 6-11 所示。

图6-10　选择"创建组"命令

| 计数项:未收款金额 | 列标签 | | | | | | | | | | | | | |
行标签	(空白)	371–380	381–390	411–420	441–450	481–490	511–520	571–580	601–610	631–640	671–680	701–710	731–740	761–770	总计
宝迈有限公司								1							1
达达有限公司									1						1
大尔有限公司													1		1
凯贝有限公司		2			1										3
立讯有限公司														1	2
利正有限公司		1						1							2
玛洁有限公司			1												
佩丰有限公司		1	1												4
斯莱有限公司		1	1								1				3
天生有限公司			1												
旭英有限公司		1													2
菅皇有限公司		1													2
裕纳有限公司		1				1				1					3
(空白)															
总计		8	5	1	1	1	1	1	1	1	1	1	1	2	25

图 6-11　数据透视图效果

3. 建立应收账款账龄统计分析图

为了使应收账款的信息更为直观,还可以建立各种图形。采用图形不仅使数据更直观,同时可以使数据更具有对比性。这里制作两个图形,用条形图反映未收款金额,用饼图反映账龄。

(1) 选中 C 列和 H 列,选择"插入"选项卡,单击"图表"组右下角的启动器,打开"插入图表"对话框,选择"饼图",单击"确定"按钮,如图 6-12 所示。

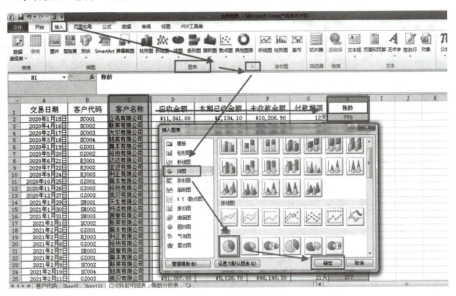

图 6-12　选择"饼图"

(2) 单击形成的饼图 (形成的饼图可以随意移动),会激活"图表工具"选项卡,在其下有三个子选项卡,即"设计""布局""格式"。通过"设计"子选项卡,可以进行图表颜色、图表布局等 (在图上是否显示百分比) 的选择;通过"布局"子选项卡,可以进行图表标题、数据标签、图例等的选择;通过"格式"子选项卡,可以进行字体、颜色、形状等的选择,如图 6-13 所示。

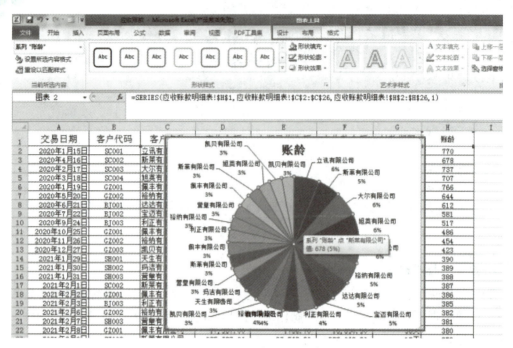

图 6-13　美化饼图

(3) 选中 C 列和 F 列,选择"插入"选项卡,单击"图表"组右下角的启动器,打开"插入图表"对话框,选择"条形图",单击"确定"按钮,如图 6-14 所示。

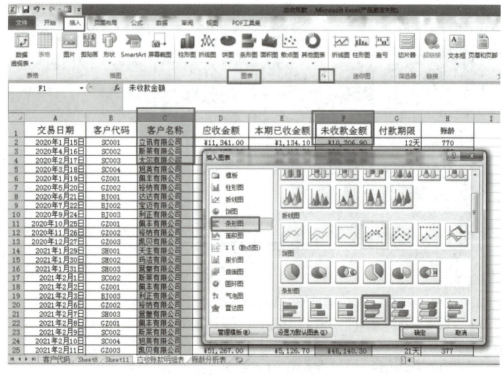

图 6-14　选择"条形图"

(4) 单击形成的条形图，会激活"图表工具"选项卡，在其下有三个子选项卡，即"设计""布局""格式"。通过"设计"子选项卡，可进行图表颜色、图表布局等(在图上是否显示百分比)的选择；通过"布局"子选项卡，可进行图表标题、数据标签、图例、横纵坐标、坐标轴、网格线、背景等的选择；通过"格式"子选项卡，可进行字体、颜色、形状等的选择，如图 6-15 所示(这一步主要是美化工作，形成的条形图可以随意移动)。

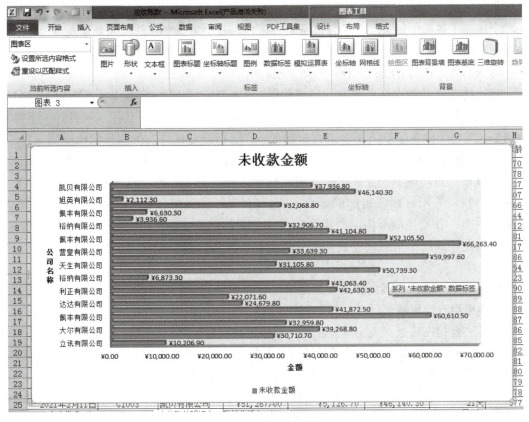

图 6-15 美化条形图

任务二 坏账提取与分析

知识准备

当应收账款收不回时，坏账就产生了。坏账损失是指企业未收回的应收账款、经批准列入损失的部分。提取坏账准备的企业也在本账户反映，发生坏账时直接抵减坏账准备。不提取坏账准备的企业发生坏账时，直接在本账户核算。企业的坏账损失应根据《财政部关于建立健全企业应收款项管理制度的通知》(财企〔2002〕513 号)的规定确认。坏账损失及其核算是应收账款核算的一个重要方面。一笔应收账款在什么时候才能被确认为坏账，其条件通常是由会计准则或制度给出的。不论会计准则或制度如何变化，在会计实务中，坏账的确认都要遵循财务报告的基本目标和会计核算的一般原则，尽量做到真实、准确，切合本单位的实际。一般来说，应收账款符合下列条件之一的，就应将其确认为坏账：

(1) 债务人死亡，以其遗产清偿后仍然无法收回的账款。

(2) 债务人破产，以其破产财产清偿后仍然无法收回的账款。

(3) 债务人较长时期内未履行其偿债义务，并有足够的证据表明无法收回或收回可能性极小的账款。

上述三个条件中的每一个条件都是充分条件，其中第三个条件需要会计人员做出职业判断。我国现行制度规定，上市公司坏账损失的决定权在公司董事会或股东大会。

坏账损失的核算方法有两种：一是直接转销法，二是备抵法。

直接转销法是指在坏账损失实际发生时，直接借记"资产减值损失 - 坏账损失"科目，贷记"应收账款"科目。这种方法核算简单，不需要设置"坏账准备"科目。关于直接转销法，我们还应掌握以下两个要点：第一，该法不符合权责发生制和配比原则；第二，在该法下，如果已冲销的应收账款以后又收回，应做两笔会计分录，即先借记"应收账款"科目，贷记"资产减值损失 - 坏账损失"科目；再借记"银行存款"科目，贷记"应收账款"科目。采用直接转销法的缺点：① 只有实际发生的坏账才确认为当期费用，导致资产不实，各期损益不实，不能真实反映企业的财务状况；② 在期末资产负债表上，应收账款是按照账面余额而不是账面价值反映，采用直接转销法在一定程度上扭曲了财务状况。

结合以上原因，我国会计准则规定确定应收款项减值（信用减值损失）只能采用备抵法，不能采用直接转销法。

备抵法是指在坏账损失实际发生前，就依据权责发生制原则估计损失，并同时形成坏账准备，待坏账损失实际发生时再冲减坏账准备。估计坏账损失时，借记"信用减值损失"科目，贷记"坏账准备"科目；坏账损失实际发生时（符合前述的三个条件之一），借记"坏账准备"科目，贷记"应收账款"科目；已确认并转销的应收款项以后又收回时，做相反分录即可，即借记"应收账款"，贷记"坏账准备"科目，同时借记"银行存款"科目，贷记"应收账款"科目。

至于如何估计坏账损失，则有三种方法可供选择，即年末余额百分比法、账龄分析法和销货百分比法。应用年末余额百分比法时，坏账准备的计提（坏账损失的估计）分首次计提和以后年度计提两种情况。首次计提时，坏账准备提取数 = 应收账款年末余额 × 计提比例。

任务目标

(1) 设置公式计算坏账提取比例和应提取坏账金额；

(2) 创建坏账统计表格并统计坏账金额所占比例；

(3) 创建应提取坏账分析图表。

 任务资料

福源公司根据应收账款的账龄进行坏账的提取，即在信用期内的不提取坏账，超过信用期 1～30 天的按 2% 提取，超过信用期 31～90 天的按 6% 提取，超过信用期 91～180 天的按 9% 提取，超过信用期 181～360 天的按 14% 提取，超过信用期 360 天以上的按 25% 提取坏账。截至 2022 年 2 月 23 日，福源公司应收账款余额情况如表 6-3 所示。

表 6-3　福源公司应收账款的余额情况

交易日期	客户代码	客户名称	应收账款余额	逾期情况
2020 年 1 月 15 日	SC001	立讯有限公司	11 000	250
2020 年 4 月 16 日	SC002	斯莱有限公司	46 100	380
2020 年 2 月 17 日	SC003	大尔有限公司	36 900	180
2020 年 3 月 18 日	SC004	旭英有限公司	25 760	50
2020 年 1 月 19 日	GZ001	佩丰有限公司	230 800	400
2020 年 5 月 20 日	GZ002	裕纳有限公司	10 200	20
2020 年 6 月 21 日	BJ001	达达有限公司	30 000	120
2020 年 7 月 22 日	BJ002	宝迈有限公司	895	175
2020 年 9 月 24 日	BJ003	利正有限公司	142 000	190
2020 年 10 月 25 日	GZ001	佩丰有限公司	18 400	50
2020 年 11 月 26 日	GZ002	裕纳有限公司	68 000	560
2020 年 12 月 27 日	GZ003	凯贝有限公司	3110	54
2021 年 1 月 29 日	SH001	天生有限公司	16 500	84
2021 年 1 月 30 日	SH002	玛洁有限公司	123 000	98
2021 年 1 月 31 日	SH003	营皇有限公司	24 300	84
2021 年 2 月 1 日	SC002	斯莱有限公司	15 100	254
2021 年 2 月 2 日	GZ001	佩丰有限公司	33 100	648
2021 年 2 月 3 日	BJ003	利正有限公司	13 500	302
2021 年 2 月 6 日	GZ002	裕纳有限公司	27 800	561
2021 年 2 月 7 日	SH003	营皇有限公司	12 800	150
2021 年 2 月 8 日	GZ001	佩丰有限公司	34 600	246
2021 年 2 月 9 日	SC002	斯莱有限公司	25 000	68
2021 年 2 月 10 日	SC004	旭英有限公司	40 000	15
2021 年 2 月 11 日	GZ003	凯贝有限公司	6000	5
2021 年 2 月 12 日	GZ003	凯贝有限公司	45 000	86

任务操作

1. 设置公式计算坏账提取比例和应提取坏账金额

(1) 打开新的 Excel 工作簿，命名为"坏账"，将 Sheet1 工作表命名为"坏账提取金额"，将上述应收账款余额输入表格中，并增加两列，即"坏账提取比例""坏账金额"。选择"开始"选项卡，执行"字体"组中的"所有边框"命令，给表格加上边框；选择"开始"选项卡，执行"对齐方式"组中的"合并并居中"命令，对标题栏进行设置，如图 6-16 所示（"日期"列的内容可以通过输入公式"=TODAY()"得到）。

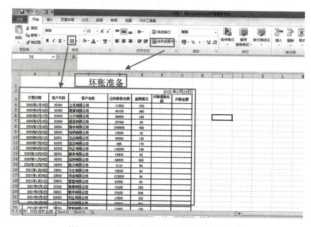

图 6-16 输入基础数据并设置格式

(2) 选中 F 列，选择"开始"选项卡，在"数字"组中将"坏账提取比例"列的数字格式设置为"百分比"，如图 6-17 所示；选中 G 列，将"坏账金额"列的数字格式设置为"货币"。

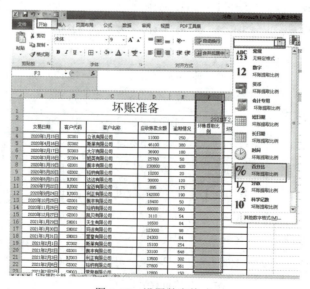

图 6-17 设置数字格式

(3) 计算坏账提取比例。按照任务资料中设定的提取比例，在 F4 单元格中输入公式“=IF(E4<0,0,IF(E4<=30,2%,IF(E4<=90,6%,IF(E4<=180,9%,IF(E4<=360,14%,25%)))))”，按 Enter 键，得出数据。将鼠标指针放在 F4 单元格右下角，向下拖动填充柄填充整列数据，如图 6-18 所示。

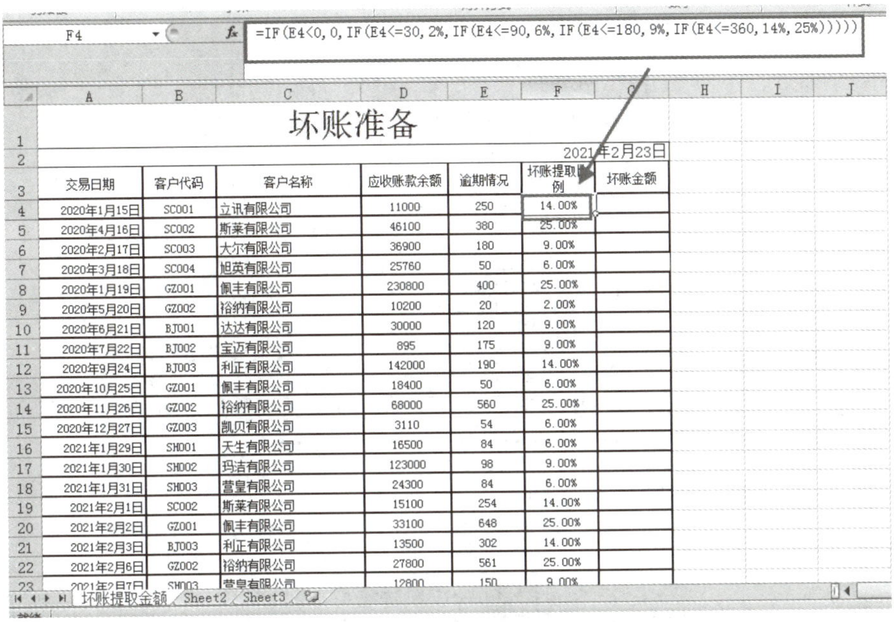

F4　=IF(E4<0,0,IF(E4<=30,2%,IF(E4<=90,6%,IF(E4<=180,9%,IF(E4<=360,14%,25%)))))

坏账准备

2021年2月23日

交易日期	客户代码	客户名称	应收账款余额	逾期情况	坏账提取比例	坏账金额
2020年1月15日	SC001	立讯有限公司	11000	250	14.00%	
2020年4月16日	SC002	斯莱有限公司	46100	380	25.00%	
2020年2月17日	SC003	大尔有限公司	36900	180	9.00%	
2020年3月18日	SC004	旭英有限公司	25760	50	6.00%	
2020年1月19日	GZ001	佩丰有限公司	230800	400	25.00%	
2020年5月20日	GZ002	裕纳有限公司	10200	20	2.00%	
2020年6月21日	BJ001	达达有限公司	30000	120	9.00%	
2020年7月22日	BJ002	宝迈有限公司	895	175	9.00%	
2020年9月24日	BJ003	利正有限公司	142000	190	14.00%	
2020年10月25日	GZ001	佩丰有限公司	18400	50	6.00%	
2020年11月26日	GZ002	裕纳有限公司	68000	560	25.00%	
2020年12月27日	GZ003	凯贝有限公司	3110	54	6.00%	
2021年1月29日	SH001	天生有限公司	16500	84	6.00%	
2021年1月30日	SH002	玛洁有限公司	123000	98	9.00%	
2021年1月31日	SH003	营皇有限公司	24300	84	6.00%	
2021年2月1日	SC002	斯莱有限公司	15100	254	14.00%	
2021年2月2日	GZ001	佩丰有限公司	33100	648	25.00%	
2021年2月3日	BJ003	利正有限公司	13500	302	14.00%	
2021年2月6日	GZ002	裕纳有限公司	27800	561	25.00%	
2021年2月7日	SH003	营皇有限公司	12800	150	9.00%	

坏账提取金额　Sheet2　Sheet3

图 6-18　计算坏账提取比例

(4) 计算坏账金额。在 G4 单元格中输入公式“=D4*F4”，按 Enter 键，得出数据。将鼠标指针放在 F4 单元格右下角，向下拖动填充柄填充整列数据，如图 6-19 所示。

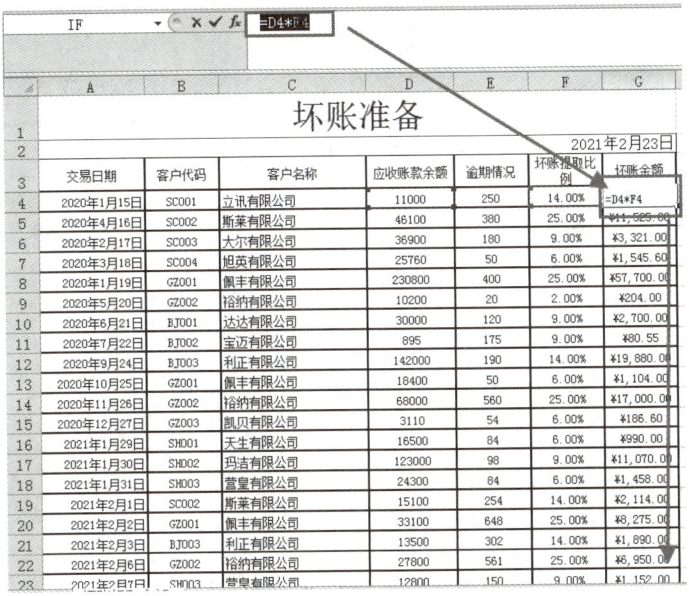

IF　=D4*F4

坏账准备

2021年2月23日

交易日期	客户代码	客户名称	应收账款余额	逾期情况	坏账提取比例	坏账金额
2020年1月15日	SC001	立讯有限公司	11000	250	14.00%	=D4*F4
2020年4月16日	SC002	斯莱有限公司	46100	380	25.00%	¥11,525.00
2020年2月17日	SC003	大尔有限公司	36900	180	9.00%	¥3,321.00
2020年3月18日	SC004	旭英有限公司	25760	50	6.00%	¥1,545.60
2020年1月19日	GZ001	佩丰有限公司	230800	400	25.00%	¥57,700.00
2020年5月20日	GZ002	裕纳有限公司	10200	20	2.00%	¥204.00
2020年6月21日	BJ001	达达有限公司	30000	120	9.00%	¥2,700.00
2020年7月22日	BJ002	宝迈有限公司	895	175	9.00%	¥80.55
2020年9月24日	BJ003	利正有限公司	142000	190	14.00%	¥19,880.00
2020年10月25日	GZ001	佩丰有限公司	18400	50	6.00%	¥1,104.00
2020年11月26日	GZ002	裕纳有限公司	68000	560	25.00%	¥17,000.00
2020年12月27日	GZ003	凯贝有限公司	3110	54	6.00%	¥186.60
2021年1月29日	SH001	天生有限公司	16500	84	6.00%	¥990.00
2021年1月30日	SH002	玛洁有限公司	123000	98	9.00%	¥11,070.00
2021年1月31日	SH003	营皇有限公司	24300	84	6.00%	¥1,458.00
2021年2月1日	SC002	斯莱有限公司	15100	254	14.00%	¥2,114.00
2021年2月2日	GZ001	佩丰有限公司	33100	648	25.00%	¥8,275.00
2021年2月3日	BJ003	利正有限公司	13500	302	14.00%	¥1,890.00
2021年2月6日	GZ002	裕纳有限公司	27800	561	25.00%	¥6,950.00
2021年2月7日	SH003	营皇有限公司	12800	150	9.00%	¥1,152.00

图 6-19　计算坏账金额

2. 创建坏账统计表格并统计坏账金额所占比例

(1) 打开"坏账"工作簿,将 Sheet2 命名为"坏账分析表",将"客户名称"列从"应收账款"工作簿"客户代码"工作表中粘贴复制过来,增加两列"坏账金额"和"比例",最后进行美化工作(标题栏合并单元格,调大字体;给表格加上边框),如图 6-20 所示。

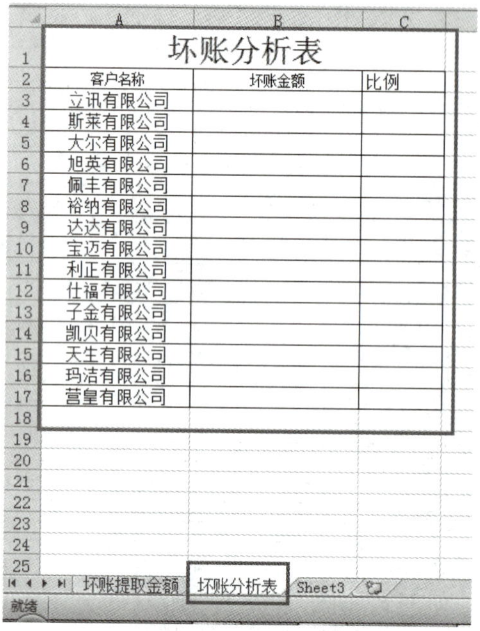

图 6-20 新建工作表

(2) 在 C3 单元格中输入公式"=SUMIF(坏账提取金额 !$C$4:$C$28, 坏账分析表 !$A3, 坏账提取金额 !$G$4:$G$28)",按 Enter 键,得出数据。将鼠标指针放在 C3 单元格右下角,向下拖动填充柄填充数据,如图 6-21 所示。

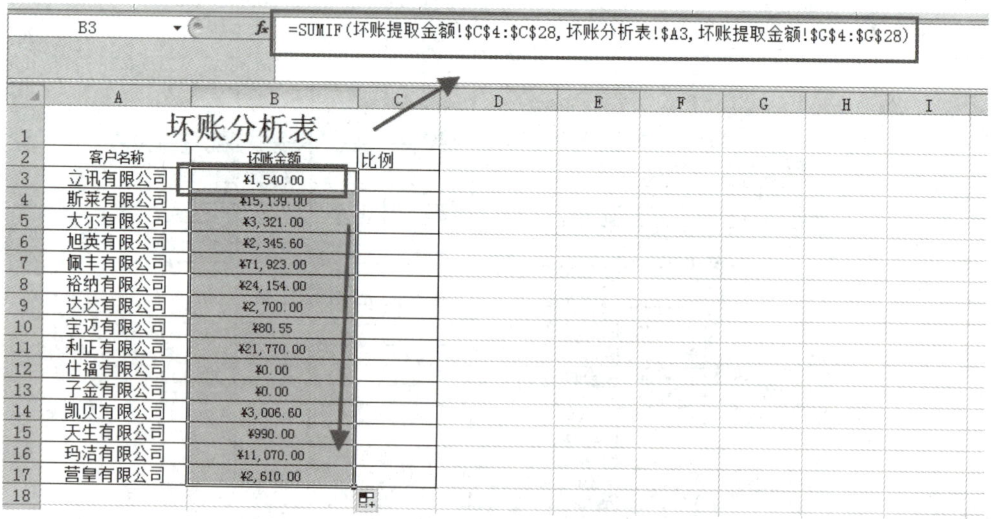

图 6-21 计算坏账金额

(3) 在 A18 单元格增加一行“合计”，添加上边框。选中 B18 单元格，选择“开始”选项卡，执行“编辑”组中的“自动求和”命令，按 Enter 键，得到坏账金额的合计，如图 6-22 所示 (如果自动求和的单元格区域错误，可以手动进行调整)。

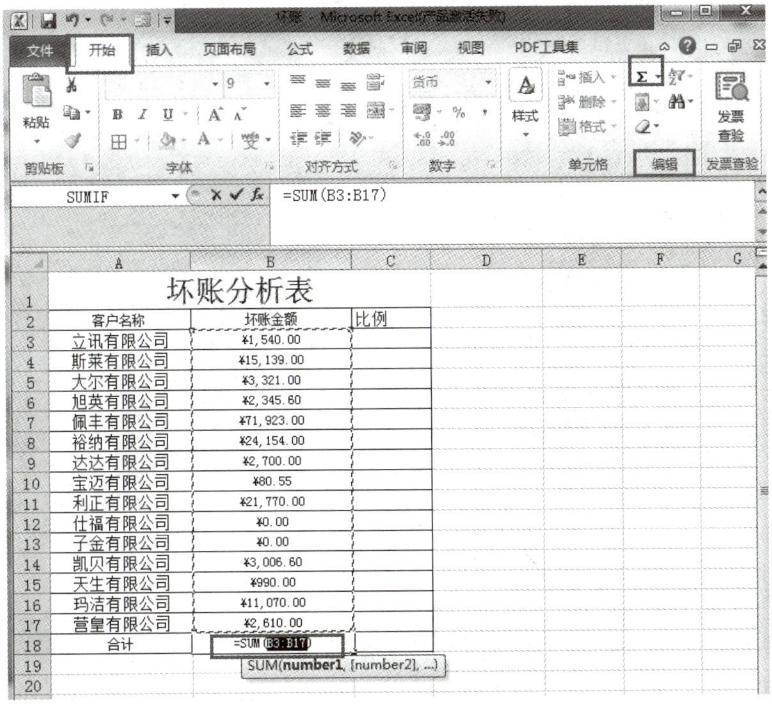

	A	B	C
1	坏账分析表		
2	客户名称	坏账金额	比例
3	立讯有限公司	¥1,540.00	
4	斯莱有限公司	¥15,139.00	
5	大尔有限公司	¥3,321.00	
6	旭英有限公司	¥2,345.60	
7	佩丰有限公司	¥71,923.00	
8	裕纳有限公司	¥24,154.00	
9	达达有限公司	¥2,700.00	
10	宝迈有限公司	¥80.55	
11	利正有限公司	¥21,770.00	
12	仕福有限公司	¥0.00	
13	子金有限公司	¥0.00	
14	凯贝有限公司	¥3,006.60	
15	天生有限公司	¥990.00	
16	玛洁有限公司	¥11,070.00	
17	营皇有限公司	¥2,610.00	
18	合计	=SUM(B3:B17)	

图 6-22 计算坏账金额的合计

(4) 计算比例。在 C3 单元格中输入公式“=B3/$B$18”，按 Enter 键，得到数据。将鼠标指针放在 C3 单元格右下角，向下拖动填充柄填充数据，如图 6-23 所示。

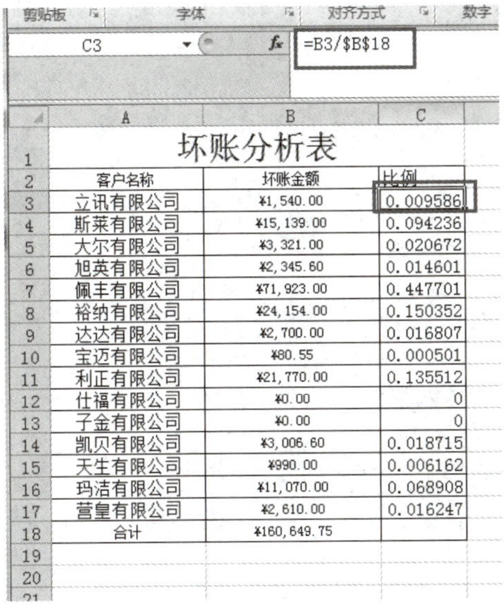

	A	B	C
1	坏账分析表		
2	客户名称	坏账金额	比例
3	立讯有限公司	¥1,540.00	0.009586
4	斯莱有限公司	¥15,139.00	0.094236
5	大尔有限公司	¥3,321.00	0.020672
6	旭英有限公司	¥2,345.60	0.014601
7	佩丰有限公司	¥71,923.00	0.447701
8	裕纳有限公司	¥24,154.00	0.150352
9	达达有限公司	¥2,700.00	0.016807
10	宝迈有限公司	¥80.55	0.000501
11	利正有限公司	¥21,770.00	0.135512
12	仕福有限公司	¥0.00	0
13	子金有限公司	¥0.00	0
14	凯贝有限公司	¥3,006.60	0.018715
15	天生有限公司	¥990.00	0.006162
16	玛洁有限公司	¥11,070.00	0.068908
17	营皇有限公司	¥2,610.00	0.016247
18	合计	¥160,649.75	

图 6-23 计算比例

(5) 调整"比例"列数据。选中 C 列，选择"开始"选项卡，执行"数字"组中的"%"命令，得到调整为百分比的数据，如图 6-24 和图 6-25 所示。

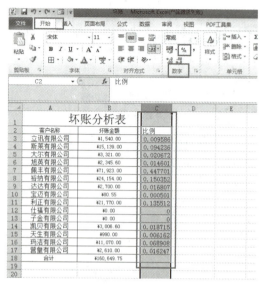

图 6-24　设置数据一　　　　　　　　　　　　　　图 6-25　设置数据二

3. 创建应提取坏账分析图表

下面为提取的坏账金额创建折线图和柱形图并进行比较。

1) 折线图

(1) 选中要创建图表的 A2:B17 单元格区域，选择"插入"选项卡，执行"图表"组中的"折线图"命令，选择一个合适的样式，如图 6-26 所示。

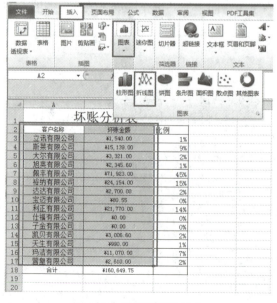

图 6-26　选择折线图样式

(2) 选中折线图，激活"图表工具"选项卡，在其下有三个子选项卡，即"设计""布局""格式"。通过"设计"子选项卡，可进行图表颜色、图表布局（在图上是否显示百分比）等的选择；通过"布局"子选项卡，可进行图表标题、数据标签、图例等的选择；通过"格式"子选项卡，可进行字体、颜色、形状等的选择，如图 6-27 所示。

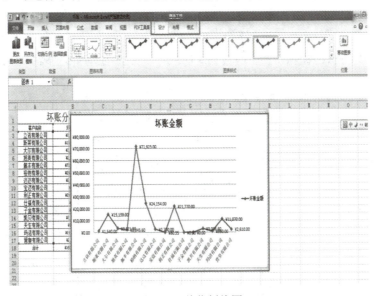

图 6-27 美化折线图

2) 柱形图

(1) 选中要创建图表的 A2:B17 单元格区域，选择"插入"选项卡，执行"图表"组中的"柱形图"命令，选择一个合适的样式，如图 6-28 所示。

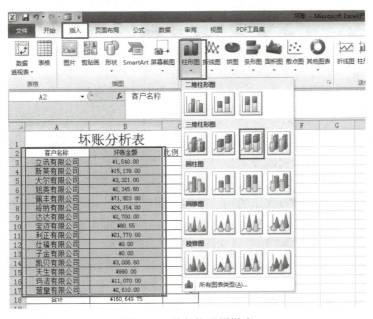

图 6-28 选择柱形图样式

(2) 选中折线图，激活"图表工具"选项卡，在其下有三个子选项卡，即"设计""布局""格式"。通过"设计"子选项卡，可进行图表颜色、图表布局 (在图上是否显示百分比) 等的选择；通过"布局"子选项卡，可进行图表标题、数据标签、图例等的选择；通过"格式"子选项卡，可进行字体、颜色、形状等的选择。双击表格的纵轴数据，打开"设置坐标轴格式"对话框，可以在"坐标轴选项"选项卡中更改坐标比例，使图形更美观，如图 6-29 所示；在"数字"选项卡中选择数字的格式。

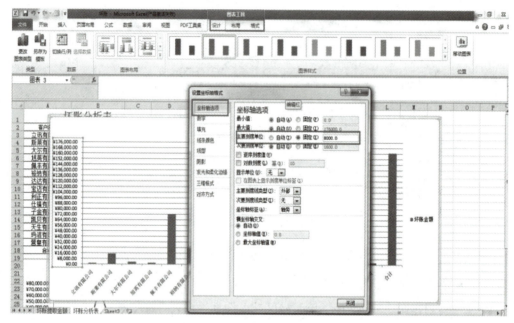

图 6-29　美化柱形图

任务三　应付账款的统计

 知识准备

　　应付账款用以核算企业因购买材料、商品和接受劳务供应等经营活动应支付的款项，是指因购买材料、商品或接受劳务供应等而发生的债务，这是买卖双方在购销活动中由于取得物资与支付货款在时间上不一致而产生的负债。应付账款主要包括购买货物的欠款、应交未交的税款以及为销售方代垫的相关费用。本科目应当按照不同的债权人进行明细核算。企业应当加强对应付账款的管理，以避免发生财务危机，维护企业信誉。

任务目标

　　(1) 创建应付账款分析表；
　　(2) 创建应付账款分析图。

任务资料

福源公司的应付账款信息如下：2022 年 2 月 10 日，与虹光有限责任公司发生交易，金额总计 49 000 元，约定的付款期限为 10 天；2022 年 2 月 18 日，与缘来有限责任公司发生交易，金额总计 157 950 元，约定的付款期限为 30 天；2022 年 2 月 25 日，与天奇有限公司发生交易，金额总计 119 340 元，约定的付款期限为 30 天。

 任务操作

1. 创建应付账款分析表

应付账款分析表主要包括对应付金额的分析、应付账款的账期的分析以及应付账款金额比例的计算等内容。

(1) 新建一个工作簿，命名为"应付账款"，将 Sheet1 工作表重命名为"应付账款分析表"，在工作表中添加标题和列标题 (客户名称、交易日期、付款期限、应付金额、未到期等)。选择"开始"选项卡，执行"对齐方式"组中的"合并并居中"命令，在"字体"组中调整标题的字体并给表格加上边框，如图 6-30 所示。

图 6-30　输入基础数据并设置格式

(2) 设置日期。选中 H2 单元格，输入公式"=TODAY()"或者"=NOW()"，按 Enter 键，即可返回当前的日期和时间，如图 6-31 所示。通过公式设置的日期是随着系统的时间变化而变化的。

图 6-31　设置日期

【提示】

NOW 函数：返回当前日期和时间所对应的序列号。

函数语法：=NOW()

TODAY 函数：返回系统当前日期的序列号。

函数语法：=TODAY()

两个函数的区别在于 TODAY 函数返回的是当前日期，NOW 函数返回的是当前日期与时间。

(3) 根据背景资料将企业尚未支付的应付账款的数据信息输入相应的表格中，如图 6-32 所示。

	A	B	C	D	E	F
1			应付账款分析表			
2						
3	客户名称	交易日期	付款期限	应付金额	未到期	逾期0~20天
4						
5	虹光有限责任公司	2022年2月10日	2022年2月20日	¥ 49,000.00		
6	缘来有限责任公司	2022年2月18日	2022年3月20日	¥ 157,950.00		
7	天奇有限公司	2022年2月25日	2022年3月27日	¥ 119,340.00		
8		应付账款合计				
9		应付账款比例				
10						
11						

图 6-32　输入数据

(4) 设置格式。选中 D5:I8 单元格区域，选择"开始"选项卡，单击"数字"组中的下三角按钮，在下拉列表中选择"会计专用"格式，将"交易日期"和"付款期限"设置为"长日期"格式，如图 6-33 所示。

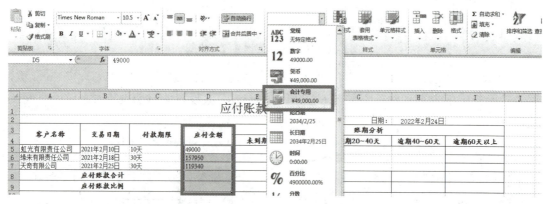

图 6-33　设置格式

(5) 计算未到期金额。在 E5 单元格中输入公式 "=IF(C5>$H$2,D5,0)"（如果 C5>$H$2，则返回 D5 单元格；如果不是，则返回 0)，按 Enter 键，得出数据。将鼠标指针放在 E5 单元格右下角，向下拖动填充柄填充数据，如图 6-34 所示。

图 6-34　计算未到期金额

(6) 计算企业逾期尚未支付的应付账款金额。在 F5 单元格中输入公式"=IF(AND($H$2-$C5>0,$H$2-$C5<=20),$D5,″ ″)",按 Enter 键,得出数据,如图 6-35 所示。

在 G5 单元格中输入公式"=IF(AND ($H$2-$C5>20,$H$2-$C5<=40),$D5,″ ″)",按 Enter 键,得出数据。在 H5 单元格中输入公式"=IF(AND($H$2-$C5>40,$H$2-$C5<=60),$D5,″ ″)",按 Enter 键,得出数据。在 I5 单元格中输入公式"=IF($H$2-$C5>60,$D5,″ ″)",按 Enter 键,得出数据(公式中的"″ ″"表示错误,返回空格)。

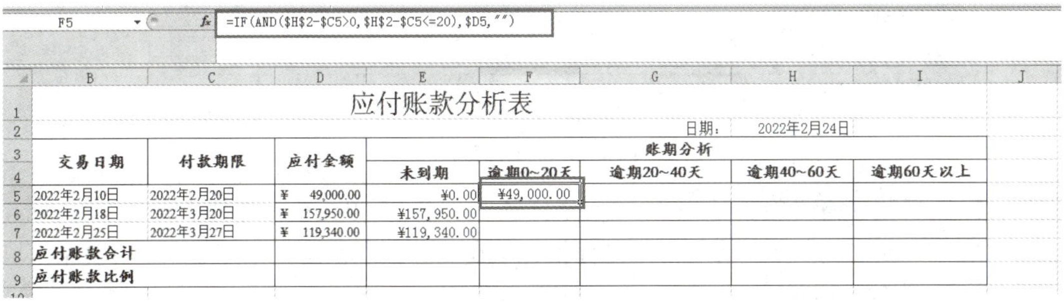

图 6-35　计算企业逾期未支付的应付账款金额

(7) 填充账龄,分析其余的单元格。选中 F5:I5 单元格区域,将鼠标指针放在 I5 单元格右下角,向下拖动填充柄填充数据,如图 6-36 所示。

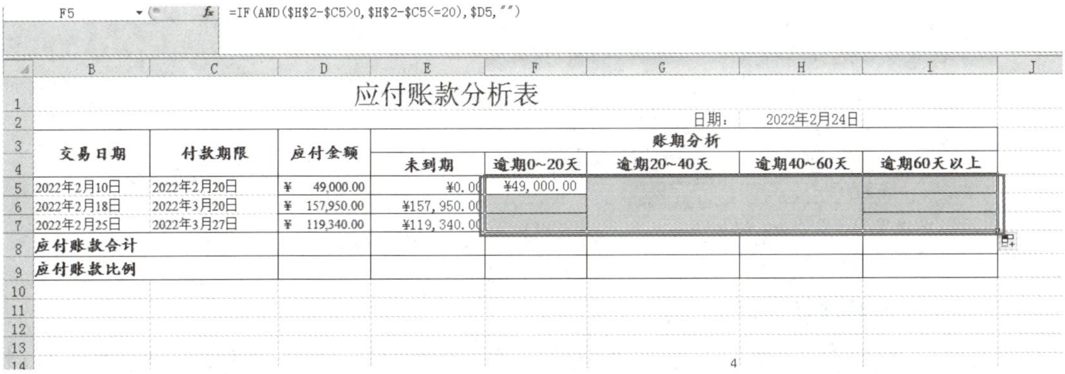

图 6-36　填充数据

(8) 计算应付账款合计。选中 D8 单元格，输入公式"=SUM(D5:D7)"，按 Enter 键，得出数据。将鼠标指针放在 D8 单元格右下角，向右拖动填充柄填充数据，如图 6-37 所示。

图 6-37　计算应付账款合计

(9) 计算应付账款比例。选中 D9 单元格，输入公式"=D8/$D$8"，按 Enter 键，得出数据，如图 6-38 所示。

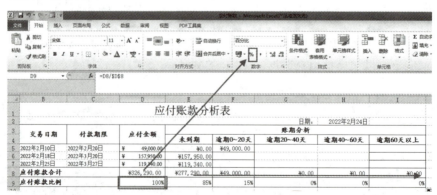

图 6-38　计算应付账款比例

(10) 设置数字格式并填充 E9:I9 单元格区域。选中 D9 单元格，选择"开始"选项卡，执行"数字"组中的"%"命令，将鼠标指针放在 D9 单元格右下角，向右拖动填充柄填充数据，如图 6-39 所示。

图 6-39　设置数字格式并填充 E9:I9 单元格区域

2. 创建应付账款分析图

创建完应付账款分析表之后，为了反映数据之间的关系，接下来根据计算完成的应付账款账期分析结果和表格建立应付账款分析图。

(1) 将 Sheet2 重命名为"应付账款分析图"，如图 6-40 所示。

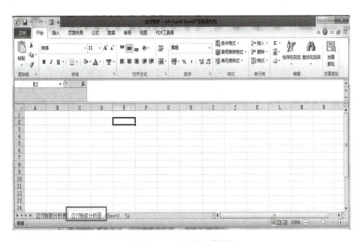

图 6-40　新建工作表

(2) 选择"插入"选项卡，执行"图表"组中的"柱形图"命令，在下拉列表中根据需求选择一个图形，创建一个空白图表，如图 6-41 所示。

图 6-41　选择柱形图

(3) 选择数据。选中生成的空白柱形图，选择"图表工具－设计"选项卡，执行"数据"组中的"选择数据"命令，如图 6-42 所示。

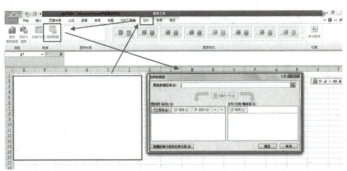

图 6-42　执行"选择数据"命令

(4) 打开"选择数据源"对话框，单击"图表数据区域"文本框右侧的"折叠"按钮，如图 6-43 所示。

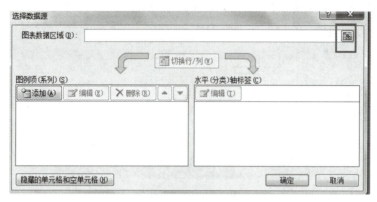

图 6-43　选择数据源

(5) 随即"选择数据源"对话框处于折叠状态，切换到"应付账款分析表"工作表，按住 Ctrl 键，选中单元格区域"= 应付账款分析表 !$E$4:$I$4, 应付账款分析表 !$E$8:$I$8"，如图 6-44 所示。

	B	C	D	E	F	G	H	I
1			应付账款分析表					
2						日期：	2022年2月25日	
3	交易日期	付款期限	应付金额	账期分析				
4				未到期	逾期0~20天	逾期20~40天	逾期40~60天	逾期60天以上
5	2022年2月10日	2022年2月20日	¥　49,000.00	¥0.00	¥49,000.00			
6	2022年2月18日	2022年3月20日	¥　157,950.00	¥157,950.00				
7	2022年2月25日	2022年3月27日	¥　119,340.00	¥119,340.00				
8	应付账款合计		¥326,290.00	¥277,290.00	¥49,000.00	¥0.00	¥0.00	¥0.00
9	应付账款比例		100%	85%	15%	0%	0%	0%
10								
11			选择数据源			? X		
12			=应付账款分析表!$E$4:$I$4,应付账款分析表!$E$8:$I$8					
13								

图 6-44　选中单元格区域

(6) 单击文本框右侧的"展开"按钮，"选择数据源"对话框即处于展开状态，如图 6-45 所示。

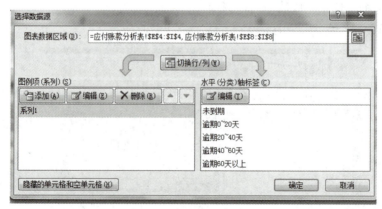

图 6-45　图表数据区域选择完成

(7) 切换行和列。单击"切换行／列"按钮，将图例项（系列）和水平（分类）轴标签互换，如图 6-46 所示。

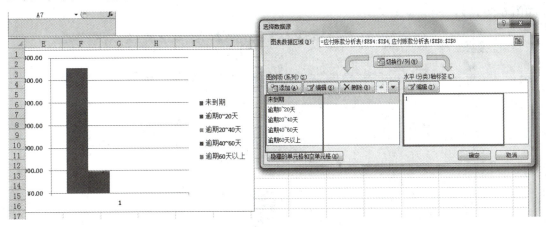

图 6-46　切换行和列

(8) 编辑水平（分类）轴标签。单击"水平（分类）轴标签"列表框中的"编辑"按钮，打开"轴标签"对话框，在"轴标签区域"下的文本框中输入"应付账款"，单击"确定"按钮，可以看到水平（分类）轴标签已经从"1"改为"应付账款"，如图 6-47 和图 6-48 所示。

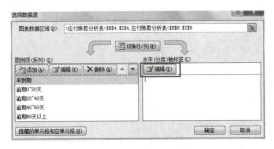

图 6-47　单击"编辑"按钮

图 6-48　编辑水平（分类）轴标签

(9) 单击"确定"按钮，返回工作表，就可以看到更改之后的图形，如图 6-49 所示。

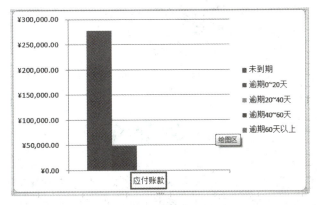

图 6-49　效果图

(10) 调整图表布局。选择"图表工具 - 设计"选项卡，执行"布局"组中的"快速布局"命令，在打开的下拉列表中根据需求选择一个适当的项目 (这里选择的是布局 1)，如图 6-50 所示。

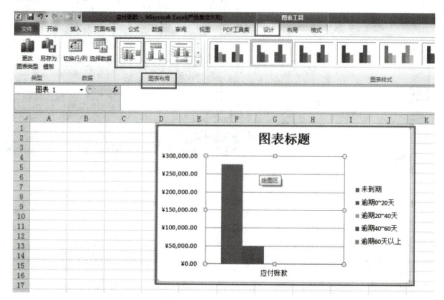

图 6-50　调整图表布局

(11) 双击图中的"图表标题"，将其更改为"应付账款分析图"，同时还可以用其他方法对整个图表进行美化，如图 6-51 所示。

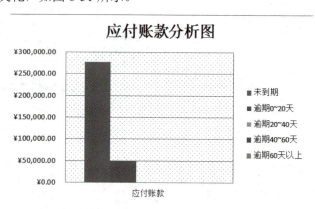

图 6-51　效果图

　　本项目主要介绍了应收账款、坏账准备、应付账款等往来款项的分析及其在 Excel 中的运用等知识。通过本项目的学习，学习者可了解应收账款包含的项目，掌握制作应收账款明细表和坏账提取表的方法；掌握使用函数统计不同账龄段的应收账款金额及应提取

坏账金额，以及对账龄和坏账等进行分析操作的方法；掌握利用图表对应收账款和应提取坏账金额进行分析和比较的方法；掌握应付账款分析表和图的编制和美化；重点掌握OFFSET、IF、TODAY、NOW 等函数的应用。

 项目练习

1. 福兴公司 2020 年以来的应收账款详情如表 6-4 所示。

表 6-4 应收账款详情

应收账款表单

交易日期	客户	应收金额	本期已收款金额	未收款金额	付款期限
2021/12/29	华腾实业	¥28 000.00		¥28 000.00	30 天
2022/1/1	英霞企业	¥52 000.00	¥30 000.00	¥22 000.00	30 天
2022/1/15	夸腾有限公司	¥196 560.00	¥150 000.00	¥46 560.00	60 天
2022/1/18	英霞企业	¥84 240.00	¥74 240.00	¥10 000.00	40 天
2022/1/25	英霞企业	¥62 010.00		¥62 010.00	30 天
2022/1/28	夸腾有限公司	¥76 050.00		¥76 050.00	50 天
2022/2/3	英霞企业	¥210 600.00		¥210 600.00	60 天

要求：（要保留函数计算公式）

(1) 在 Excel 中建立逾期应收账款分析表。

(2) 在 Excel 中建立应收账款账龄分析图。

(3) 在 Excel 中建立应收账款账龄分析表。

2. 福兴公司的应付账款信息如下：2021 年 12 月 30 日，与华夏软壳公司发生交易，金额总计 58 000 元，约定的付款期限为 30 天；2022 年 1 月 15 日，与长城樱空公司发生交易，金额总计 194 827 元，约定的付款期限为 45 天；2022 年 1 月 28 日，与华阳软件公司发生交易，金额总计 109 988 元，约定的付款期限为 50 天。

要求：（要保留函数计算公式）

(1) 在 Excel 中建立应付账款分析表。

(2) 在 Excel 中建立应付账款分析图。

3. 福兴公司根据应收账款的账龄进行坏账提取，即在信用期内的不提取坏账，超过信用期 1 ～ 30 天的按 2% 提取，超过信用期 31 ～ 90 天的按 6% 提取，超过信用期 91 ～ 180 天的按 9% 提取，超过信用期 181 ～ 360 天的按 14% 提取，超过信用期 360 天以上的按 25% 提取。截至 2022 年 2 月 23 日，福源公司应收账款余额情况如表 6-5 所示。

表 6-5　福兴公司应收账款余额情况

交易日期	客户代码	客户名称	应收账款余额	逾期情况
2021 年 3 月 15 日	SC001	立讯有限公司	125 464	180
2021 年 4 月 16 日	SC002	斯莱有限公司	46 118	350
2021 年 2 月 17 日	SC003	大尔有限公司	18 181	30
2021 年 3 月 18 日	SC004	旭英有限公司	15 678	45
2022 年 1 月 19 日	GZ001	佩丰有限公司	18 743	81
2021 年 5 月 20 日	GZ002	裕纳有限公司	28 146	20
2021 年 6 月 21 日	BJ001	达达有限公司	334 681	86
2021 年 7 月 22 日	BJ002	宝迈有限公司	4813	90
2021 年 9 月 24 日	BJ003	利正有限公司	18 617	120
2021 年 10 月 25 日	GZ001	佩丰有限公司	28 467	85
2021 年 11 月 26 日	GZ002	裕纳有限公司	48 912	42
2021 年 12 月 27 日	GZ003	凯贝有限公司	68 431	30
2022 年 1 月 29 日	SH001	天生有限公司	18 679	25
2022 年 1 月 30 日	SH002	玛洁有限公司	48 971	18
2022 年 1 月 31 日	SH003	营皇有限公司	19 734	10

要求：（要保留函数计算公式）

(1) 在 Excel 中计算坏账提取比例和坏账金额。

(2) 在 Excel 中创建坏账分析表。

(3) 在 Excel 中创建坏账分析图。

学习目标

(1) 掌握资产负债表的建立和编制；

(2) 掌握利润表的建立和编制；

(3) 掌握现金流量表的建立和编制；

(4) 学会应用 Excel 对财务报表进行比率分析。

情景引入

财务报表是指企业对外提供的反映企业某一特定日期财务状况和某一会计期间经营成果、现金流量等会计信息的书面文件，它是会计核算的最终结果，也是会计核算工作的总结。财务报表是基于会计凭证、会计账簿、会计科目汇总表和会计科目余额表等会计资料编制的。本项目主要介绍前面项目中创建的凭证库如何通过 Excel 自动生成资产负债表、利润表和现金流量表三大主要报表，并进行比率分析。

任务一 编制资产负债表

知识准备

1. 资产负债表概述

资产负债表是反映企业在某一特定日期（如年末、季末、月末）财务状况的会计报表，主要反映了企业的资产、负债和所有者权益三个方面的内容。资产负债表的编制依据是"资产＝负债＋所有者权益"，是按照一定的程序，依据规定的报表格式编制而成的。

资产负债表是企业基本财务报表之一，是所有独立核算的企业单位都必须对外报送的财务报表。

2. 基本结构

1) 表头

表头部分列明了报表的名称、编制报表单位名称、编制日期、报表的编号及表中所用货币、计量单位等内容。

2) 表体

正表是资产负债表的核心内容，依据"资产＝负债＋所有者权益"这一会计基本公式进行设计，列示了反映企业财务状况的各个项目，按照一定的分类标准和一定的次序分项目排列编制。

资产负债表的正表格式一般有两种：账户式（又称平行式）资产负债表和报告式（又称垂直式）资产负债表。在我国，资产负债表主要采用账户式资产负债表，即左边列示资产项目，右边列示负债和所有者权益项目。

3. 资产负债表编制的基本方法

资产负债表的"年初数"栏各项目的计算依据是上年末资产负债表"期末数"栏内所填列的数字。资产负债表的年末数的计算依据是各总账科目和明细科目的期末余额，不同的科目提取期末余额的方法不相同。资产负债表所列示的科目余额产生方式比较复杂，主要有如下几种情形：

(1) 根据总账科目期末余额直接填列。

(2) 根据总账科目余额计算填列。

(3) 根据明细科目余额计算填列。

(4) 根据总账科目和明细科目余额分析计算填列。

(5) 根据科目余额减去其备抵项目后的净额填列。

其中，根据总账科目余额计算填列是最简单的。依据总账科目余额计算填列的科目主要包括如下几种：

(1) 资产类的货币资金项目，根据"现金""银行存款""其他货币资金"科目的期末余额合计填列。

(2) 资产类的存货项目，根据"物资采购""零部件""低值易耗品""自制半成品""库存商品""包装物""分期收款发出商品""委托加工物资""委托代销商品""生产成本"等账户的合计，减去"代销商品款"和"存货跌价准备"科目的期末余额后的余额填列。

(3) 资产类的固定资产净值项目，根据"固定资产"账户的借方余额减去"累计折旧"账户的贷方余额后的净额填列。

(4) 所有者权益类的未分配利润项目，在月（季）报中，根据"本年利润"和"未分配利润"科目的余额计算填列。

资产负债表中，有的科目是根据明细科目的余额计算填列的，这些科目包括"预收账款"和"预付账款"科目。

(1) "应收账款"科目，应根据"应收账款"科目所属各明细账户的期末借方余额合计，再加上"预收账款"科目的有关明细科目期末借方余额计算填列。

(2) "应付账款"科目，应根据"应付账款"和"预付账款"科目的有关明细科目的期末贷方余额计算编制。

如果企业核算的内容并不复杂，则可以不设置"预收账款"和"预付账款"科目，而直接用"应收账款"和"应付账款"科目代替。

某些总账科目还要通过具体分析来填列，主要是指"长期借款""长期债权投资""长期待摊费用"等科目。因为如果这些科目中包含一年内到期的科目，那么实际上这些即将到期的长期科目就变成了短期科目，需要在资产负债表中扣除填列。"减值准备金"科目也属于资产的备抵项目，需要从资产的余额中减去备抵科目的余额作为资产的价值。

4. 数据库

利用 Microsoft Query 获取外部数据库是在 Excel 中获取外部数据库的方式之一。首先建立 Excel 与 Query 之间的通信，然后 Query 与 0DBC 驱动程序之间进行通信，而通过 ODBC 可以与数据库通信，通过系列的通信交换过程便可实现数据库的读取。

利用 VBA 直接与 ODBC 通信获取外部数据库也是获取外部数据库的方式之一。在 Excel 中可通过宏调用 Visual Basic for Application(VBA)，VBA 又可以直接与 ODBC 通信，从而获取外部数据库。由于篇幅有限，因此对如何利用 VBA 直接与 ODBC 通信获取外部数据库这一部分的内容本书不做详细介绍，有兴趣的读者可以参考和查阅其他书籍。

在本任务中，资产负债表各个科目余额的数据获得途径如下：

(1) 利用 Microsoft Query 从"凭证与账簿 .xlsm"文件的"科目代码表"中获取年初数。

(2) 利用 Microsoft Query 从"凭证库"中导入各科目的数据。

由于资产负债表反映的是一级科目的情况，因此导入数据时需要预先做一些处理。

任务目标

(1) 掌握资产负债表的结构；

(2) 掌握各科目余额取得方式；

(3) 掌握 Microsoft Query 的应用方法，从其他工作簿中获取数据。

任务资料

根据账务处理提供的相关数据，编制公司 2022 年 1 月的资产负债表。

任务操作

1. 设置"资产负债表"格式

(1) 打开 Excel，单击"保存"按钮，将 Excel 工作薄另存为"报表 .xlsm"，如图 7-1 所示。

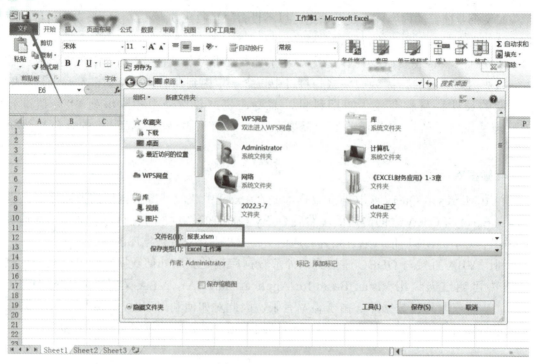

图 7-1　报表工作簿

(2) 将 Sheet1 工作表重命名为"资产负债表"，如图 7-2 所示。

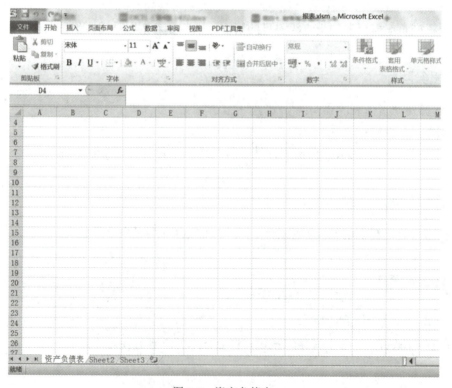

图 7-2　资产负债表

(3) 表头设计。

① 在 A1:D1 单元格区域中依次输入"年份""2022""月份""1"并居中,完成如图 7-3 所示的报表生成条件。

	A	B	C	D
1	年份	2022	月份	1
2				

图 7-3　报表生成条件

② 在 A2 单元格内输入"资产负债表",选中 A2:H2 单元格区域,选择"开始"选项卡,执行"对齐方式"组中的"合并后居中"命令,字体为"宋体",字号为"20",并且进行标题加粗处理,完成表头设计,如图 7-4 所示。

	A	B	C	D	E	F	G	H
1	年份	2022	月份	1				
2				**资产负债表**				

图 7-4　表头设计

③ 选中 A3 单元格,输入"编制单位:福源公司"。

④ 在 D3 单元格内输入公式"=B1&" 年 "&D1&" 月 "",选中 D3:E3 单元格区域,选择"开始"选项卡,执行"对齐方式"组中的"合并后居中"命令;在 H3 单元格中输入"单位:元"。

(4) 表体内容。

① 在 A3:H3 单元格区域分别输入内容"项目""行次""年初数""年末数""项目""行次""年初数""年末数"。选中 A3:H3 单元格区域,选择"开始"选项卡,执行"对齐方式"组中的"居中"命令。

以上操作完成后的结果如图 7-5 所示。

	A	B	C	D	E	F	G	H
1	年份	2022	月份	1				
2				**资产负债表**				
3	编制单位:福源公司			2022年1月				单位:元
4	项目	行次	年初数	年末数	项目	行次	年初数	年末数
5								

图 7-5　输入内容

② 在 A 列中输入各资产项目的名称。

③ 在 E 列中输入负债和所有者权益项目的名称。

(5) 同时选中 C5:D37、G5:H37 单元格区域,右击,在弹出的快捷菜单中选择"设置单元格格式"命令,打开如图 7-6 所示的"设置单元格格式"对话框,选择"数字"选项卡,分类选择"会计专用","货币符号"选择"无",单击"确定"按钮,完成数字显示格式的设置，如图 7-6 所示。

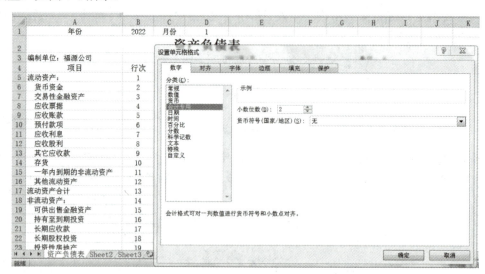

图 7-6 "设置单元格格式"对话框

输入资产、负债和所有者权益项目后的资产负债表如图 7-7 所示。

图 7-7 资产负债表

2. 获取一级科目年初数

1) 新建工作表

资产负债表的年初数是从"账务处理 .xlsm"文件的"科目代码表"中获取的，获取年初数的具体操作步骤如下：

(1) 新建工作表，将工作表重命名为"数据"，完成建立"数据"工作表的操作，如图 7-8 所示。

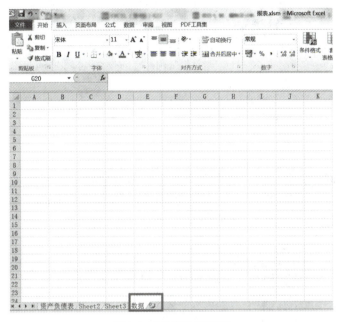

图 7-8　"数据"工作表

【提示】

"数据"工作表的作用是通过 Microsoft Query 组件存放所有今后要计算的数据内容，这些数据包括用于生成资产负债表、利润表和现金流量表的所有数据。

(2) 利用 Microsoft Query 获取数据。

① 选择"数据"选项卡，执行"获取外部数据"组中"自其他来源"中的"来自 Microsoft Query"命令，打开"选择数据源"对话框，在其中选择"Excel Files"选项，单击"确定"按钮，如图 7-9 所示。

图 7-9　"选择数据源"对话框

② 在"选择工作簿"对话框中选择"账务处理 .xlsm"文件所在的位置，如图 7-10 所示。单击"确定"按钮，打开"添加表"对话框，完成数据库位置的确定。

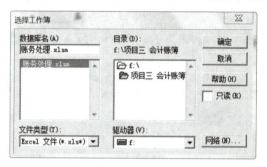

图 7-10 "选择工作簿"对话框

③ 在"查询向导 – 选择列"对话框中选择"科目代码表"工作表，选择"科目代码"，单击"〉"按钮，将"科目代码"从"可用的表和列"移动到"查询结果中的列"，单击"下一步"按钮，完成要显示的指定字段的确定，如图 7-11 所示。

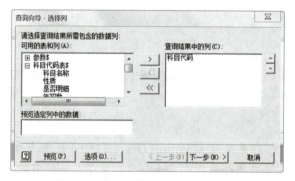

图 7-11 选择工作表和要显示的字段

④ 单击"下一步"按钮，完成要显示的列的选择，进入"查询向导 – 筛选数据"对话框，单击"下一步"按钮，跳过筛选过程，打开"查询向导 – 排序顺序"对话框，在该步骤中不需要设置任何内容。单击"下一步"按钮，打开"查询向导 – 完成"对话框，在"请确定下一步的动作"中选中"在 Microsoft Query 中查看数据或编辑查询"单选按钮，如图 7-12 所示。单击"完成"按钮，完成查询向导的操作，进入 Microsoft Query 界面，如图 7-13 所示。

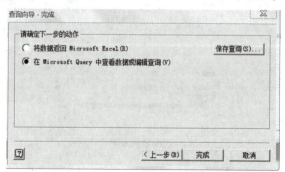

图 7-12 在 Microsoft Query 中查看数据或编辑查询

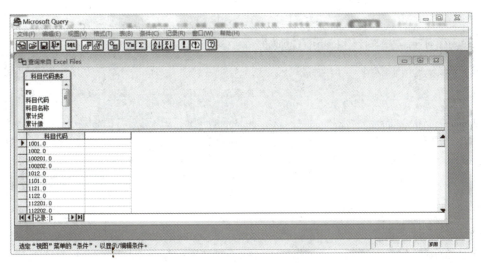

图 7-13　Microsoft Query 界面

⑤ 在 Microsoft Query 窗口中选择"记录"→"添加列"命令,打开如图 7-14 所示的"添加列"对话框,在"字段"中输入"年初数 * 性质","列标"设置为"ncs","总计"设置为"求和",单击"添加"按钮,完成新列的设置。单击"关闭"按钮,关闭"添加列"对话框。

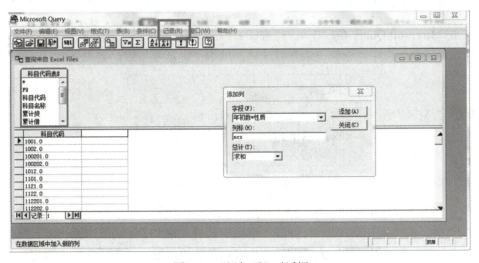

图 7-14　"添加列"对话框

【提示】

"年初数"字段中的所有数据都是正数,"性质"字段决定了会计科目的余额产生方式。在"科目代码表"中,当性质为 1 时,表示余额产生方向为借方余额;相反,当性质为 −1 时,表示余额产生方向为贷方余额。

"求和"表示将一级科目相同的年初数进行求和计算。

⑥ 在 Microsoft Query 窗口中选择"记录"→"编辑列"命令,打开如图 7-15 所示的"编辑列"对话框,在"字段"中输入"left(科目代码 ,4)",在"列标"中输入"kmdm",单击"确定"按钮,完成一级科目的设置。

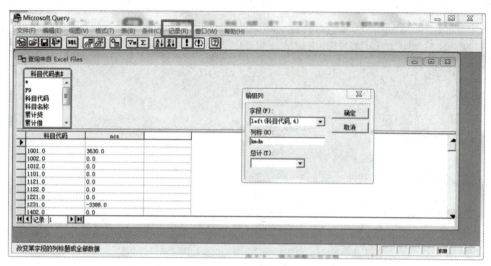

图 7-15 "编辑列"对话框

【提示】

资产负债表中的各个科目都和一级科目有关，一级科目的长度都是 4 位数，因此在该对话框中用 left 函数将左侧 4 位数字取出。

⑦ 在 Microsoft Query 窗口中选择"视图"→"查询属性"命令，打开如图 7-16 所示的"查询属性"对话框，选中"分组记录"复选框，单击"确定"按钮，完成分组显示的设置。

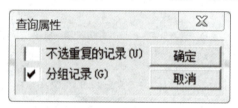

图 7-16 "查询属性"对话框

⑧ 在 Microsoft Query 窗口中选中 ncs 列，选择"条件"→"添加条件"命令，打开如图 7-17 所示的"添加条件"对话框，"字段"选择"求和(年初数＊性质)"，"运算符"指定为"不等于"，"指定值"为"0"，完成参数条件的设置，单击"添加"按钮。

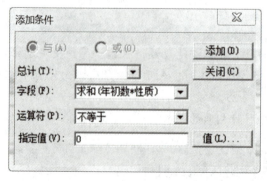

图 7-17 "添加条件"对话框

⑨ 执行 Microsoft Query 窗口中的"文件"→"将数据返回 Microsoft Excel"命令，打开如图 7-18 所示的"导入数据"对话框，将数据放置的位置设置为"数据"工作表的 A1 单元格，完成导入数据的操作，如图 7-18 所示。

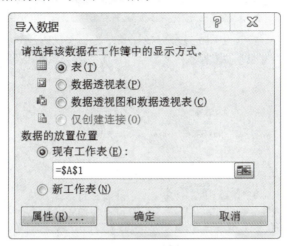

图 7-18 "导入数据"对话框

⑩ 单击"导入数据"对话框中的"确定"按钮，完成数据的导入操作。导入"数据"表中的一级科目及年初数数据，如图 7-19 所示。

	A	B
1	'kmdm'	'ncs'
2	1001	3630
3	1002	2172571.94
4	1122	677600
5	1231	-3388
6	1405	1936000
7	1601	3097600
8	1602	-612543.14
9	1801	145200
10	1811	688393.2
11	2001	-605000
12	2202	-979710.38
13	2211	-378659.82
14	2221	-47371.5
15	2241	-44322.3
16	4001	-6050000

图 7-19 导入的数据

【提示】

如果对导入的数据有疑问，则可以选中 B 列，如果 B 列的值为 0，则表示导入的科目代码表中的数据是正确的。

⑪ 选中 A1 单元格，选择"设计"选项卡，在"属性"组中将表名称更改为"ncs"，如图 7-20 所示。

图 7-20　更改表名称

2) 计算"资产负债表"年初数栏

有了导入的年初数，即可为"资产负债表"的"年初数"一列设置公式。由于资产负债表并非是简单地将各个会计科目的余额写入资产负债表中，因此需要具体科目具体设置。企业可以根据实际需要设置会计科目，而资产负债表很多时候是具有规定格式的，一些科目即使企业没有设置，也有可能出现在资产负债表中。设置资产负债表年初数的具体操作步骤如下：

(1) 选中 C6 单元格，在编辑栏内输入公式"=SUMIF(ncs[″kmdm″],″1001″,ncs[″ncs″])+SUMIF (ncs[″kmdm″],″1002″,ncs[″ncs″])+SUMIF(ncs[″kmdm″],″1003″,ncs[″ncs″])"，完成货币资金年初数的设置。按 Enter 键，即得到"货币资金"值为2 176 201.94，如图 7-21 所示。

图 7-21　获取货币资金年初数

【提示】

金盛公司的货币资金项目由现金、银行存款和其他货币资金组成，对应的一级科目代码分别为 1001、1002 和 1003，资产负债表各个科目的计算方法就是使用 SUMIF 函数从"数据"工作表的"ncs"表对象中提取数据。

(2) 在资产类中，其他各项目的公式如表 7-1 所示。为了保持和资产负债表结构一致，一些企业未使用的会计科目也保留在表内，但是无须为这些项目设置公式。

表 7-1 资产类各科目年初数计算公式

项目	行次	年 初 数
流动资产	1	
货币资金	2	=SUMIF(ncs["kmdm"],"1001",ncs["ncs"])+ SUMIF(ncs["kmdm"],"1002",ncs["ncs"])+ SUMIF(ncs["kmdm"],"1003",ncs["ncs"])
交易性金融资产	3	=SUMIF(ncs["kmdm"],"1101",ncs["ncs"])
应收票据	4	=SUMIF(ncs["kmdm"],"1121",ncs["ncs"])
应收账款	5	=SUMIF(ncs["kmdm"],"1122",ncs["ncs"])+ SUMIF(ncs["kmdm"],"1231",ncs["ncs"])
预付款项	6	
应收利息	7	
应收股利	8	
其他应收款	9	=SUMIF(ncs["kmdm"],"1221",ncs["ncs"])
存货	10	=SUMIF(ncs["kmdm"],"1402",ncs["ncs"])+ SUMIF(ncs["kmdm"],"1403",ncs["ncs"])+ SUMIF(ncs["kmdm"],"1405",ncs["ncs"])
一年内到期的非流动资产	11	
其他流动资产	12	
流动资产合计	13	=SUM(C6:C16)
非流动资产	14	
可供出售金融资产	15	
持有至到期投资	16	
长期股权投资	18	

项　目	行次	年　初　数
长期股权投资	18	
投资性房地产	19	
固定资产	20	=SUMIF(ncs[″kmdm″],″1601″,ncs[″ncs″])+ 　SUMIF(ncs[″kmdm″],″1602″,ncs[″ncs″])
在建工程	21	=SUMIF(ncs[″kmdm″],″1604″,ncs[″ncs″])
工程物资	22	=SUMIF(ncs[″kmdm″],″1605″,ncs[″ncs″])
固定资产清理	23	=SUMIF(ncs[″kmdm″],″1606″,ncs[″ncs″])
生物性生物资产	24	
油气资产	25	
无形资产	26	=SUMIF(ncs[″kmdm″],″1701″,ncs[″ncs″])
开发支出	27	
商誉	28	
长期待摊费用	29	=SUMIF(ncs[″kmdm″],″1801″,ncs[″ncs″])
递延所得税资产	30	=SUMIF(ncs[″kmdm″],″1811″,ncs[″ncs″])
其他非流动性资产	31	
非流动性资产合计	32	=SUM(C19:C35)
资产总计	33	=C36+C17

根据表 7-1 所示公式，依次为资产类各科目获取年初数。

(3) 选中 G6 单元格，在编辑栏内输入公式"=-1*SUMIF(ncs[″kmdm″],″2001″,ncs[″ncs″])"，完成短期借款年初数的设置。

【提示】

负债和所有者权益类科目的余额产生方式为贷方余额，即科目代码表中性质为 -1 的部分科目，在导入的数据中是用负数来显示的，需要将提取到的值乘以 -1，以便填列到资产负债表中。对于其他的负债和所有者权益，计算方法是相同的。

(4) 在负债和所有者权益类中，其他各个单元格公式如表 7-2 所示。为了保持和资产负债表结构一致，一些企业未使用的会计科目也保留在表内，但是没有为这些项目设置公式。

表 7-2　负债和所有者权益类项目公式

项　目	行次	年　初　数
流动负债	34	
短期借款	35	=-1*SUMIF(ncs[″kmdm″],″2001″,ncs[″ncs″])
交易性金融负债	36	
应付票据	37	=-1*SUMIF(ncs[″kmdm″],″2201″,ncs[″ncs″])
应付账款	38	=-1*SUMIF(ncs[″kmdm″],″2202″,ncs[″ncs″])
预收账款	39	
应付职工薪酬	40	=-1*SUMIF(ncs[″kmdm″],″2211″,ncs[″ncs″])
应交税费	41	=-1*SUMIF(ncs[″kmdm″],″2221″,ncs[″ncs″])
应付利息	42	
应付股利	43	=-1*SUMIF(ncs[″kmdm″],″2232″,ncs[″ncs″])
其他应付款	44	=-1*SUMIF(ncs[″kmdm″],″2241″,ncs[″ncs″])
一年内到期的非流动负债	45	
其他流动负债	46	
流动负债合计	47	=SUM(G6:G17)
非流动负债	48	
长期借款	49	
应付债券	50	
长期应付款	51	
专项应付款	52	
预计负债	53	
递延所得税负债	54	
其他非流动负债	55	
非流动负债合计	56	=SUM(G20:G26)
负债合计	57	=G18+G27
所有者权益	58	
实收资本	59	=-1*SUMIF(ncs[″kmdm″],″4001″,ncs[″ncs″])
资本公积	60	
减：库存股	61	
盈余公积	62	
未分配利润	63	
所有者权益合计	64	=SUM(G30+G31-G32+G33+G34)
负债和所有者权益总计	65	=G28+G35

根据表 7-2 所示公式，依次为负债和所有者权益类各科目获取年初数。

通过上述步骤就完成了资产负债表年初数的计算，结果如图 7-22 所示。

年份	2022	月份		1			
				资产负债表			
编制单位：福源公司				2022年1月			单位：元
项目	行次	年初数	年末数	项目	行次	年初数	年末数
流动资产：	1			流动负债：	34		
货币资金	2	2,176,201.94		短期借款	35	605,000.00	
交易性金融资产	3	–		交易性金融负债	36		
应收票据	4			应付票据	37	–	
应收账款	5	674,212.00		应付账款	38	979,710.38	
预付款项	6			预收帐款	39		
应收利息	7			应付职工薪酬	40	378,659.82	
应收股利	8			应交税费	41	47,371.50	
其他应收款	9			应付利息	42		
存货	10	1,936,000.00		应付股利	43	–	
一年内到期的非流动资产	11			其它应付款	44	44,322.30	
其他流动资产	12			一年内到期的非流动负债	45		
流动资产合计	13	4,786,413.94		其他流动负债	46		
非流动资产：	14			流动负债合计	47	2,055,064.00	
可供出售金融资产	15			非流动负债：	48		
持有至到期投资	16			长期借款	49		
长期应收款	17			应付债券	50		
长期股权投资	18			长期应付款	51		
投资性房地产	19			专项应付款	52		
固定资产	20	2,485,056.86		预计负债	53		
在建工程	21	–		递延所得税负债	54		
工程物资	22	–		其他非流动负债	55		
固定资产清理	23			非流动负债合计	56	–	
生物性生物资产	24			负债合计	57	2,055,064.00	
油气资产	25			所有者权益：	58		
无形资产	26			实收资本	59	6,050,000.00	
开发支出	27			资本公积	60		
商誉	28			减：库存股	61		
长期待摊费用	29	145,200.00		盈余公积	62		
递延所得税资产	30	688,393.20		未分配利润	63		
其他非流动性资产	31			所有者权益合计	64	6,050,000.00	
非流动性资产合计	32	3,318,650.06			65		
资产总计	33	8,105,064.00		负债和所有者权益总计	66	8,105,064.00	

图 7-22　计算完年初数的资产负债表

3) 获取发生额

在资产负债表中，年末数就等于年初数加上当期的发生额。当期的发生额也是通过 Microsoft Query 导入的，具体的操作步骤如下。

(1) 选择"数据"选项卡，执行"获取外部数据"组中"自其他来源"中的"来自 Microsoft Query"命令，打开如图 7-23 所示的"选择数据源"对话框。

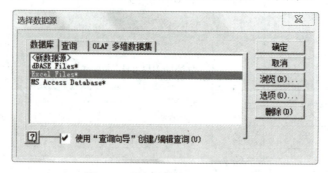

图 7-23　"选择数据源"对话框

(2) 在如图 7-24 所示的"选择工作簿"对话框中选择"账务处理 .xlsm"文件所在的路径，单击"确定"按钮，打开"添加表"对话框，完成数据库位置的确定。

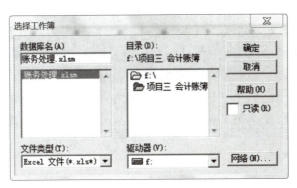

图 7-24 "选择工作簿"对话框

(3) 在"查询向导－选择列"对话框中选择"凭证库$"工作表，选择"科目代码"，单击"＞"按钮，将"科目代码"从"可用的表和列"移动到"查询结果中的列"，单击"下一步"按钮，完成要显示的指定字段的确定，如图 7-25 所示。

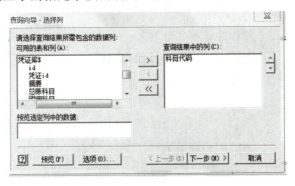

图 7-25 选择工作表和要显示的字段

(4) 单击"下一步"按钮，完成要显示的列的选择，进入"查询向导－筛选数据"对话框，单击"下一步"按钮，跳过筛选过程，打开"查询向导－排序顺序"对话框，在该步骤中不需要设置任何内容。单击"下一步"按钮，打开"查询向导－完成"对话框，在"请确定下一步的动作"中选中"在 Microsoft Query 中查看数据或编辑查询"单选按钮，如图 7-26 所示。单击"完成"按钮，完成查询向导的操作，进入 Microsoft Query 界面，如图 7-27 所示。

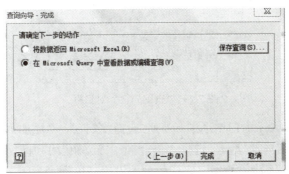

图 7-26 在 Microsoft Query 中查看数据或编辑查询

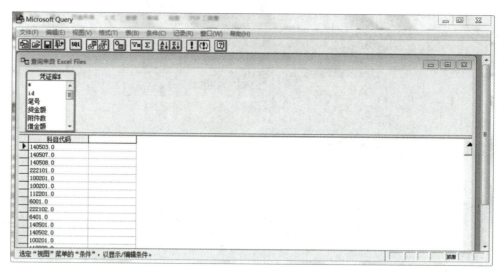

图 7-27   Microsoft Query 界面

(5) 在 Microsoft Query 窗口中选择"记录"→"添加列"命令,打开如图 7-28 所示的"编辑列"对话框, 在"字段"中输入"left(科目代码 ,4)","列标"设置为"kmdm",单击"确定"按钮, 完成一级科目的设置, 如图 7-28 所示。

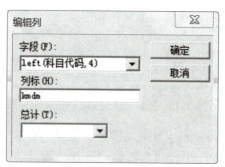

图 7-28   设置一级科目

(6) 在 Microsoft Query 窗口中选择"视图"→"查询属性"命令,打开如图 7-29 所示的"查询属性"对话框,选中"分组记录"复选框,单击"确定"按钮,完成分组显示的设置。

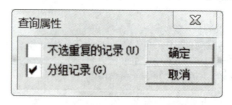

图 7-29   "查询属性"对话框

(7) 在 Microsoft Query 窗口中选中 ncs 列,选择"条件"→"添加列"命令,打开如图 7-30 所示的"添加列"对话框,"字段"选择"借金额－贷金额","列标"指定为"fse","总计"设置为"求和",单击"添加"按钮,完成新列的设置。单击"关闭"按钮,关闭"添加列"对话框。

图 7-30　"添加列"对话框

(8) 在 Microsoft Query 窗口中选择"条件"→"添加条件"命令,打开"添加条件"对话框,"字段"选择"年","运算符"指定为"等于",指定值为"[nian]",单击"添加"按钮,完成第一个参数的添加,如图 7-31 所示。

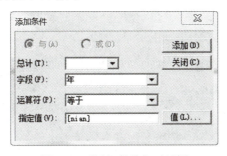

图 7-31　"添加条件"对话框

(9) 在打开的如图 7-32 所示的"输入参数值"对话框中直接单击"确定"按钮。

图 7-32　"输入参数值"对话框

(10) 在 Microsoft Query 窗口中选择"条件"→"添加条件"命令,打开"添加条件"对话框,"字段"选择"月","运算符"指定为"小于或等于",指定值为"[yue]",单击"添加"按钮,完成第二个参数的添加,如图 7-33 所示。

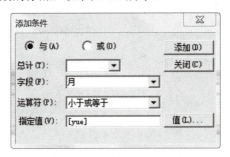

图 7-33　"添加条件"对话框

(11) 在打开的如图 7-32 所示的"输入参数值"对话框中直接单击"确定"按钮,再单击"添加条件"对话框中的"关闭"按钮,关闭"添加条件"对话框。

图 7-34 "输入参数值"对话框

(12) 在 Microsoft Query 窗口中选择"文件"→"将数据返回 Microsoft Excel"命令,打开如图 7-35 所示的"导入数据"对话框,将数据放置的位置设置为"数据"工作表的 D1 单元格,完成导入数据的操作,如图 7-35 所示。

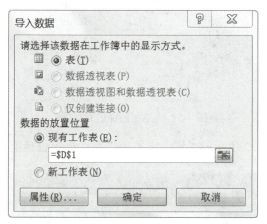

图 7-35 导入数据放置的起始位置

(13) 单击"导入数据"对话框中的"确定"按钮,打开如图 7-36 所示的"输入参数值"对话框,在"nian"文本框中输入"= 资产负债表 !\$B\$1",选中"在以后的刷新中使用该值或该引用"和"当单元格值更改时自动刷新"复选框,单击"确定"按钮,完成年份参数值的指定。

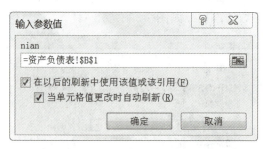

图 7-36 指定年份参数值

(14) 单击图 7-36 中的"确定"按钮,打开如图 7-37 所示的"输入参数值"对话框,在"yue"

文本框中输入"= 资产负债表 !$D$1",选中"在以后的刷新中使用该值或该引用"和"当单元格值更改时自动刷新"复选框,单击"确定"按钮,完成月份参数值的指定。

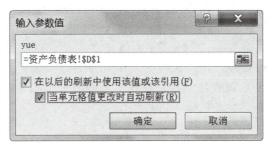

图 7-37 指定月份参数值

(15) 导入"数据"表中的一级科目及发生额数据,如图 7-38 所示。

D ' kmdm'	E ' fse'
1001	−3598
1002	−45071
1122	285980
1221	3500
1405	391050
1601	35000
2202	−576320
2211	−17500
2221	74957
2241	6022
6001	−898500
6401	534950
6601	106798
6602	102732

图 7-38 指定期间的发生额

(16) 选中 D1 单元格,选择"设计"选项卡,在"属性"组内将表名称更改为"fse",如图 7-39 所示。

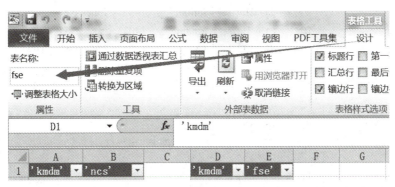

图 7-39 更改表名称

4) 计算"资产负债表"年末数栏

资产负债表的年末数等于年初数和期间发生额之和,设置年末数的具体操作步骤如下:

(1) 选中 D6 单元格，在编辑栏内输入公式 "=SUMIF(fse["kmdm"],″ 1001″,fse["fse"])+ SUMIF(fse["kmdm"],″ 1002″,fse["fse"])+SUMIF(fse["kmdm"],″ 1003″,fse["fse"])+C6"，完成货币资金年末数的设置，按 Enter 键即得到货币资金值，为 2 176 201.94。

【提示】

资产负债表年末数的计算方法为使用 SUMIF 函数从"数据"工作表的"fse"表对象中提取相应一级科目的发生额数据。年末数等于年初数加上本年的发生额，公式中的 C6 单元格就表示年初数。

(2) 在资产类中，其他各项目的公式如表 7-3 所示。

表 7-3　资产类各科目年初数计算公式

项　　目	行次	年 初 数
流动资产	1	
货币资金	2	=SUMIF(fse[″ kmdm″],″ 1001″,fse[″ fse″])+ SUMIF(fse[″ kmdm″],″ 1002″,fse[″ fse″])+ SUMIF(fse[″ kmdm″],″ 1003″,fse[″ fse″])+C6
交易性金融资产	3	=SUMIF(fse[″ kmdm″],″ 1101″,fse[″ fse″])+C7
应收票据	4	=SUMIF(fse[″ kmdm″],″ 1121″,fse[″ fse″])+C8
应收账款	5	=SUMIF(fse[″ kmdm″],″ 1122″,fse[″ fse″])+ SUMIF(fse[″ kmdm″],″ 1231″,fse[″ fse″])+C9
预付款项	6	
应收利息	7	
应收股利	8	
其他应收款	9	=SUMIF(fse[″ kmdm″],″ 1221″,fse[″ fse″])+C13
存货	10	=SUMIF(fse[″ kmdm″],″ 1402″,fse[″ fse″])+ SUMIF(fse[″ kmdm″],″ 1403″,fse[″ fse″])+ SUMIF(fse[″ kmdm″],″ 1405″,fse[″ fse″])+C14
一年内到期的非流动资产	11	
其他流动资产	12	
流动资产合计	13	=SUM(D6:D16)
非流动资产	14	
可供出售金融资产	15	
持有至到期投资	16	
长期应收款	17	
长期股权投资	18	

续表

项 目	行次	年 初 数
投资性房地产	19	
固定资产	20	=SUMIF(fse[″kmdm″],″1601″,fse[″fse″])+ SUMIF(fse[″kmdm″],″1602″,fse[″fse″])+C24
在建工程	21	=SUMIF(fse[″kmdm″],″1604″,fse[″fse″])+C25
工程物资	22	=SUMIF(fse[″kmdm″],″1605″,fse[″fse″])+C26
固定资产清理	23	=SUMIF(ncs[″kmdm″],″1606″,ncs[″ncs″])
生物性生物资产	24	
油气资产	25	
无形资产	26	=SUMIF(ncs[″kmdm″],″1701″,ncs[″ncs″])
开发支出	27	
商誉	28	
长期待摊费用	29	=SUMIF(fse[″kmdm″],″1801″,fse[″fse″])+C33
递延所得税资产	30	=SUMIF(fse[″kmdm″],″1811″,fse[″fse″])+C34
其他非流动性资产	31	
非流动性资产合计	32	=SUM(D19:D35)
资产总计	33	=D36+D17

根据表 7-3 所示公式，依次为资产类各科目获取年初数。

(3) 选中 H6 单元格，在编辑栏内输入公式"=-1*SUMIF(fse[″kmdm″],″2001″, fse[″fse″])+G6"，完成短期借款年末数的设置。

【提示】

短期借款年末数等于年初数加上本年的发生额。由于短期借款属于负债类科目，因此与 -1 相乘获得正数。上述公式中，G6 单元格表示年初数。

(4) 在负债和所有者权益类中，其他各个单元格公式如表 7-4 所示。为了保持和资产负债表结构一致，一些企业未使用的会计科目也保留在表内，但是没有为这些项目设置公式。

表 7-4 负债和所有者权益类项目公式

项 目	行次	年 初 数
流动负债	34	
短期借款	35	=-1*SUMIF(fse[″kmdm″],″2001″,fse[″fse″])+G6
交易性金融负债	36	
应付票据	37	=-1*SUMIF(fse[″kmdm″],″2201″,fse[″fse″])+G8
应付账款	38	=-1*SUMIF(fse[″kmdm″],″2202″,fse[″fse″])+G9
预收账款	39	

续表

项　目	行次	年　初　数
应付职工薪酬	40	=-1*SUMIF(fse[″kmdm″],″2211″,fse[″fse″])+G11
应交税费	41	=-1*SUMIF(fse[″kmdm″],″2221″,fse[″fse″])+G12
应付利息	42	
应付股利	43	=-1*SUMIF(fse[″kmdm″],″2232″,fse[″fse″])+G14
其他应付款	44	=-1*SUMIF(fse[″kmdm″],″2241″,fse[″fse″])+G15
一年内到期的非流动负债	45	
其他流动负债	46	
流动负债合计	47	=SUM(H6:H17)
非流动负债	48	
长期借款	49	
应付债券	50	
长期应付款	51	
专项应付款	52	
预计负债	53	
递延所得税负债	54	
其他非流动负债	55	
非流动负债合计	56	=SUM(H20:H26)
负债合计	57	=H18+H27
所有者权益	58	
实收资本	59	=-1*SUMIF(fse[″kmdm″],″4001″,fse[″fse″])+G30
资本公积	60	
减：库存股	61	
盈余公积	62	
未分配利润	63	=-1*(SUMIF(fse[″kmdm″],″6001″,fse[″fse″])+ SUMIF(fse[″kmdm″],″6401″,fse[″fse″])+ SUMIF(fse[″kmdm″],″6601″,fse[″fse″])+ SUMIF(fse[″kmdm″],″6602″,fse[″fse″])+ SUMIF(fse[″kmdm″],″6711″,fse[″fse″]))+G34
所有者权益合计	64	=SUM(H30+H31-H32+H33+H34)
	65	
负债和所有者权益总计	66	=H28+H35

根据表 7-4 所示公式，依次为负债和所有者权益类各科目获取年初数。

通过上述步骤就完成了资产负债表年末数的计算，结果如图 7-40 所示。

1	年份	2022	月份	1				
2				**资产负债表**				
3	编制单位：福源公司			2022年1月				单位：元
4	项目	行次	年初数	年末数	项目	行次	年初数	年末数
5	流动资产：	1			流动负债：	34		
6	货币资金	2	2,176,201.94	2,127,532.94	短期借款	35	605,000.00	605,000.00
7	交易性金融资产	3	–	–	交易性金融负债	36		
8	应收票据	4	–	–	应付票据	37	–	–
9	应收账款	5	674,212.00	960,192.00	应付账款	38	979,710.38	1,556,030.38
10	预付款项	6			预收帐款	39		
11	应收利息	7			应付职工薪酬	40	378,659.82	396,159.82
12	应收股利	8			应交税费	41	47,371.50	-27,585.50
13	其它应收款	9	–	3,500.00	应付利息	42		
14	存货	10	1,936,000.00	2,327,050.00	应付股利	43	–	–
15	一年内到期的非流动资产	11			其它应付款	44	44,322.30	38,300.30
16	其他流动资产	12			一年内到期的非流动负债	45		
17	流动资产合计	13	4,786,413.94	5,418,274.94	其他流动负债	46		
18	非流动资产：	14			流动负债合计	47	2,055,064.00	2,567,905.00
19	可供出售金融资产	15			非流动负债：	48		
20	持有至到期投资	16			长期借款	49		
21	长期应收款	17			应付债券	50		
22	长期股权投资	18			长期应付款	51		
23	投资性房地产	19			专项应付款	52		
24	固定资产	20	2,485,056.86	2,520,056.86	预计负债	53		
25	在建工程	21	–	–	递延所得税负债	54		
26	工程物资	22	–	–	其他非流动负债	55		
27	固定资产清理	23	–	–	非流动负债合计	56	–	–
28	生物性生物资产	24			负债合计	57	2,055,064.00	2,567,905.00
29	油气资产	25			所有者权益：	58		
30	无形资产	26			实收资本	59	6,050,000.00	6,050,000.00
31	开发支出	27			资本公积	60		
32	商誉	28			减：库存股	61		
33	长期待摊费用	29	145,200.00	145,200.00	盈余公积	62		
34	递延所得税资产	30	688,393.20	688,393.20	未分配利润	63		154,020.00
35	其他非流动性资产	31			所有者权益合计	64	6,050,000.00	6,204,020.00
36	非流动性资产合计	32	3,318,650.06	3,353,650.06		65		
37	资产总计	33	8,105,064.00	8,771,925.00	负债和所有者权益总计	66	8,105,064.00	8,771,925.00

图 7-40　计算完年末数的资产负债表

5) 显示与保护设置

资产负债表所有的数据都是通过 Microsoft Query 提取获得的，因此该提取计算的过程是否正确需要进一步验证。在资产负债表中遵循"资产 = 负债 + 所有者权益"基本会计等式，所以需要为一些单元格设置条件格式，一旦出现了不相等的情况，就向用户给出明显提示。

资产负债表中所有的科目计算都包含公式，这就导致该工作表成为一张异常脆弱的表格，用户稍有疏忽就可能导致工作表中的公式被破坏。为了避免破坏公式的情况出现，确保数据的有效性，就需要进行进一步设置，具体操作步骤如下。

(1) 选中 G37 单元格，选择"开始"选项卡，执行"样式"组中"条件格式"下的"新建规则"命令，打开如图 7-41 所示"新建格式规则"对话框，在"选择规则类型"下选择"使用公式确定要设置格式的单元格"，在"编辑规则说明"中输入公式"=$C$37 ◇ $G$37"。单击"格式"按钮，在打开的"设置单元格格式"对话框中选择"填充"选项卡，选择红色为填充色，单击"确定"按钮，返回"新建格式规则"对话框，单击"确定"按钮，完成条件格式的设置。

图 7-41 "新建格式规则"对话框

(2) 选中 H37 单元格，选择"开始"选项卡，执行"样式"组中"条件格式"下的"新建规则"命令，打开"新建格式规则"对话框，在"选择规则类型"下选择"使用公式确定要设置格式的单元格"，在"编辑规则说明"中输入公式"=$D$37 ◇ $H$37"。单击"格式"按钮，在打开的"设置单元格格式"对话框中选择"填充"选项卡，选择红色为填充色，单击"确定"按钮，返回"新建格式规则"对话框，单击"确定"按钮，完成条件格式的设置。

(3) 选择"文件"→"选项"命令，打开如图 7-42 所示的"Excel 选项"对话框，选择"高级"选项卡，取消选中"在具有零值的单元格中显示零"复选框，单击"确定"按钮，完成零值的显示设置。

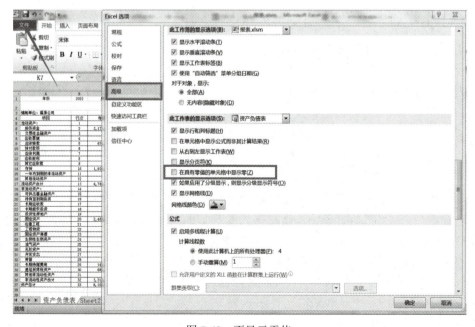

图 7-42　不显示零值

(4) 单击工作表行号和列标的交叉处，或者按 Ctrl + A 组合键，完成对工作表的全选操作。在工作表中右击，在弹出的快捷菜单中选择"设置单元格格式"命令，打开"设置单元格格式"对话框，选择"保护"选项卡，取消选中"锁定"复选框，单击"确定"按钮，解除对所有单元格的锁定，如图 7-43 所示。

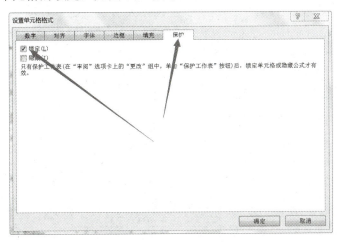

图 7-43　解除对所有单元格的锁定

(5) 按住 Ctrl 键的同时，选中工作表中所有使用公式的单元格，在选中的任意一个单元格上右击，在弹出的快捷菜单中选择"设置单元格格式"命令，打开"设置单元格格式"对话框，选择"保护"选项卡，选中"锁定"复选框，单击"确定"按钮，完成对单元格的锁定。

(6) 选择"审阅"选项卡，执行"更改"组中的"保护工作表"命令，打开"保护工作表"对话框，如图 7-44 所示。输入解除保护的密码"123456"，单击"确定"按钮，打开"确认密码"对话框，再次输入"123456"，单击"确定"按钮，完成对工作表的保护设定。

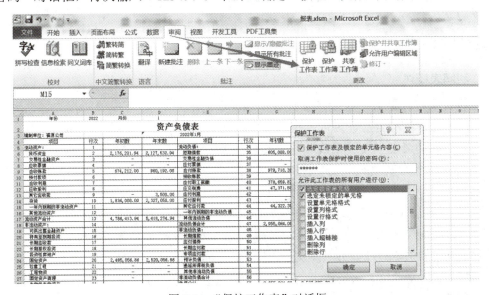

图 7-44　"保护工作表"对话框

(7) 选中 A2:H37 单元格区域,选择"页面布局"选项卡,执行"页面设置"组内"打印区域"下的"设置打印区域"命令,完成打印区域的设置。

最终完成的资产负债表如图 7-45 所示。

资产负债表							
编制单位:福源公司			2022年1月				单位:元
项目	行次	年初数	年末数	项目	行次	年初数	年末数
流动资产:	1			流动负债:	34		
货币资金	2	2,176,201.94	2,127,532.94	短期借款	35	605,000.00	605,000.00
交易性金融资产	3	—	—	交易性金融负债	36		
应收票据	4			应付票据	37	—	—
应收账款	5	674,212.00	960,192.00	应付账款	38	979,710.38	1,556,030.38
预付款项	6			预收帐款	39		
应收利息	7			应付职工薪酬	40	378,659.82	396,159.82
应收股利	8			应交税费	41	47,371.50	-27,585.50
其它应收款	9		3,500.00	应付利息	42		
存货	10	1,936,000.00	2,327,050.00	应付股利	43	—	—
一年内到期的非流动资产	11			其它应付款	44	44,322.30	38,300.30
其他流动资产	12			一年内到期的非流动负债	45		
流动资产合计	13	4,786,413.94	5,418,274.94	其他流动负债	46		
非流动资产:	14			流动负债合计	47	2,055,064.00	2,567,905.00
可供出售金融资产	15			非流动负债:	48		
持有至到期投资	16			长期借款	49		
长期应收款	17			应付债券	50		
长期股权投资	18			长期应付款	51		
投资性房地产	19			专项应付款	52		
固定资产	20	2,485,056.86	2,520,056.86	预计负债	53		
在建工程	21	—	—	递延所得税负债	54		
工程物资	22	—	—	其他非流动负债	55		
固定资产清理	23	—	—	非流动负债合计	56		
生物性生物资产	24			负债合计	57	2,055,064.00	2,567,905.00
油气资产	25			所有者权益:	58		
无形资产	26	—	—	实收资本	59	6,050,000.00	6,050,000.00
开发支出	27			资本公积	60		
商誉	28			减:库存股	61		
长期待摊费用	29	145,200.00	145,200.00	盈余公积	62		
递延所得税资产	30	688,393.20	688,393.20	未分配利润	63		154,020.00
其他非流动性资产	31			所有者权益合计	64	6,050,000.00	6,204,020.00
非流动资产合计	32	3,318,650.06	3,353,650.06		65		
资产总计	33	8,105,064.00	8,771,925.00	负债和所有者权益总计	66	8,105,064.00	8,771,925.00

图 7-45 最终完成的资产负债表

任务二 编制利润表

 知识准备

1. 利润表概述

利润表又称损益表,是反映企业在一定会计期间生产经营成果的报表。通过利润表可以反映企业在一定会计期间实现的各种收入、发生的各种费用、成本或支出,以及企业实现的利润或发生的亏损情况,帮助财务报表使用者全面了解企业的经营成果,分析企业的获利能力及盈利能力,从而为其做出经济决策提供依据。利润表属于动态会计报表。

利润表是根据"收入 - 费用 = 利润"的会计平衡公式来编制的,其具体内容取决于收入、费用、利润等会计要素及其内容,取得的收入和发生的相关费用的对比情况就是企业的经营成果。如果企业经营不当,发生的生产经营费用小于取得的收入,企业就取得了一定的利润,反之企业就发生了亏损。企业将经营成果的核算过程和结果编制成报表,就形成了利润表。

2. 利润表的格式

1) 表头

表头部分列明了报表的名称、编制报表单位名称、编制日期、报表的编号及表中所用货币、计量单位等内容。

2) 表体

利润表是根据"收入 - 费用 = 利润"的会计平衡公式来编制的，因此利润表的正表有两种格式：一种是单步式利润表，其主要适用于业务比较单纯的企业；另一种是多步式利润表，其通过对当期的收入、费用、支出项目按性质加以归类，按利润形成的主要环节列示一些中间性利润指标，如营业利润、利润总额、净利润，分步计算当期净损益。多步式利润表明确揭示了利润各构成要素之间的内在联系，便于报表使用者对企业经营情况进行分析，也有利于不同企业之间进行比较，有利于预测企业未来的盈利能力。

在我国，利润表主要采用多步式利润表。

3. 利润表的作用

利润表的基本作用可以概况为以下几个方面：

(1) 根据利润表的资料，可以反映一定会计期间收入的实现情况和成本费用的耗费情况。

(2) 根据利润表的资料，可以反映企业利润的形成步骤，揭示利润构成要素之间的内在联系。

(3) 根据利润表的资料，可以反映企业经营管理活动成果的实现情况，并据此判断资本保值增值等情况。

(4) 根据利润表的资料，可以对企业未来的经营状况、获利能力及潜力进行预测，并了解企业在未来一定时期的盈利趋势。

利润表反映了如下数据：

(1) 营业收入：由主营业务收入加上其他业务收入组成。

(2) 营业利润：营业收入减去营业成本（主营业务成本、其他业务成本）、营业税金及附加、销售费用、管理费用、财务费用、资产减值损失，加上公允价值变动收益和投资收益的结果就是营业利润。

(3) 利润总额：营业利润加上营业外收入，减去营业外支出，即为利润总额。

(4) 净利润：利润总额减去所得税费用，即为净利润。

(5) 每股收益：仅用于普通股或潜在普通股已公开交易的企业，以及正处于公开发行普通股或潜在发行普通股过程中的企业。这些企业应当在利润表中列示每股的收益信息，包括基本每股收益和稀释每股收益两项指标。

利润表还是一张需要进行期间比较的报表，利润表的数据栏有两栏，分别是"本期金额"和"上期金额"。其中，"本期金额"是指从年初到指定月份累积的金额，"上期金额"是指上年度对应的时间段的累计金额。

利润表中的数据同样是来自提取的凭证库中的数值，因此可以使用 Microsoft Query

组件获得相关数据。

 任务目标

(1) 掌握利润表的结构，了解利润表各个项目的数据取得方式；

(2) 能够通过 Microsoft Query 从其他工作簿中获取数据。

 任务资料

根据"账务处理 .xlsm"文件中的相关数据，编制福源公司 2022 年 1 月的利润表。

任务操作

1. 设置"利润表"格式

(1) 打开"报表 .xlsm"，将 Sheet2 重命名为"利润表"，建立"利润表"工作表，如图 7-46 所示。

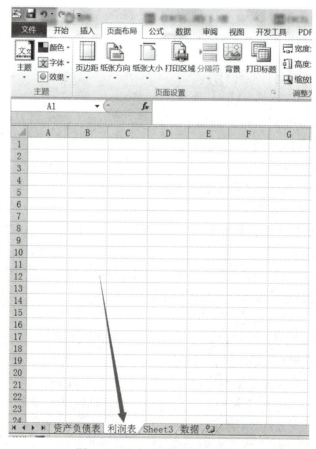

图 7-46　建立"利润表"工作表

(2) 设计表头。

① 在 A1 单元格中输入"利润表"，选中 A1:C1 单元格区域，选择"开始"选项卡，执行"对齐方式"组中的"合并后居中"命令，字号大小设置为"20"，完成表头设计。

② 在 A2 单元格中输入"编制单位：福源公司"；在 B2 单元格中输入公式"= 资产负债表！B1&" 年 "& 资产负债表！D1&" 月 ""，完成报表日期的设置；在 C2 单元格中输入"单位：元"。

以上操作完成后的表头如图 7-47 所示。

图 7-47　表头

(3) 表体内容。

① 在 A3:C3 单元格区域分别输入内容"项目""本期金额""上期金额"，在 A 列中输入利润表构成项目的名称。

② 选中 B4:C19 单元格区域，右击，在弹出的快捷菜单中选择"设置单元格格式"命令，打开"设置单元格格式"对话框，选择"数字"选项卡，"分类"选择"会计专用"，"货币符号"选择"无"，单击"确定"按钮，完成数字显示格式的设置。

以上操作完成后的利润表如图 7-48 所示。

	利润表		
2	编制单位：福源公司	2022年1月	单位：元
3	项目	本期金额	上期金额
4	一、营业收入		
5	减：营业成本		
6	营业税金及附加		
7	销售费用		
8	管理费用		
9	财务费用		
10	资产减值损失		
11	加：公允价值变动损益（损失以"-"填列）		
12	投资收益（损失以"-"填列）		
13	二、营业利润（亏损以"-"填列）		
14	加：营业外收入		
15	减：营业外支出		
16	其中：非流动资产处置损失		
17	三、利润总额（亏损以"-"填列）		
18	减：所得税费用		
19	四、净利润（净亏损以"-"填列）		

图 7-48　利润表

2. 利用 Microsoft Query 获取本期发生额

(1) 在"数据"工作簿中选择"数据"选项卡，执行"获取外部数据"组中"自其他来源"中的"来自 Microsoft Query"命令，打开"选择数据源"对话框，在其中选择"Excel Files"选项，如图 7-49 所示，单击"确定"按钮。

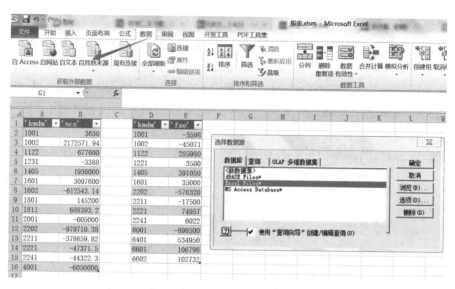

图 7-49　选择数据源

(2) 在"选择工作簿"对话框中选择"账务处理 .xlsm"文件所在的位置，如图 7-50 所示。单击"确定"按钮，打开"添加表"对话框，完成数据库位置的确定。

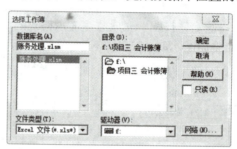

图 7-50　"选择工作簿"对话框

(3) 在"查询向导 - 选择列"对话框中选择"凭证库 $"工作表，选中"科目代码""借金额""贷金额"字段，单击"〉"按钮，将"科目代码""借金额""贷金额"从"可用的表和列"移到"查询结果中的列"，单击"下一步"按钮，完成要显示的指定字段的确定，如图 7-51 所示。

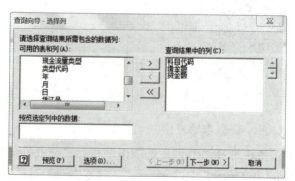

图 7-51　选择工作表和要显示的字段

(4) 单击"下一步"按钮,完成要显示的列的选择,进入"查询向导 – 筛选数据"对话框,单击"下一步"按钮,跳过筛选过程,打开"查询向导 – 排序顺序"对话框,在该步骤中不需要设置任何内容。单击"下一步"按钮,打开"查询向导 – 完成"对话框,在"请确定下一步的动作"中选中"在 Microsoft Query 中查看数据或编辑查询"单选按钮,如图 7-52 所示。单击"完成"按钮,完成查询向导的操作,进入 Microsoft Query 界面,如图 7-53 所示。

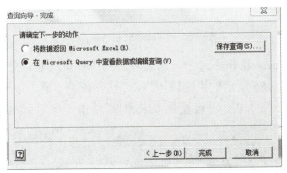

图 7-52　在 Microsoft Query 中查看数据或编辑查询

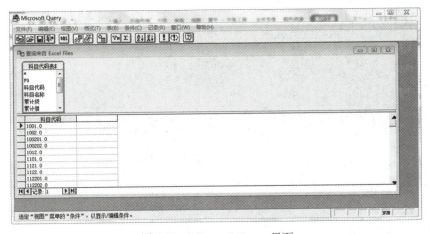

图 7-53　Microsoft Query 界面

(5) 在 Microsoft Query 窗口中选择"记录"→"编辑列"命令,打开如图 7-54 所示的"编辑列"对话框,在"字段"中选择"left(科目代码 , 4)",在"列标"文本框内输入"kmdm",单击"确定"按钮,完成一级科目的设置。

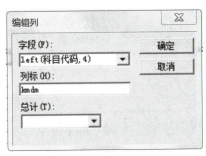

图 7-54　设置一级科目

(6) 在 Microsoft Query 窗口中选择"视图"→"查询属性"命令,打开如图 7-55 所示的"查询属性"对话框,选中"分组记录"复选框,单击"确定"按钮,完成分组显示的设置。

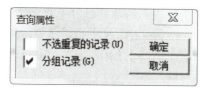

图 7-55 "查询属性"对话框

(7) 在 Microsoft Query 窗口中选中"借金额"列中任意一条记录,选择"记录"→"编辑列"命令,打开如图 7-56 所示的"编辑列"对话框,在"字段"中选择"借金额",在"列标"文本框中输入"jje","总计"设置为"求和",单击"确定"按钮,完成列的设置。

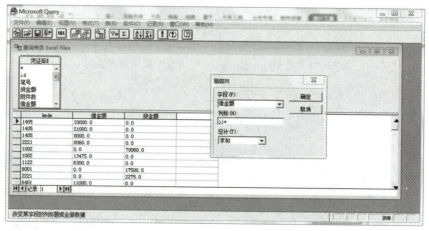

图 7-56 编辑"借金额"列

(8) 在 Microsoft Query 窗口中选中"贷金额"列中任意一条记录,选择"记录"→"编辑列"命令,打开如图 7-57 所示的"编辑列"对话框,在"字段"中选择"贷金额",在"列标"文本框中输入"dje","总计"设置为"求和",单击"确定"按钮,完成列的设置。

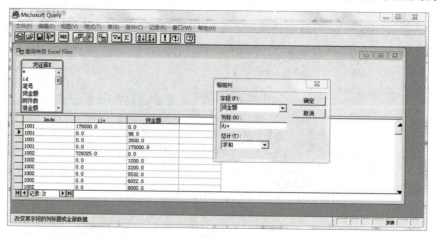

图 7-57 编辑"贷金额"列

(9) 在 Microsoft Query 窗口中选择"条件"→"添加条件"命令，打开"添加条件"对话框，"字段"选择"年"，"运算符"指定为"等于"，"指定值"为"[nian]"，单击"添加"按钮，完成第一个参数的添加，如图 7-58 所示。

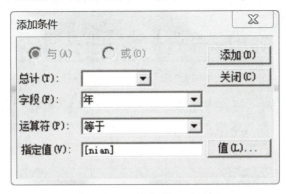

图 7-58　"添加条件"对话框

(10) 在打开的如图 7-59 所示的"输入参数值"对话框中直接单击"确定"按钮。

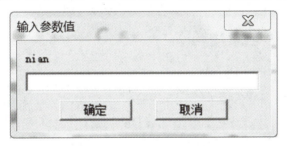

图 7-59　"输入参数值"对话框

(11) 在 Microsoft Query 窗口中选择"条件"→"添加条件"命令，打开"添加条件"对话框，"字段"选择"月"，"运算符"指定为"小于或等于"，"指定值"为"[yue]"，单击"添加"按钮，完成第二个参数的添加，如图 7-60 所示。

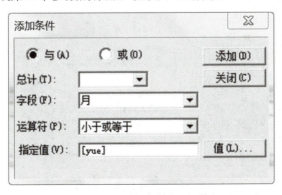

图 7-60　"添加条件"对话框

(12) 在打开的如图 7-61 所示的"输入参数值"对话框中直接单击"确定"按钮，再单击"添加条件"对话框中的"关闭"按钮，关闭"添加条件"对话框。

图 7-61 "输入参数值"对话框

(13) 在 Microsoft Query 窗口中选择"文件"→"将数据返回 Microsoft Excel"命令，打开如图 7-62 所示的"导入数据"对话框，将数据放置的位置设置为"数据"工作表的 G1 单元格，完成导入数据操作，如图 7-62 所示。

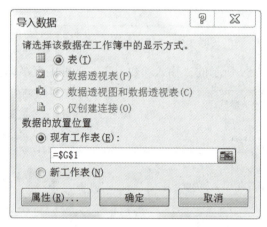

图 7-62 导入数据放置的起始位置

(14) 单击"导入数据"对话框中的"确定"按钮，打开如图 7-63 所示的"输入参数值"对话框，在"nian"文本框中输入"= 资产负债表 !$B$1"，选中"在以后的刷新中使用该值或该引用"和"当单元格值更改时自动刷新"复选框，单击"确定"按钮，完成年份参数值的指定。

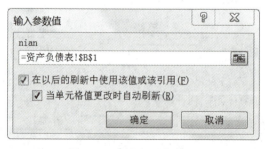

图 7-63 指定年份参数值

(15) 单击图 7-63 中的"确定"按钮，打开如图 7-64 所示的"输入参数值"对话框，在"yue"文本框中输入"= 资产负债表 !$D$1"，选中"在以后的刷新中使用该值或该引用"和"当单元格值更改时自动刷新"复选框，单击"确定"按钮，完成月份参数值的指定。

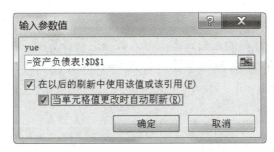

图 7-64 指定月份参数值

(16) 导入"数据"表中的一级科目及发生额数据，如图 7-65 所示。

'kmdm'	'jje'	'dje'
1001	175000	178598
1002	729325	774396
1122	498980	213000
1221	3500	0
1405	926000	534950
1601	35000	0
2202	400000	976320
2211	175000	192500
2221	191762	116805
2241	6022	0
6001	0	898500
6401	534950	0
6601	106798	0
6602	102732	0

图 7-65 指定期间的发生额

(17) 选中 A1 单元格，选择"设计"选项卡，在"属性"组内将表名称更改为"lrxm"，如图 7-66 所示。

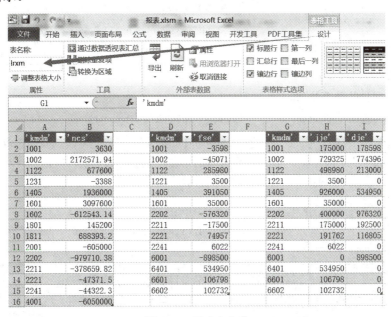

图 7-66 更改表名称

3. 计算"利润表"本期金额

"利润表"的本期金额是通过公式提取导入数据进行计算的，具体的操作步骤如下：

(1) 选中 B4 单元格，在编辑栏内输入公式"=SUMIF(lrxm[″kmdm″],″6001″,lrxm[″dje″])+SUMIF(lrxm[″kmdm″],″6051″,lrxm[″dje″])"，完成"营业收入"本期金额的设置。按 Enter 键即得到营业收入值，为 898 500。

【提示】

营业收入一般由主营业务收入和其他业务收入组成，对应的一级科目代码为 6001 和 6051，和资产负债表的计算方式类似，也是使用 SUMIF 函数提取"数据"工作表中 lrxm 表对象的贷方发生额。

由于在期末贷方发生额和借方发生额会发生对冲，因此相关的科目余额为 0，为此收入类科目只能提取贷方发生额。

(2) 其他单元格的公式提取状况如表 7-5 所示。

表 7-5　利润表各项目公式

项　　目	本 期 金 额
一、营业收入	=SUMIF(lrxm[″kmdm″],″6001″,lrxm[″dje″])+ SUMIF(lrxm[″kmdm″],″6051″,lrxm[″dje″])
减：营业成本	=SUMIF(lrxm[″kmdm″],″6401″,lrxm[″jje″])+ SUMIF(lrxm[″kmdm″],″6402″,lrxm[″jje″])
营业税金及附加	=SUMIF(lrxm[″kmdm″],″6403″,lrxm[″jje″])
销售费用	=SUMIF(lrxm[″kmdm″],″6601″,lrxm[″jje″])
管理费用	=SUMIF(lrxm[″kmdm″],″6602″,lrxm[″jje″])
财务费用	=SUMIF(lrxm[″kmdm″],″6603″,lrxm[″jje″])
资产减值损失	
加：公允价值变动损益(损失以"-"填列)	
投资收益(损失以"-"填列)	
二、营业利润(亏损以"-"填列)	=B4-SUM(B5:B10)+B11+B12
加：营业外收入	=SUMIF(lrxm[″kmdm″],″6301″,lrxm[″dje″])
减：营业外支出	=SUMIF(lrxm[″kmdm″],″6711″,lrxm[″jje″])
其中：非流动资产处置损失	
三、利润总额(亏损以"-"填列)	=B13+B14-B15
减：　所得税费用	=SUMIF(lrxm[″kmdm″],″6801″,lrxm[″jje″])
四、净利润(净亏损以"-"填列)	=B17-B18

根据表 7-5 所示的公式，依次为利润表各项目获取本期金额。

上期金额是从上年度的会计报表中获取数据手工输入的（本任务省略该过程），输入完成后，利润表如图 7-67 所示。

	A	B	C
1	利润表		
2	编制单位：福源公司	2022年1月	单位：元
3	项目	本期金额	上期金额
4	一、营业收入	898,500.00	
5	减：营业成本	534,950.00	
6	营业税金及附加	–	
7	销售费用	106,798.00	
8	管理费用	102,732.00	
9	财务费用	–	
10	资产减值损失		
11	加：公允价值变动损益（损失以"–"填列）		
12	投资收益（损失以"–"填列）		
13	二、营业利润（亏损以"–"填列）	154,020.00	
14	加：营业外收入	–	
15	减：营业外支出		
16	其中：非流动资产处置损失		
17	三、利润总额（亏损以"–"填列）	154,020.00	
18	减：所得税费用	–	
19	四、净利润（净亏损以"–"填列）	154,020.00	

图 7-67　利润表

4. 保护设置

工作表保护设置可参照任务一资产负债表相关操作，在本任务中不再具体说明。

任务三　编制现金流量表

知识准备

1. 现金流量表

现金流量表是反映企业在某一特定时期内经营活动、投资活动和筹资活动等对现金及现金等价物产生影响的会计报表，有助于报表使用者分析和评价企业获取现金的能力，并可对未来的现金流量进行预测。

现金流量表中的现金是指企业的现金以及现金等价物。其中，现金一般是指企业的货币资金，而现金等价物则是指企业持有的期限短、流动性强、易于变化为已知金额的现金以及价值变动风险很小的投资等。

2. 现金流量构成

根据《企业会计准则第 31 号——现金流量表》中描述，现金流量由三大部分组成，分别为经营活动产生的现金流量、投资活动产生的现金流量和筹资活动产生的现金流量。

经营活动产生的现金流量是指企业在投资活动和筹资活动以外的所有交易和事项，该项目包括经营活动流入和经营活动流出。

1) 经营活动

(1) 经营活动流入的现金主要包括：

① 销售商品、提供劳务收到的现金。

② 收到的税费返还。

③ 收到其他与经营活动有关的现金。

(2) 经营活动流出的现金主要包括：

① 购买商品、接受劳务支付的现金。

② 支付给职工以及为职工支付的现金。

③ 支付的各项税费。

④ 支付其他与经营活动有关的现金。

2) 投资活动

(1) 投资活动产生的现金流量是指企业长期资产的构建和不包括现金等价物范围内的投资及处置活动。投资活动产生的现金主要包括：

① 收回投资收到的现金。

② 取得投资收益收到的现金。

③ 处置固定资产、无形资产和其他长期资产收回的现金净额。

④ 处置子公司及其他营业单位收到的现金净额。

⑤ 收到其他与投资活动有关的现金。

(2) 投资活动流出的现金包括：

① 购建固定资产、无形资产和其他长期资产支付的现金。

② 投资支付的现金。

③ 取得子公司及其他营业单位支付的现金净额。

④ 支付其他与投资活动有关的现金。

3) 筹资活动

(1) 筹资活动产生的现金流量是指导致企业资本及债务规模和构成发生变化的活动，包含筹资活动引起的现金流入和现金流出两个项目。

筹资活动流入的现金包括：

① 吸收投资收到的现金。

② 取得借款收到的现金。

③ 收到其他与筹资活动有关的现金。

(2) 筹资活动现金的流出包括：

① 偿还债务支付的现金。

② 分配股利、利润或偿付利息支付的现金。

③ 支付其他与筹资活动有关的现金。

编制现金流量表的目的是为会计报表使用者提供企业一定会计期间内现金和现金等价物流入和流出的信息，以便于会计报表使用者了解和评价企业获取现金和现金等价物的能力，并据以预测企业未来现金流量。

在输入凭证时，只要涉及现金，都要求用户输入现金流量的类型，该现金流量类型可以用于自动编制现金流量表。因此，只需要从"账务处理 .xlsm"的"凭证库"工作表中调出相应的数据即可。

任务目标

(1) 掌握现金流量表的结构，了解现金流量表各个项目的数据取得方式；

(2) 能够通过 Microsoft Query 从其他工作簿中获取数据。

任务资料

根据"账务处理 .xlsm"文件中的相关数据，编制福源公司 2022 年 1 月的现金流量表。

任务操作

1. 设置"现金流量表"格式

(1) 打开"报表 .xlsm"，将 Sheet3 重命名为"现金流量表"，建立"现金流量表"工作表，如图 7-68 所示。

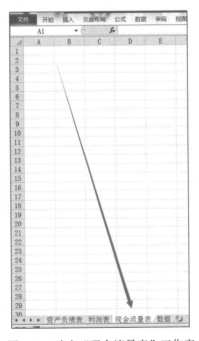

图 7-68　建立"现金流量表"工作表

(2) 设计表头。

① 在 A1 单元格中输入"现金流量表"，选中 A1:C1 单元格区域，选择"开始"选项卡，

执行"对齐方式"组中的"合并后居中"命令，字号设置为"20"，完成表头设计。

② 在 A2 单元格中输入"编制单位：福源公司"；在 B2 单元格中输入公式"＝资产负债表！B1&″年″＆资产负债表！D1&″月″"，完成报表日期的设置；在 C2 单元格中输入"单位：元"。

以上操作完成后的表头如图 7-69 所示。

图 7-69　表头

(3) 表体内容。

① 在 A3:C3 单元格区域中分别输入内容"项目""本期金额""上期金额"，在 A 列中输入现金流量表构成项目的名称。

② 选中 B4:C41 单元格区域，右击，在弹出的快捷菜单中选择"设置单元格格式"命令，打开"设置单元格格式"对话框，选择"数字"选项卡，"分类"选择"会计专用"，"货币符号"选择"无"，单击"确定"按钮，完成数字显示格式的设置。

以上操作完成后的现金流量表如图 7-70 所示。

现金流量表		
编制单位：福源公司	2022年1月	单位：元
项目	本期金额	上期金额
一、经营活动产生的现金流量：		
销售商品、提供劳务收到的现金		
收到的税费返还		
收到其他与经营活动有关的现金		
经营活动现金流入小计		
购买商品、接受劳务支付的现金		
支付给职工以及为职工支付的现金		
支付的各项税费		
支付其他与经营活动有关的现金		
经营活动现金流出小计		
经营活动产生的现金流量净额		
二、投资活动产生的现金流量：		
收回投资收到的现金		
取得投资收益收到的现金		
处置固定资产、无形资产和其他长期资产收回的现金净额		
处置子公司及其他营业单位收到的现金净额		
收到其他与投资活动有关的现金		
投资活动现金流入小计		
购建固定资产、无形资产和其他长期资产支付的现金		
投资支付的现金		
取得子公司及其他营业单位支付的现金净额		
支付其他与投资活动有关的现金		
投资活动现金流出小计		
投资活动产生的现金流量净额		
三、筹资活动产生的现金流量：		
吸收投资收到的现金		
取得借款收到的现金		
收到其他与筹资活动有关的现金		
筹资活动现金流入小计		
偿还债务支付的现金		
分配股利、利润或偿付利息支付的现金		
支付其他与筹资活动有关的现金		
筹资活动现金流出小计		
筹资活动产生的现金流量净额		
四、汇率变动对现金及现金等价物的影响		
五、现金及现金等价物净增加额		
加：期初现金及现金等价物余额		
六、期末现金及现金等价物余额		

图 7-70　现金流量表

2. 利用 Microsoft Query 获取本期发生额

(1) 在"数据"工作簿中选择"数据"选项卡，执行"获取外部数据"组中"自其他来源"中的"来自 Microsoft Query"命令，打开"选择数据源"对话框，在其中选择"Excel Files*"选项，如图 7-71 所示，单击"确定"按钮。

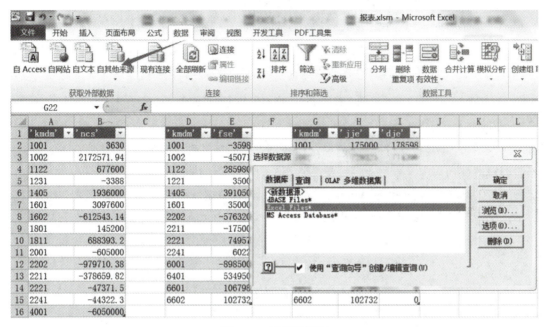

图 7-71　选择数据源

(2) 在"选择工作簿"对话框中选择"账务处理 .xlsm"文件所在的位置，如图 7-72 所示。单击"确定"按钮，打开"添加表"对话框，完成数据库位置的确定。

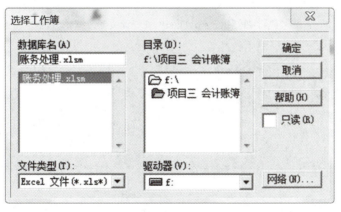

图 7-72　"选择工作簿"对话框

(3) 在"查询向导 – 选择列"对话框中选择"凭证库 $"工作表，选中"类型代码"字段，单击"〉"按钮，将"类型代码"从"可用的表和列"移到"查询结果中的列"，单击"下一步"按钮，完成要显示的指定字段的确定，如图 7-73 所示。

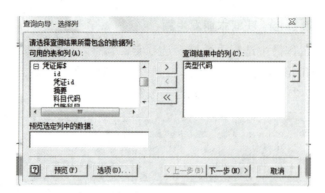

图 7-73　选择工作表和要显示的字段

(4) 单击"下一步"按钮,完成要显示的列的选择,进入"查询向导 – 筛选数据"对话框,单击"下一步"按钮,跳过筛选过程,打开"查询向导 – 排序顺序"对话框,在该步骤中不需要设置任何内容。单击"下一步"按钮,打开"查询向导 – 完成"对话框,在"请确定下一步的动作"中选中"在 Microsoft Query 中查看数据或编辑查询"单选按钮,如图 7-74 所示。单击"完成"按钮,完成查询向导的操作,进入 Microsoft Query 界面,如图 7-75 所示。

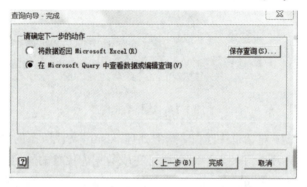

图 7-74　在 Microsoft Query 中查看数据或编辑查询

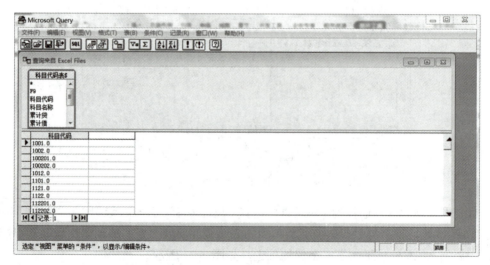

图 7-75　Microsoft Query 界面

(5) 在 Microsoft Query 窗口中选择"记录"→"添加列"命令，打开如图 7-76 所示的"添加列"对话框，在"字段"中选择"借金额－贷金额"，在"列标"文本框内输入"xjll"，"总计"选择"求和"，单击"确定"按钮，完成添加列的操作。

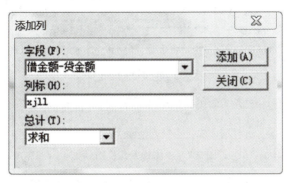

图 7-76　"添加列"对话框

(6) 在 Microsoft Query 窗口中选择"条件"→"添加条件"命令，打开"添加条件"对话框，"字段"选择"年"，"运算符"指定为"等于"，"指定值"为"[nian]"，单击"添加"按钮，完成第一个参数的添加，如图 7-77 所示。

图 7-77　"添加条件"对话框

(7) 在打开的如图 7-78 所示的"输入参数值"对话框中直接单击"确定"按钮。

图 7-78　"输入参数值"对话框

(8) 在 Microsoft Query 窗口中选择"条件"→"添加条件"命令，打开"添加条件"对话框，"字段"选择"月"，"运算符"指定为"小于或等于"，"指定值"为"[yue]"，单击"添加"按钮,完成第二个参数的添加,如图 7-79 所示。

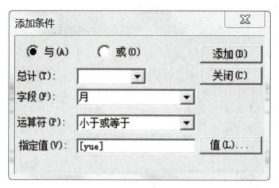

图 7-79 "添加条件"对话框

(9) 在打开的如图 7-80 所示的"输入参数值"对话框中直接单击"确定"按钮,再单击"添加条件"对话框中的"关闭"按钮,关闭"添加条件"对话框。

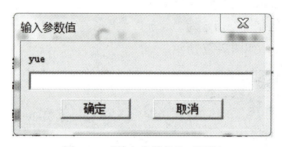

图 7-80 "输入参数值"对话框

(10) 在 Microsoft Query 窗口中选择"文件"→"将数据返回 Microsoft Excel"命令,打开如图 7-81 所示的"导入数据"对话框,将数据的放置位置设置为"数据"工作表的 K1 单元格,完成导入数据的操作,如图 7-81 所示。

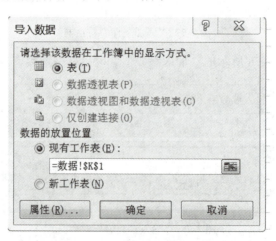

图 7-81 导入数据放置的起始位置

(11) 单击"导入数据"对话框中的"确定"按钮,打开如图 7-82 所示的"输入参数值"

对话框，在"nian"文本框中输入"=资产负债表!$B$1"，选中"在以后的刷新中使用该值或该引用"和"当单元格值更改时自动刷新"复选框，单击"确定"按钮，完成年份参数值的指定。

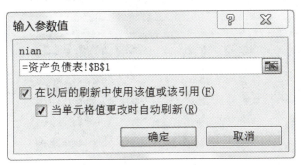

图 7-82　指定年份参数值

(12) 单击图 7-82 中的"确定"按钮，打开如图 7-83 所示的"输入参数值"对话框，在"yue"文本框中输入"=资产负债表!$D$1"，选中"在以后的刷新中使用该值或该引用"和"当单元格值更改时自动刷新"复选框，单击"确定"按钮，完成月份参数值的指定。

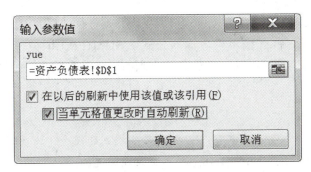

图 7-83　指定月份参数值

(13) 导入"数据"表中的一级科目及发生额数据，如图 7-84 所示。

K	L
类型代码 ▼	'xjll' ▼
	48669
jy1	729325
jy4	−470060
jy5	−175000
jy6	−71382
jy7	−26552
tz6	−35000

图 7-84　指定期间的发生额

(14) 选中 K1 单元格，选择"设计"选项卡，在"属性"组内将表名称更改为"xjll"，如图 7-85 所示。

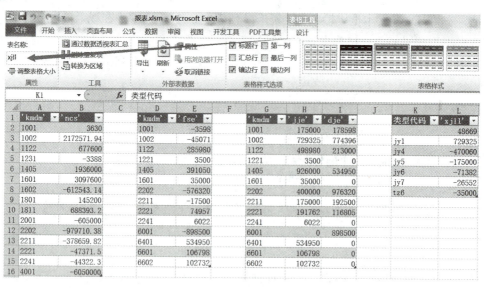

图 7-85　更改表名称

3. 计算"现金流量表"本期金额

"现金流量表"的本期金额是通过公式提取导入数据进行计算的,具体的操作步骤如下:

(1) 选中 B5 单元格,在编辑栏内输入公式"=SUMIF(xjll[类型代码],〞jy1〞,xjll["xjll"])",完成"本期销售商品、提供劳务收到的现金"本期金额的设置。按 Enter 键即得到值,为 729 325。

【提示】

上述公式中,"jyl"表示销售商品、提供劳务收到的现金,有关现金流量的类型和对应的含义是在"账务处理 .xlsm"工作簿的参数表内设置的。

提取的现金流量计算方式是"借金额－贷金额",如果是现金的流出量,则需要以 −1 作为系数来相乘,使现金流出量保持一个正值。

(2) 其他单元格的公式提取状况如表 7-6 所示。

表 7-6　现金流量表各项目公式

项　　目	本　期　金　额
一、经营活动产生的现金流量	
销售商品、提供劳务收到的现金	=SUMIF(xjll[类型代码],〞jy1〞,xjll[〞xjll〞])
收到的税费返还	=SUMIF(xjll[类型代码],〞jy2〞,xjll[〞xjll〞])
收到其他与经营活动有关的现金	=SUMIF(xjll[类型代码],〞jy3〞,xjll[〞xjll〞])
经营活动现金流入小计	=SUM(B5:B7)
购买商品、接受劳务支付的现金	=−1*SUMIF(xjll[类型代码],〞jy4〞,xjll[〞xjll〞])
支付给职工以及为职工支付的现金	=−1*SUMIF(xjll[类型代码],〞jy5〞,xjll[〞xjll〞])
支付的各项税费	=−1*SUMIF(xjll[类型代码],〞jy6〞,xjll[〞xjll〞])

续表

项　　目	本期金额
支付其他与经营活动有关的现金	=-1*SUMIF(xjll[类型代码],″jy7″,xjll[″xjll″])
经营活动现金流出小计	=SUM(B9:B12)
经营活动产生的现金流量净额	=B8-B13
二、投资活动产生的现金流量	
收回投资收到的现金	=SUMIF(xjll[类型代码],″tz1″,xjll[″xjll″])
取得投资收益收到的现金	=SUMIF(xjll[类型代码],″tz2″,xjll[″xjll″])
处置固定资产、无形资产和其他长期资产收回的现金净额	=SUMIF(xjll[类型代码],″tz3″,xjll[″xjll″])
处置子公司及其他营业单位收到的现金净额	=SUMIF(xjll[类型代码],″tz4″,xjll[″xjll″])
收到其他与投资活动有关的现金	=SUMIF(xjll[类型代码],″tz5″,xjll[″xjll″])
投资活动现金流入小计	=SUM(B16:B20)
购建固定资产、无形资产和其他长期资产支付的现金	=-1*SUMIF(xjll[类型代码],″tz6″,xjll[″xjll″])
投资支付的现金	=-1*SUMIF(xjll[类型代码],″tz7″,xjll[″xjll″])
取得子公司及其他营业单位支付的现金净额	=-1*SUMIF(xjll[类型代码],″tz9″,xjll[″xjll″])
支付其他与投资活动有关的现金	=-1*SUMIF(xjll[类型代码],″tz9″,xjll[″xjll″])
投资活动现金流出小计	=SUM(B22:B25)
投资活动产生的现金流量净额	=B21-B26
三、筹资活动产生的现金流量	
吸收投资收到的现金	=SUMIF(xjll[类型代码],″cz1″,xjll[″xjll″])
取得借款收到的现金	=SUMIF(xjll[类型代码],″cz2″,xjll[″xjll″])
收到其他与筹资活动有关的现金	=SUMIF(xjll[类型代码],″cz3″,xjll[″xjll″])
筹资活动现金流入小计	=SUM(B29:B31)
偿还债务支付的现金	=-1*SUMIF(xjll[类型代码],″cz4″,xjll[″xjll″])
分配股利、利润或偿付利息支付的现金	=-1*SUMIF(xjll[类型代码],″cz5″,xjll[″xjll″])
支付其他与筹资活动有关的现金	=-1*SUMIF(xjll[类型代码],″cz6″,xjll[″xjll″])
筹资活动现金流出小计	=SUM(B33:B35)
筹资活动产生的现金流量净额	=B32-B36
四、汇率变动对现金及现金等价物的影响	
五、现金及现金等价物净增加额	=B14+B27+B37
如：　期初现金及现金等价物余额 加：　期初现金及现金等价物余额	=资产负债表!C6
六、期末现金及现金等价物余额	=B39+B40

根据表 7-6 所示的公式，依次为利润表各项目获取本期金额。

上期金额是从上年度的现金流量表中获取数据手工输入的 (本任务省略该过程)，计算完成后，现金流量表如图 7-86 所示。

	现金流量表		
2	编制单位：福源公司	2022年1月	单位：元
3	项目	本期金额	上期金额
4	一、经营活动产生的现金流量：		
5	销售商品、提供劳务收到的现金	729,325.00	
6	收到的税费返还	—	
7	收到其他与经营活动有关的现金	—	
8	经营活动现金流入小计	729,325.00	
9	购买商品、接受劳务支付的现金	470,060.00	
10	支付给职工以及为职工支付的现金	175,000.00	
11	支付的各项税费	71,382.00	
12	支付其他与经营活动有关的现金	26,552.00	
13	经营活动现金流出小计	742,994.00	
14	经营活动产生的现金流量净额	-13,669.00	
15	二、投资活动产生的现金流量：		
16	收回投资收到的现金	—	
17	取得投资收益收到的现金	—	
18	处置固定资产、无形资产和其他长期资产收回的现金净额	—	
19	处置子公司及其他营业单位收到的现金净额	—	
20	收到其他与投资活动有关的现金	—	
21	投资活动现金流入小计	—	
22	购建固定资产、无形资产和其他长期资产支付的现金	35,000.00	
23	投资支付的现金	—	
24	取得子公司及其他营业单位支付的现金净额	—	
25	支付其他与投资活动有关的现金	—	
26	投资活动现金流出小计	35,000.00	
27	投资活动产生的现金流量净额	-35,000.00	
28	三、筹资活动产生的现金流量：		
29	吸收投资收到的现金	—	
30	取得借款收到的现金	—	
31	收到其他与筹资活动有关的现金	—	
32	筹资活动现金流入小计	—	
33	偿还债务支付的现金	—	
34	分配股利、利润或偿付利息支付的现金	—	
35	支付其他与筹资活动有关的现金	—	
36	筹资活动现金流出小计	—	
37	筹资活动产生的现金流量净额	—	
38	四、汇率变动对现金及现金等价物的影响		
39	五、现金及现金等价物净增加额	-48,669.00	
40	如：期初现金及现金等价物余额	2,176,201.94	
41	六、期末现金及现金等价物余额	2,127,532.94	

图 7-86　现金流量表

4. 保护设置

工作表保护设置可参照任务一资产负债表相关操作，在本任务中不再具体说明。

任务四　比率分析

 知识准备

1. 比率分析法概述

在财务分析中，比率分析法是最常用、最简单的一种分析方法。它主要是通过各种比率指标来确定经济活动变动程度的分析方法，是以同一期财务报表上若干重要项目的相关数据相互比较，求出比率，用以分析和评价公司的经营活动以及公司和历史状况的一种方法，是财务分析最基本的工具。

由于比率计算的是一个相对值，因此使用该方法能够剔除规模对数值的影响。

2. 常用比率

1) 偿债能力分析

偿债能力分析包括短期偿债能力分析和长期偿债能力分析，体现的是企业以资产偿还债务的能力，如果偿债能力差，则企业持续经营的能力就非常差。偿债能力分析的指标及计算公式如表7-7所示。

表 7-7　偿债能力分析的指标及计算公式

比率名称	计算公式	含　义
流动比率	流动资产÷流动负债	反映了每1元的流动负债有多少流动资产作为偿还保障
速动比率	速动资产÷流动负债	反映了每1元的流动负债有多少速动资产作为偿还保障
现金比率	(货币资金＋交易性金融资产)÷流动负债	反映了每1元的流动负债有多少现金资产作为偿还保障
资产负债率	负债总额÷资产总额×100%	反映了企业的资产中有多少是通过负债获得的
产权比率	负债总额÷股东权益	反映了1元的股东权益对应的负债总额
权益乘数	总资产÷股东权益	反映了1元的股东权益对应的总资产，其值也等于1＋产权比率
长期资本负债率	非流动负债÷(非流动负债＋股东权益)×100%	反映了企业资本构成的结构

2) 营运能力分析

企业营运能力指企业营运资产的效率与效益。营运能力分析指标主要包括应收账款周

转率、存货周转率、流动资产周转率和总资产周转率等。和偿债能力不同，每个周转率其实并不是一个指标，而是由若干个指标构成的，如应收账款周转率就有应收账款周转次数、应收账款周转天数和应收账款与收入比三种表现形式，同样其他的周转率也有这样的表现方法。营运能力分析的指标及计算公式如表 7-8 所示。

表 7-8　营运能力分析的指标及计算公式

比率名称	计算公式	含　义
应收账款周转次数	营业收入÷应收账款	这三个指标都是应收账款周转率的表现指标，反映了应收账款的周转次数、周转的天数和与营业收入的关系
应收账款周转天数	365÷(营业收入÷应收账款)	
应收账款与收入比	应收账款÷营业收入	
存货周转次数	营业收入÷存货	反映了存货转换为现金的能力
流动资产周转次数	营业收入÷流动资产	反映了流动资产转换为现金的能力
总资产周转次数	营业收入÷总资产	反映了总资产转换为现金的能力

3) 盈利能力分析

盈利能力体现的是企业资金增值的能力，它反映了企业的收益和成本以及投入之间的关系。盈利能力分析包括经营盈利能力分析、资产盈利能力分析、资本盈利能力分析和收益质量分析等。盈利能力分析的指标及计算公式如表 7-9 所示。

表 7-9　盈利能力分析的指标及计算公式

比率名称	计算公式	含　义
营业利润率	营业利润÷营业收入×100%	反映了一定时期营业利润与营业收入的比率
营业净利率	净利润÷营业收入×100%	反映了一定时期净利润与营业收入的比率
总资产利润率	利润总额÷平均资产总额×100%	反映了企业利润总额与平均资产总额的比率
总资产净利率	净利润÷平均资产总额×100%	反映了企业净利润与平均资产总额的比率
净资产收益率	净利润÷平均净资产×100%	反映了企业一定时期内净利润与平均净资产的比率率
现金保障倍数	经营现金净流量÷净利润	反映了企业净利润中有现金保障的收益情况及收益的质量

任务目标

(1) 掌握偿债能力分析各种比率的计算；

(2) 掌握营运能力分析各种比率的计算；

(3) 掌握盈利能力分析各种比率的计算。

任务资料

根据福源公司资产负债表、利润表、现金流量表的相关数据，进行财务比率分析。

任务操作

1. 偿债能力分析

表 7-7 所示公式中涉及的数据从资产负债表中都可以获取，具体的操作步骤如下：

(1) 打开"报表 .xlsm"，新建工作表并重命名为"指标分析"，建立"指标分析"工作表，如图 7-87 所示。

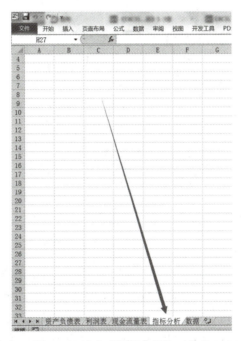

图 7-87　建立"指标分析"工作表

(2) 从 A1 单元格开始输入如图 7-88 所示的内容，完成指标分析表结构的设置。

	A	B	C
1	偿债能力分析		
2	比率名称	计算公式	计算结果
3	流动比率	流动资产÷流动负债	
4	速动比率	速动资产：流动负债	
5	现金比率	（货币资金+交易性金融资产）÷流动负债	
6	资产负债率	（负债总额÷资产总额）×100%	
7	产权比率	负债总额÷股东权益	
8	权益乘数	总资产÷股东权益	
9	长期资本负债率	［非流动负债：（非流动负债+股东权益）］×100%	

图 7-88　偿债能力分析表结构

(3) 选中 C3 单元格，在编辑栏内输入公式"=ROUND(资产负债表 !D17/ 资产负债表 !H18,2)"，完成流动比率的计算。

(4) 选中 C4 单元格，在编辑栏内输入公式"=ROUND((资产负债表 !D17- 资产负债表 !D14- 资产负债表 !D15- 资产负债表 !D16)/ 资产负债表 !H18,2)"，完成速动比率的计算。

(5) 选中 C5 单元格，在编辑栏内输入公式 "=ROUND((资产负债表 !D6+ 资产负债表 !D7)/ 资产负债表 !H18,2)"，完成现金比率的计算。

(6) 选中 C6 单元格，在编辑栏内输入公式 "=ROUND(资产负债表 !H28/ 资产负债表 !D37,4)*100"，完成资产负债率的计算。

(7) 选中 C7 单元格，在编辑栏内输入公式 "=ROUND(资产负债表 !H28/ 资产负债表 !H35,2)"，完成产权比率的计算。

(8) 选中 C8 单元格，在编辑栏内输入公式 "=ROUND(资产负债表 !D37/ 资产负债表 !H35,2)"，完成权益乘数的计算。

(9) 选中 C9 单元格，在编辑栏内输入公式 "=ROUND((资产负债表 !H27/(资产负债表 !H27+ 资产负债表 !H35)),4)*100"，完成长期资本负债率的计算。

偿债能力最终的计算结果如图 7-89 所示。

	A	B	C
1	偿债能力分析		
2	比率名称	计算公式	计算结果
3	流动比率	流动资产÷流动负债	2.11
4	速动比率	速动资产：流动负债	1.2
5	现金比率	（货币资金+交易性金融资产）÷流 动负债	0.83
6	资产负债率	（负债总额÷资产总额）×100%	29.27
7	产权比率	负债总额÷股东权益	0.41
8	权益乘数	总资产÷股东权益	1.41
9	长期资本负债率	〔非流动负债：（非流动负债+股东权益）〕×100%	0

图 7-89 偿债能力分析计算结果

【提示】

(1) 流动资产和流动负债的数据可以直接从资产负债表中提取获得。

(2) 速动比率中涉及速动资产。因为在流动资产中有一部分的变现是存在一定困难的，如存货、一年内到期的长期资产和待摊费用等，这些数据都需要从流动资产中扣除。

"资产负债表 !D17- 资产负债表 !D14- 资产负债表 !D15- 资产负债表 !D16" 就体现了公司的速动资产。

(3) 现金比率是一个更为保守的指标，它只考虑现金及现金等价物和流动负债的对应关系。该值越大，说明流动负债受现金的保护程度越强，短期偿债能力就越强。

(4) 资产总额和负债总额都可以从资产负债表中直接提取。

(5) 负债总额和所有者权益都可以从资产负债表中直接提取。

(6) 权益乘数既可以从资产负债表中提取总资产和所有者权益来进行计算，也可以通过将产权比率加 1 得到。

(7) 企业的资金来源途径无非是以所有者投入或者长期负债形式获得。提高长期负债比率有助于提高企业的获利能力，但是风险也会随之加大。如何平衡长期资本中长期负债和所有者权益的配比是企业财务管理的一个重要内容。

2. 营运能力分析

根据表 7-8 分析营运能力相关指标的具体操作步骤如下：

(1) 选择"指标分析"工作表，从 A11 单元格开始输入如图 7-90 所示的内容，完成表结构的设置。

11	营运能力分析		计算结果
12	比率名称	计算公式	
13	应收账款周转次数	营业收入÷应收账款	
14	应收账款周转天数	365÷（营业收入÷应收账款）	
15	应收账款与收入比	应收账款÷营业收入	
16	存货周转次数	营业收入÷存货	
17	流动资产周转次数	营业收入÷流动资产	
18	总资产周转次数	营业收入÷总资产	

图 7-90　营运能力分析表结构

(2) 选中 C13 单元格，在编辑栏内输入公式"=ROUND(利润表 !B4/((资产负债表 !C9+资产负债表 !D9)/2),2)"，完成应收账款周转次数的计算。

(3) 选中 C14 单元格，在编辑栏内输入公式"=365/C13"，完成应收账款周转天数的计算。

(4) 选中 C15 单元格，在编辑栏内输入公式"=ROUND(((资产负债表 !C9+ 资产负债表 !D9)/2)/ 利润表 !B4,2)"，完成应收账款与收入比的计算。

(5) 选中 C16 单元格，在编辑栏内输入公式"=ROUND(利润表 !B4/((资产负债表 !C14+资产负债表 !D14)/2),2)"，完成存货周转次数的计算。

(6) 选中 C17 单元格，在编辑栏内输入公式"=ROUND(利润表 !B4/((资产负债表 !C17+资产负债表 !D17)/2),2)"，完成流动资产周转次数的计算。

(7) 选中 C18 单元格，在编辑栏内输入公式"=ROUND(利润表 !B4/((资产负债表 !C37+资产负债表 !D37)/2),2)"，完成总资产周转次数的计算。

营运能力最终的计算结果如图 7-91 所示。

11	营运能力分析		计算结果
12	比率名称	计算公式	
13	应收账款周转次数	营业收入÷应收账款	1.1
14	应收账款周转天数	365÷（营业收入÷应收账款）	331.81818
15	应收账款与收入比	应收账款÷营业收入	0.91
16	存货周转次数	营业收入÷存货	0.42
17	流动资产周转次数	营业收入÷流动资产	0.18
18	总资产周转次数	营业收入÷总资产	0.11

图 7-91　营运能力分析计算结果

【提示】

(1) 表 7-8 中的应收账款实质上是平均应收账款，其计算公式为"应收账款平均余额=(应收账款余额年初数 + 应收账款余额年末数)÷2"。

对于存货周转率，流动资产周转率、总资产周转率也和应收账款一样有周转次数、周转天数以及应收账款与收入比，它们的计算方法和应收账款周转率是一致的。

(2) 营业收入数据来源于利润表，应收账款为平均应收账款值，不过由于本任务采用的是 1 月份的数据，实际上很多应收账款尚在信用期内，因此此处仅做公式操作的演示，该结果不具备参考价值。

(3) 应收账款周转天数和应收账款周转次数是息息相关的，因此此处直接引用了应收账款周转次数的计算结果。一年的天数有的参考书设置为 360 天，如果不同企业之间要对该值进行比较，那么只要参与比较的企业统一一年天数为 360 天或者 365 天，最终结果就不会妨碍不同企业之间的比较。

(4) 应收账款与收入比就是应收账款周次次数的倒数。

3. 盈利能力分析

根据表 7-9 分析盈利能力相关指标的具体操作步骤如下：

(1) 选择"指标分析"工作表，从 A20 单元格开始输入如图 7-92 所示的内容，完成表结构的设置。

20	盈利能力分析		计算结果
21	比率名称	计算公式	
22	营业利润率	营业利润÷营业收入×100%	
23	营业净利率	净利润÷营业收入×100%	
24	总资产利润率	利润总额÷平均资产总额×100%	
25	总资产净利率	净利润÷平均资产总额×100%	
26	净资产收益率	净利润÷平均净资产×100%	
27	现金保障倍数	经营现金净流量÷净利润	

图 7-92 盈利能力分析表结构

(2) 选中 C22 单元格，在编辑栏内输入公式 "=ROUND(利润表 !B13/ 利润表 !B4,4)"，完成营业利润率的计算。

(3) 选中 C23 单元格，在编辑栏内输入公式 "= 利润表 !B19/ 利润表 !B4"，完成营业净利率的计算。

(4) 选中 C24 单元格，在编辑栏内输入公式 "= 利润表 !B17/((资产负债表 !C37+ 资产负债表 !D37)/2)"，完成总资产利润率的计算。

(5) 选中 C25 单元格，在编辑栏内输入公式 "= 利润表 !B19/((资产负债表 !C37+ 资产负债表 !D37)/2)"，完成总资产净利率的计算。

(6) 选中 C26 单元格，在编辑栏内输入公式 "= 利润表 !B19/((资产负债表 !G35+ 资产负债表 !H35)/2)"，完成净资产收益率的计算。

(7) 选中 C27 单元格，在编辑栏内输入公式 "= 现金流量表 !B14/ 利润表 !B19"，完成现金保障倍数的计算。

(8) 选中 C22:C26 单元格区域，右击，在弹出的快捷菜单中选择"设置单元格格式"命令，打开"设置单元格格式"对话框，在"数字"选项卡中设置其"格式"为百分比类型，"小数位数"为 4。选中 C27 单元格，设置单元格格式为 2 位的数值类型。

盈利能力最终的计算结果如图 7-93 所示。

20	盈利能力分析		计算结果
21	比率名称	计算公式	
22	营业利润率	营业利润÷营业收入×100%	17.1400%
23	营业净利率	净利润÷营业收入×100%	17.1419%
24	总资产利润率	利润总额÷平均资产总额×100%	1.8252%
25	总资产净利率	净利润÷平均资产总额×100%	1.8252%
26	净资产收益率	净利润÷平均净资产×100%	2.5138%
27	现金保障倍数	经营现金净流量÷净利润	0.09

图 7-93 盈利能力分析计算结果

【提示】

(1) 由于在1月份的相关凭证中并没有涉及所得税的问题，因此净利润和营业利润的值在此处是一致的，但是公式是不同的。

(2) 净资产收益率是一个综合性最强的指标，不过这种综合性体现在指标的分析上，而不是指标的计算上。

项 目 小 结

本项目主要介绍了如何应用 Excel 以及 Microsoft Query 获取数据编制资产负债表、利润表、现金流量表，并应用 Excel 进行财务比率分析。

 项目练习

1. 福兴公司 2019 年 12 月 31 日结账后有关科目余额如表 7-10 所示 (单位：万元)。根据资料计算资产负债表中下列项目的金额合计：(1) 应收账款；(2) 预付账款；(3) 应付款项；(4) 预收款项。

表 7-10　科 目 余 额

福 兴 公 司		
科目名称	借方金额	贷方金额
应收账款	600	40
坏账准备 – 应收账款		80
预收账款	100	800
应付账款	20	400
预付账款	320	60
应收账款合计		
预付账款合计		
应付账款合计		
预收账款合计		

2. 福兴公司 2020 年资产负债表的利润表如图 7-94 和图 7-95 所示，应用 Excel 进行财务比率分析。

资产负债表

编制单位：福源公司　　　　　　　2020年1月　　　　　　　　　单位：万元

项目	行次	年初数	年末数	项目	行次	年初数	年末数
流动资产：	1			流动负债：	34		
货币资金	2	210.00	390.00	短期借款	35	170.00	200.00
交易性金融资产	3	10.00	20.00	交易性金融负债	36		
应收票据	4			应付票据	37		
应收账款	5	1,480.00	1,500.00	应付账款	38	2,000.00	1,900.00
预付款项	6	200.00	250.00	预收帐款	39	300.00	400.00
应收利息	7			应付职工薪酬	40		
应收股利	8			应交税费	41		
其他应收款	9			应付利息	42		
存货	10	1,900.00	4,160.00	应付股利	43		
一年内到期的非流动资产	11			其它应付款	44	100.00	100.00
其他流动资产	12			一年内到期的非流动负债	45		
流动资产合计	13	3,800.00	6,320.00	其他流动负债	46		
非流动资产：	14			流动负债合计	47	2,570.00	2,600.00
可供出售金融资产	15			非流动负债：	48		
持有至到期投资	16			长期借款	49	1,200.00	900.00
长期应收款	17			应付债券	50		
长期股权投资	18	400.00	400.00	长期应付款	51		
投资性房地产	19			专项应付款	52		
固定资产	20	2,100.00	1,800.00	预计负债	53		
在建工程	21			递延所得税负债	54		
工程物资	22			其他非流动负债	55		
固定资产清理	23			非流动负债合计	56	1,200.00	900.00
生物性生物资产	24			负债合计	57	3,770.00	3,500.00
油气资产	25			所有者权益：	58		
无形资产	26	500.00	550.00	实收资本	59	2,500.00	2,500.00
开发支出	27			资本公积	60		2,160.00
商誉	28			减：库存股	61		
长期待摊费用	29			盈余公积	62	230.00	230.00
递延所得税资产	30			未分配利润	63	300.00	680.00
其他非流动性资产	31			所有者权益合计	64	3,030.00	5,570.00
非流动性资产合计	32	3,000.00	2,750.00		65		
资产总计	33	6,800.00	9,070.00	负债和所有者权益总计	66	6,800.00	9,070.00

图 7-94　福兴公司 2020 年资产负债表

利润表

编制单位：福源公司　　　　　2020年1月　　　　　单位：元

项目	本期金额	上期金额
一、营业收入	7,960.00	6,950.00
减：营业成本	6,110.00	5,430.00
营业税金及附加	470.00	410.00
销售费用	200.00	150.00
管理费用	280.00	180.00
财务费用	160.00	120.00
资产减值损失		
加：公允价值变动损益（损失以"-"填列）		
投资收益（损失以"-"填列）	30.00	20.00
二、营业利润（亏损以"-"填列）	770.00	680.00
加：营业外收入	10.00	30.00
减：营业外支出	30.00	40.00
其中：非流动资产处置损失		
三、利润总额（亏损以"-"填列）	750.00	670.00
减：所得税费用	187.50	167.50
四、净利润（净亏损以"-"填列）	562.50	502.50

图 7-95　福兴公司 2020 年利润表

(1) 应用 Excel 进行财务比率编制；

(2) 应用 Excel 进行财务比率分析。

项目八　供应商分析评价

学习目标

(1) 掌握供应商评价的基本概念与理论知识；

(2) 能够使用并应用改进的 TOPSIS 方法对供应商开展定量分析评价；

(3) 学会应用 Excel 解决实际案例中遇到的供应商选择问题。

情景引入

在当前经济一体化、用户需求个性化、竞争日益激烈化的新经济形势下，企业的竞争力越来越多地表现在能否有效地利用其他企业资源的能力上，众多企业转变了角色，和其他企业建立起战略合作伙伴关系，结合成为利益共同体。在供应链环境下，国内有相当多的企业为了提高生产效率、降低生产成本，选择将上游所使用原料的生产交给适合的供应商，企业根据客户需求，快速通过科学的评价与选择方法，寻求战略型供应商合作伙伴，从而将有限的资源集中于自身的优势业务，打造核心竞争力，获取更大的盈利。在原料生产不再过多依赖于自给自足的大趋势下，对供应商的评价和选择就显得非常重要。本项目主要介绍如何通过 Excel 实现对供应商的选择和分析评价。

任务一　供应商静态分析

知识准备

一、供应商定义及分类

（一）供应商定义

供应商是向企业及其竞争对手供应各种所需资源的企业和个人，包括提供原材料、设备、能源、劳务等。它们的情况如何会对企业的营销活动产生巨大的影响，如原材料价格变化、短缺等都会影响企业产品的价格和交货期，并会因而削弱企业与客户的长期合作与利益。因此，营销人员必须对供应商的情况有比较全面的了解和透彻的分析。供应商既是商务谈判中的对手，更是合作伙伴。

（二）供应商分类

供应商分类是供应商系统管理的重要一部分，它决定着企业想与哪些供应商开展战略合作关系，哪些想增长生意，哪些是维持现状，哪些是积极淘汰，哪些是身份未定。相应地，供应商可分为战略供应商 (Strategic Suppliers)、优先供应商 (Preferred Suppliers)、考察供应商 (Provisional Suppliers)、消极淘汰供应商 (Exit Passive Suppliers)、积极淘汰供应商 (Exit Active Suppliers) 和身份未定供应商 (Undetermined Suppliers)。当然，不同公司的分法和定义可能略有不同。

二、供应商静态分析方法

（一）供应商选择与评估策略

(1) 定性评价策略是指由企业采购管理部门管理人员或者专家小组对供应商进行主观的选择与评价，标准包括供应商资质、供应历史、产品价格、产品质量、交付及时性、渠道可靠性、应急供应能力等。

(2) 定量评价策略是将定性评价策略中的各种评价标准进行量化，赋以一定比例的权重，依赖数据对供应商进行选择与评估。该种策略在一定程度上克服了企业采购管理部门管理人员或者专家小组的主观随意性，相对更加客观、公允。

（二）TOPSIS 方法

本项目使用改进的 TOPSIS 方法对供应商展开分析评价，该方法假设每个效用函数都是单调递增或者递减的，从而可以将决策者的偏好转化为方案之间的欧式距离。

1. 实验原理

首先设定最优解（正理想解）和最劣解（负理想解）两个理想解，其中最优解的各个属性值都是各备选方案中最好的值，而最劣解的各个属性值都是各备选方案中最差的值；然后计算所有备选方案与理想解之间的相对接近度，以判断各备选方案的优劣，若某方案最接近最优解而最远离最劣解，则该方案为最佳方案。

2. 两个基本概念

(1) 正理想解。正理想解是一个设想的最优的解（方案），它的各个属性值都达到各备选方案中的最好的值。

(2) 负理想解。负理想解是一个设想的最劣的解（方案），它的各个属性值都达到各备选方案中的最坏的值。

方案排序的规则是把各备选方案与正理想解和负理想解做比较，若其中有一个方案最接近正理想解，而同时又远离负理想解，则该方案是备选方案中最好的方案。

任务目标

(1) 理解改进的 TOPSIS 方法的基本原理；

(2) 掌握改进的 TOPSIS 方法在 Excel 中的计算公式设置，并且能够熟练应用。

任务资料

福源公司是一家生产制造企业，计划将零部件交给有合作意向并经过考察的外部供应商去组织生产，然后进行采购。公司成立了专门的工作小组，经过充分恰当的市场调研，发现市场上可供选择的供应商有 5 家，分别是天一公司、义合公司、阳光公司、大通公司、齐天公司。通过现场调研和非现场调研获取的 5 家供应商的原材料价格、原材料合格率、原材料生产周期、历史履约率等评价指标的相关数据如表 8-1 所示。

表 8-1　5 家供应商的评价指标相关数据

供应商名称	原材料价格 / 元	原材料合格率 /%	原材料生产周期 / 天	历史履约率 /%
天一公司	912	0.975	156	0.962
义合公司	963	0.959	132	0.991
阳光公司	799	0.976	141	0.989
大通公司	844	0.983	170	0.949
齐天公司	857	0.962	124	0.955

目前 5 家公司优劣势分析为：阳光公司的零部件价格最为便宜，产品成本最为低廉，企业选择该供应商可降低生产成本；大通公司的零部件合格率最高，企业选择该供应商可使产品质量具有可靠的保证；齐天公司的零部件生产周期最短，生产能力和生产效率较强，企业选择该供应商可满足快速订货需求；义合公司的历史履约率较高，企业选择该供应商可在关键订单中不出纰漏。

为了避免使用单一指标对供应商开展评价失之偏颇，企业可使用本项目建立的改进 TOPSIS 法的零部件供应商评价模型来对各个供应商进行定量分析与统筹评价，选出最优零部件供应商。

 任务操作

一、输入数据

(1) 打开 Excel，单击"保存"按钮，将 Excel 工作簿另存为"供应商 .xlsm"，如图 8-1 所示。

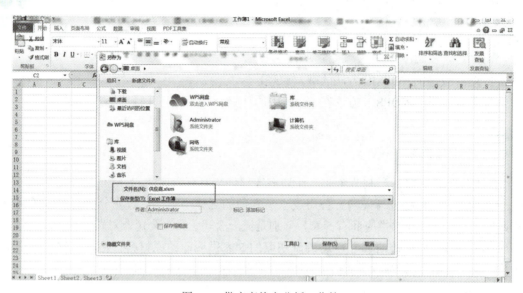

图 8-1　供应商静态分析工作簿

(2) 将 Sheet1 工作表重命名为"供应商"，建立"供应商"工作表，如图 8-2 所示。

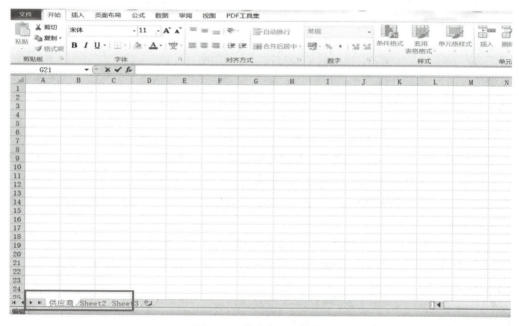

图 8-2　"供应商"工作表

(3) 设置格式。

① 选中 A1:E2 单元格区域，在其中输入"供应商基础信息"，将该单元格区域合并并居中，设置"字号"为 14 号，"字体"为"宋体"，并且进行标题加粗处理。

② 在 A3:E3 单元格区域分别输入"供应商名称""原材料价格 (元)""原材料合格率 (%)""原材料生产周期 (天)""历史履约率 (%)"，设置"字号"为 11 号，"字体"为"宋体"，并且进行标题加粗处理，将单元格底纹设置为蓝色。

根据表 8-1 将各家供应商的基本信息输入 Excel，相关的数据视图界面如图 8-3 所示。

	A	B	C	D	E
1	供应商基础信息				
2					
3	供应商名称	原材料价格（元）	原材料合格率（%）	原材料生产周期（天）	历史履约率（%）
4	天一公司	912	0.975	156	0.962
5	义合公司	963	0.959	132	0.991
6	阳光公司	799	0.976	141	0.989
7	大通公司	844	0.983	170	0.949
8	齐天公司	857	0.962	124	0.955
9					
10					

图 8-3　供应商基础信息

【提示】

指标分为费用型指标和效益型指标，费用型指标又称消耗型指标，数值越大，表示指标的变现越差；效益型指标又称业绩型指标，数值越大，表示指标的变现越好。在本例中，选择原材料价格(元)、原材料合格率(%)、原材料生产周期(天)、历史履约率(%)分别代表产品成本、产品质量、生产能力和履约信誉，以此对供应商展开分析评价。具体来说，原材料价格为费用型指标，单位为元，数值越大，表示指标的变现越差；原材料合格率为效益型指标，单位为%，数值越大，表示指标的变现越好；原材料生产周期为费用型指标，单位为天，数值越大，表示指标的变现越差；历史履约率为效益型指标，单位为%，数值越大，表示指标的变现越好。

二、通过改进 TOPSIS 法的原材料供应商评价模型对 5 家供应商进行分析

（一）将供应商基础信息进行标准化处理

1. 输入数据，设置格式

选中 A15:E15 单元格区域，将该单元格区域合并并居中，在其中输入“基础数据标准化”，设置“字号”为 14 号，“字体”为“宋体”，并且进行标题加粗处理。将供应商名称、原材料价格 (元)、原材料合格率 (%)、原材料生产周期 (天)、历史履约率 (%) 等信息从供应商基础信息中粘贴过来，如图 8-4 所示。

14					
15	基础数据标准化				
16	供应商名称	原材料价格（元）	原材料合格率（%）	原材料生产周期（天）	历史履约率（%）
17	天一公司	912	0.975	156	0.962
18	义合公司	963	0.959	132	0.991
19	阳光公司	799	0.976	141	0.989
20	大通公司	844	0.983	170	0.949
21	齐天公司	857	0.962	124	0.955
22					
23					

图 8-4　基础数据标准化

2. 设置公式

B17:E21 单元格区域的公式设置如表 8-2 所示。

表 8-2　基础数据标准化处理公式

单元格	公　式
B17	=B4/SUM($B$4:$B$8)
C17	=C4/SUM($C$4:$C$8)
D17	=D4/SUM($D$4:$D$8)
E17	=E4/SUM($E$4:$E$8)
B18	=B5/SUM($B$4:$B$8)
C18	=C5/SUM($C$4:$C$8)
D18	=D5/SUM($D$4:$D$8)
E18	=E5/SUM($E$4:$E$8)
B19	=B6/SUM($B$4:$B$8)
C19	=C6/SUM($C$4:$C$8)
D19	=D6/SUM($D$4:$D$8)
E19	=E6/SUM($E$4:$E$8)
B20	=B7/SUM($B$4:$B$8)
C20	=C7/SUM($C$4:$C$8)
D20	=D7/SUM($D$4:$D$8)
E20	=E7/SUM($E$4:$E$8)
B21	=B8/SUM($B$4:$B$8)
C21	=C8/SUM($C$4:$C$8)
D21	=D8/SUM($D$4:$D$8)
E21	=E8/SUM($E$4:$E$8)

(1) 根据表8-2设置B17:E21单元格区域公式，完成后，基础数据标准化信息如图8-5所示。

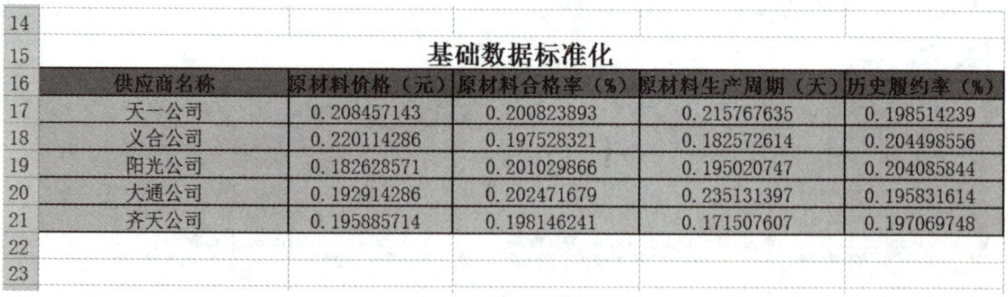

14					
15	基础数据标准化				
16	供应商名称	原材料价格（元）	原材料合格率（%）	原材料生产周期（天）	历史履约率（%）
17	天一公司	0.208457143	0.200823893	0.215767635	0.198514239
18	义合公司	0.220114286	0.197528321	0.182572614	0.204498556
19	阳光公司	0.182628571	0.201029866	0.195020747	0.204085844
20	大通公司	0.192914286	0.202471679	0.235131397	0.195831614
21	齐天公司	0.195885714	0.198146241	0.171507607	0.197069748
22					
23					

图 8-5　基础数据标准化信息

(2) 选中 B17:E21 单元格区域并右击，在弹出的快捷菜单中选择"设置单元格格式"命令，弹出"设置单元格格式"对话框，选择"数字"选项卡，在"分类"中选择"数值"，设置小数位数为 5，如图 8-6 所示。

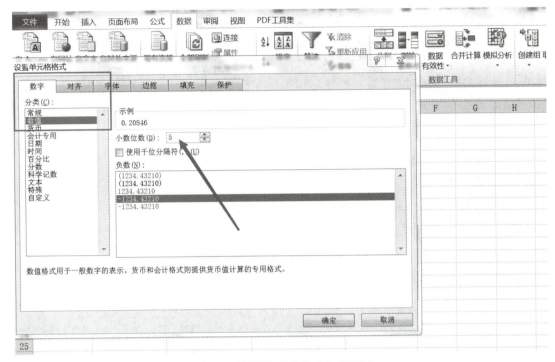

图 8-6 "设置单元格格式"对话框

设置完成后，基础数据标准化结果如图 8-7 所示。

供应商名称	原材料价格（元）	原材料合格率（%）	原材料生产周期（天）	历史履约率（%）
天一公司	0.20846	0.20082	0.21577	0.19851
义合公司	0.22011	0.19753	0.18257	0.20450
阳光公司	0.18263	0.20103	0.19502	0.20409
大通公司	0.19291	0.20247	0.23513	0.19583
齐天公司	0.19589	0.19815	0.17151	0.19707

图 8-7 基础数据标准化结果

（二）使用熵值法确定指标权重

1. 输入数据，设置格式

选中 A28:E28 单元格区域，将该单元格区域合并并居中，在其中输入"熵值法确定指标权重"，设置"字号"为 14 号，"字体"为"宋体"，并且进行标题加粗处理。将供应商名称、原材料价格 (元)、原材料合格率 (%)、原材料生产周期 (天)、历史履约率 (%) 等信息从供应商基础信息中粘贴过来，如图 8-8 所示。

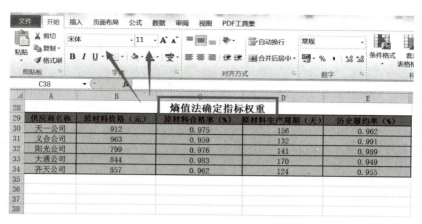

图 8-8　输入熵值法确定指标权重基础信息

2. 设置公式

(1) 设置 B30:E34 单元格区域公式。

B30:E34 单元格区域的公式设置如表 8-3 所示。

表 8-3　使用熵值法确定指标权重公式

单元格	公　式
B30	=B17*LN(B17)
C30	=C17*LN(C17)
D30	=D17*LN(D17)
E30	=E17*LN(E17)
B31	=B18*LN(B18)
C31	=C18*LN(C18)
D31	=D18*LN(D18)
E31	=E18*LN(E18)
B32	=B19*LN(B19)
C32	=C19*LN(C19)
D32	=D19*LN(D19)
E32	=E19*LN(E19)
B33	=B20*LN(B20)
C33	=C20*LN(C20)
D33	=D20*LN(D20)
E33	=E20*LN(E20)
B34	=B21*LN(B21)
C34	=C21*LN(C21)
D34	=D21*LN(D21)
E34	=E21*LN(E21)

在 B30 单元格中输入公式"=B17*LN(B17)",按 Enter 键,即得到天一公司原材料价格 (元) 的指标权重为 −0.326865346,如图 8-9 和图 8-10 所示。

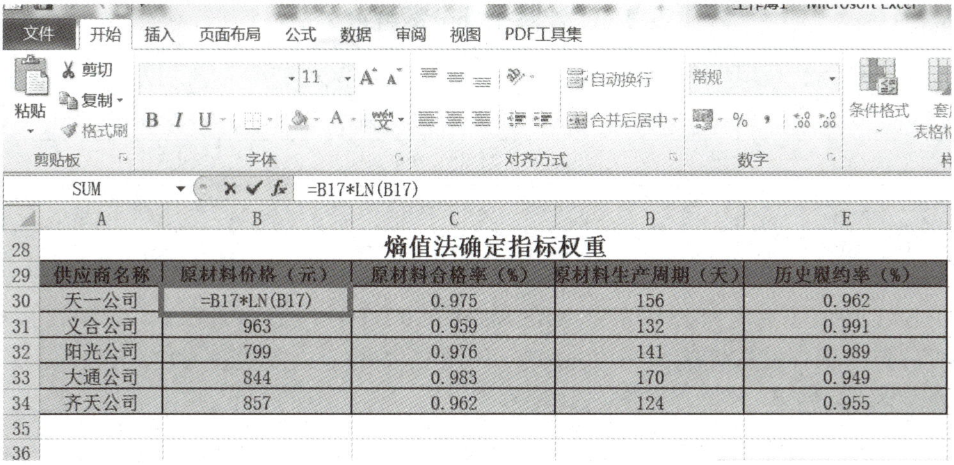

图 8-9　输入指标权重公式

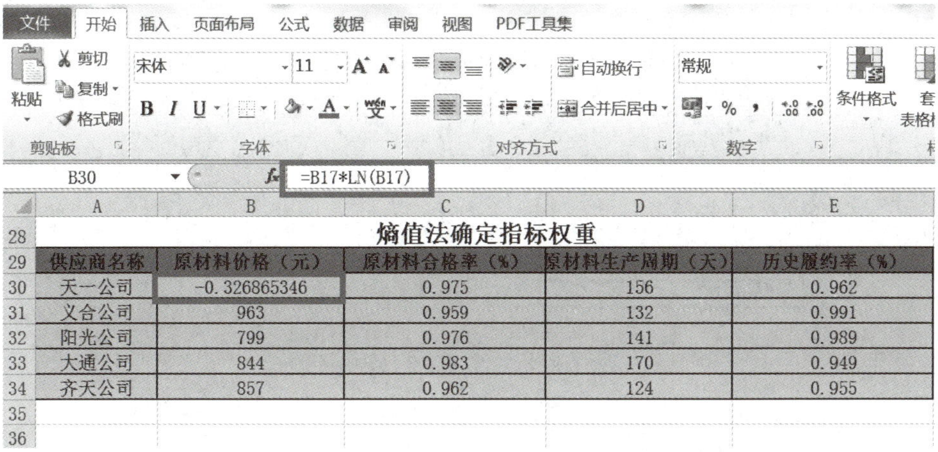

图 8-10　指标权重公式计算结果

以相同方法设置 B30:E34 剩余单元格区域指标权重公式,结果如图 8-11 所示。

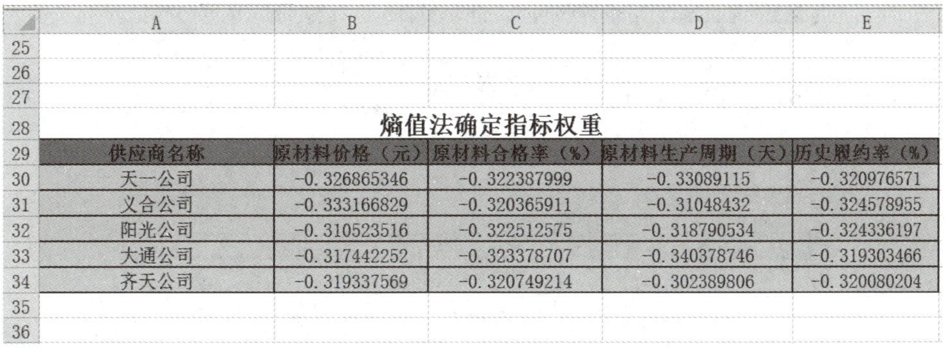

	A	B	C	D	E
25					
26					
27					
28			熵值法确定指标权重		
29	供应商名称	原材料价格（元）	原材料合格率（%）	原材料生产周期（天）	历史履约率（%）
30	天一公司	−0.326865346	−0.322387999	−0.33089115	−0.320976571
31	义合公司	−0.333166829	−0.320365911	−0.31048432	−0.324578955
32	阳光公司	−0.310523516	−0.322512575	−0.318790534	−0.324336197
33	大通公司	−0.317442252	−0.323378707	−0.340378746	−0.319303466
34	齐天公司	−0.319337569	−0.320749214	−0.302389806	−0.320080204
35					
36					

图 8-11　指标权重公式最终计算结果

(2) 计算指标分散程度。

计算指标分散程度公式如表 8-4 所示。

表 8-4　计算指标分散程度公式

单元格	公　式
B42	=1−ABS(SUM(B30:B34))/LN(COUNT(B4:B8))
C42	=1−ABS(SUM(C30:C34))/LN(COUNT(C4:C8))
D42	=1−ABS(SUM(D30:D34))/LN(COUNT(D4:D8))
E42	=1−ABS(SUM(E30:E34))/LN(COUNT(E4:E8))

在 B42 单元格中输入公式"=1−ABS(SUM(B30:B34))/LN(COUNT(B4:B8))"，按 Enter 键，即得到指标分散程度为 0.001306295，如图 8-12 所示。依次在 C42、D42、E42 单元格中输入公式，结果如图 8-13 所示。

图 8-12　输入计算指标分散程度公式

图 8-13　指标分散程度公式计算结果

(3) 计算指标权重因子。

在 A43 单元格中输入“计算指标权重因子”，在 B43:E43 单元格中输入如表 8-5 所示的公式。

表 8-5　计算指标权重因子公式

单元格	公　式
B43	=B42/SUM($B$42:$E$42)
C43	=C42/SUM($B$42:$E$42)
D43	=D42/SUM($B$42:$E$42)
E43	=E42/SUM($B$42:$E$42)

输入完毕后，得到熵值法确定指标权重的结果，如图 8-14 所示。

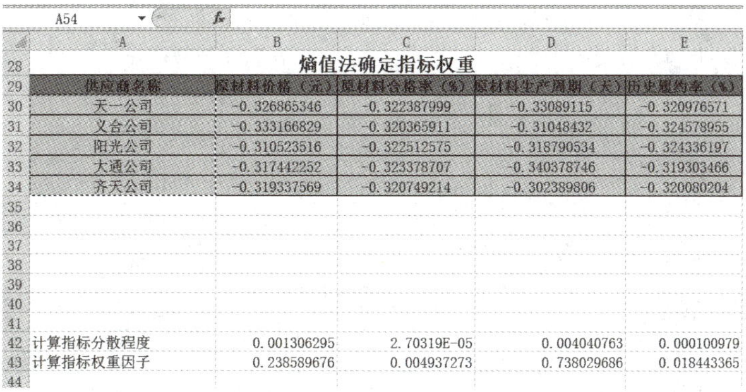

	A	B	C	D	E
28	熵值法确定指标权重				
29	供应商名称	原材料价格（元）	原材料合格率（%）	原材料生产周期（天）	历史履约率（%）
30	天一公司	-0.326865346	-0.322387999	-0.33089115	-0.320976571
31	义合公司	-0.333166829	-0.320365911	-0.31048432	-0.324578955
32	阳光公司	-0.310523516	-0.322512575	-0.318790534	-0.324336197
33	大通公司	-0.317442252	-0.323378707	-0.340378746	-0.319303466
34	齐天公司	-0.319337569	-0.320749214	-0.302389806	-0.320080204
42	计算指标分散程度	0.001306295	2.70319E-05	0.004040763	0.000100979
43	计算指标权重因子	0.238589676	0.004937273	0.738029686	0.018443365

图 8-14　使用熵值法确定指标权重的结果

（三）计算供应商加权评价价值矩阵

1. 输入数据，设置格式

选中 A45:E45 单元格区域，将该单元格区域合并并居中，在其中输入“计算供应商加权评价值矩阵”，设置“字号”为 14 号，“字体”为“宋体”，并且进行标题加粗处理。将供应商名称、原材料价格 (元)、原材料合格率 (%)、原材料生产周期 (天)、历史履约率 (%) 等信息从供应商基础信息中粘贴过来，如图 8-15 所示。

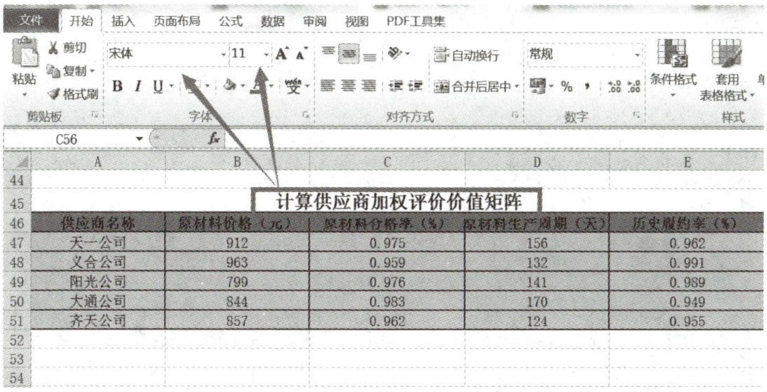

	A	B	C	D	E
45	计算供应商加权评价价值矩阵				
46	供应商名称	原材料价格（元）	原材料合格率（%）	原材料生产周期（天）	历史履约率（%）
47	天一公司	912	0.975	156	0.962
48	义合公司	963	0.959	132	0.991
49	阳光公司	799	0.976	141	0.989
50	大通公司	844	0.983	170	0.949
51	齐天公司	857	0.962	124	0.955

图 8-15　输入计算供应商加权评价值矩阵基础信息

2. 设置 B47:E51 单元格区域公式

B47:E51 单元格区域的公式设置如表 8-6 所示。

表 8-6　计算供应商加权评价值矩阵公式

单元格	公式
B47	=B17*$B$43
C47	=C17*$C$43
D47	=D17*$D$43
E47	=E17*$E$43
B48	=B18*$B$43
C48	=C18*$C$43
D48	=D18*$D$43
E48	=E18*$E$43
B49	=B19*$B$43
C49	=C19*$C$43
D49	=D19*$D$43
E49	=E19*$E$43
B50	=B20*$B$43
C50	=C20*$C$43
D50	=D20*$D$43
E50	=E20*$E$43
B51	=B21*$B$43
C51	=C21*$C$43
D51	=D21*$D$43
E51	=E21*$E$43

在 B47 单元格中输入公式"=B17*$B$43",按 Enter 键,即得到天一公司原材料价格加权评价值为 0.049735722,如图 8-16 所示。根据表 8-6 依次输入矩阵中各单元格公式,输入完成后,供应商加权评价价值矩阵情况如图 8-17 所示。

图 8-16　输入供应商加权评价价值矩阵公式

	计算供应商加权评价价值矩阵			
供应商名称	**原材料价格（元）**	**原材料合格率（%）**	**原材料生产周期（天）**	**历史履约率（%）**
天一公司	0.049735722	0.000991522	0.15924292	0.003661271
义合公司	0.052516996	0.000975251	0.134744009	0.003771642
阳光公司	0.043573292	0.000992539	0.143931101	0.00376403
大通公司	0.046027357	0.000999658	0.173533951	0.003611794
齐天公司	0.046736309	0.000978302	0.126577706	0.003634629

图 8-17　供应商加权评价价值矩阵公式计算结果

（四）获得负理想解与正理想解

1. 输入数据，设置格式

选中 A58:E58 单元格区域，将该单元格区域合并并居中，在其中输入"获得负理想解与正理想解"，设置"字号"为 14 号，"字体"为"宋体"，并且进行标题加粗处理。将供应商名称、原材料价格（元）、原材料合格率（%）、原材料生产周期（天）、历史履约率（%）等信息从供应商基础信息中粘贴过来，如图 8-18 所示。

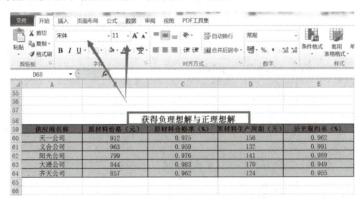

图 8-18　输入获得负理想解与正理想解基础信息

2. 设置公式

在 A60 单元格中输入"负理想解"，在 A61 单元格中输入"正理想解"，删除 B62:E64 单元格区域。B60:E61 单元格区域的公式设置如表 8-7 所示。

表 8-7　获得负理想解与正理想解公式

单元格	公　式
B60	=MAX(B47:B51)
C60	=MIN(C47:C51)
D60	=MAX(D47:D51)
E60	=MIN(E47:E51)
B61	=MIN(B47:B51)
C61	=MAX(C47:C51)
D61	=MIN(D47:D51)
E61	=MAX(E47:E51)

输入完成后，负理想解与正理想解的结果如图 8-19 所示。

		获得负理想解与正理想解			
57					
58					
59	供应商名称	原材料价格（元）	原材料合格率（%）	原材料生产周期（天）	历史履约率（%）
60	负理想解	0.052516996	0.000975251	0.173533951	0.003611794
61	正理想解	0.043573292	0.000999658	0.126577706	0.003771642

图 8-19　负理想解与正理想解的结果

（五）计算与负理想解之间的距离

(1) 选中 A62:G62 单元格区域，将该单元格区域合并并居中，在其中输入"计算与负理想解之间的距离"，设置"字号"为 14 号，"字体"为"宋体"，并且进行标题加粗处理。将原材料价格 (元)、原材料合格率 (%)、原材料生产周期 (天)、历史履约率 (%) 等信息从供应商基础信息中粘贴过来。

(2) 将 A63:A68 单元格区域合并并居中，在其中输入"与负理想解之间的距离"。

(3) 选中 F63 单元格，在其中输入"距离"。选中 G63:G68 单元格区域，将供应商名称的相关信息从供应商基础信息中粘贴过来。选中 F63:G68 单元格区域并右击，在弹出的快捷菜单中选择"设置单元格格式"命令，弹出"单元格格式"对话框，在"边框"选项卡中单击内边框、外边框，最后单击"确定"按钮，如图 8-20 所示。

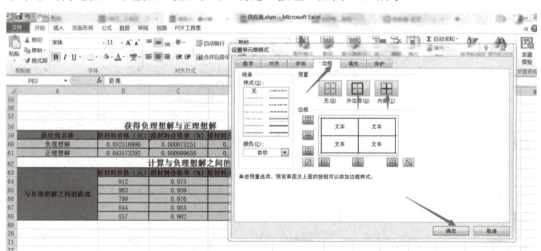

图 8-20　设置单元格格式

设置完成后，结果如图 8-21 所示。

	计算与负理想解之间的距离					
	原材料价格（元）	原材料合格率（%）	原材料生产周期（天）	历史履约率（%）	距离	供应商
与负理想解之间的距离	912	0.975	156	0.962		天一公司
	963	0.959	132	0.991		义合公司
	799	0.976	141	0.989		阳光公司
	844	0.983	170	0.949		大通公司
	857	0.962	124	0.955		齐天公司

图 8-21　单元格格式设置完成

(4) B64:F68 单元格区域的公式设置如表 8-8 所示。

表 8-8 与负理想解之间的距离计算公式

单元格	公 式
B64	=(B47−B60)^2
C64	=(C47−C60)^2
D64	=(D47−D60)^2
E64	=(E47−E60)^2
B65	=(B48−B60)^2
C65	=(C48−C60)^2
D65	=(D48−D60)^2
E65	=(E48−E60)^2
B66	=(B49−B60)^2
C66	=(C49−C60)^2
D66	=(D49−D60)^2
E66	=(E49−E60)^2
B67	=(B50−B60)^2
C67	=(C50−C60)^2
D67	=(D50−D60)^2
E67	=(E50−E60)^2
B68	=(B51−B60)^2
C68	=(C51−C60)^2
D68	=(D51−D60)^2
E68	=(E51−E60)^2
F64	=SQRT(SUM(B64:E64))
F65	=SQRT(SUM(B65:E65))
F66	=SQRT(SUM(B66:E66))
F67	=SQRT(SUM(B67:E67))
F68	=SQRT(SUM(B68:E68))

根据表 8-8,依次设置 B64:F68 单元格区域公式,与负理想解之间的距离计算结果如图 8-22 所示。

计算与负理想解之间的距离

	原材料价格（元）	原材料合格率（%）	原材料生产周期（天）	历史履约率（%）	距离	供应商
与负理想解之间的距离	7.73548E−06	2.6475E−10	0.000204234	2.44794E−09	0.014559	天一公司
	0	0	0.00150466	2.55512E−08	0.03879	义合公司
	7.99898E−05	2.98878E−10	0.000876329	2.31757E−08	0.030925	阳光公司
	4.21154E−05	5.95687E−10	0	0	0.00649	大通公司
	3.34163E−05	9.30761E−12	0.002204889	5.21454E−10	0.047311	齐天公司

图 8-22 与负理想解之间的距离计算结果

（六）计算与正理想解之间的距离

(1) 选中 A74:G74 单元格区域，将该单元格区域合并并居中，在其中输入"计算与正理想解之间的距离"，设置"字号"为 14 号，"字体"为"宋体"，并且进行标题加粗处理。将原材料价格 (元)、原材料合格率 (%)、原材料生产周期 (天)、历史履约率 (%) 等信息从供应商基础信息中粘贴过来。

(2) 将 A75:A80 单元格区域合并并居中，在其中输入"与负理想解之间的距离"。

(3) 选中 F75 单元格，在其中输入"距离"。选中 G75:G80 单元格区域，将供应商名称的相关信息从供应商基础信息中粘贴过来。选中 F75:G80 单元格区域并右击，在弹出的快捷菜单中选择"设置单元格格式"命令，弹出"设置单元格格式"对话框，在"边框"选项卡中依次单击内边框、外边框，最后单击"确定"按钮，如图 8-23 所示。

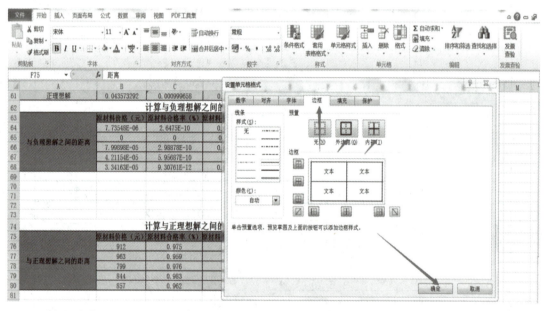

图 8-23　设置单元格格式

设置完成后，结果如图 8-24 所示。

	计算与正理想解之间的距离					
	原材料价格（元）	原材料合格率（%）	原材料生产周期（天）	历史履约率（%）	距离	供应商
与正理想解之间的距离	912	0.975	156	0.962		天一公司
	963	0.959	132	0.991		义合公司
	799	0.976	141	0.989		阳光公司
	844	0.983	170	0.949		大通公司
	857	0.962	124	0.955		齐天公司

图 8-24　单元格格式设置完成

(4) B76:F80 单元格区域的公式设置如表 8-9 所示。

表 8-9　与正理想解之间的距离计算公式

单元格	公　式
B76	=(B47−B61)^2
C76	=(C47−C61)^2
D76	=(D47−D61)^2
E76	=(E47−E61)^2
B77	=(B48−B61)^2
C77	=(C48−C61)^2
D77	=(D48−D61)^2
E77	=(E48−E61)^2
B78	=(B49−B61)^2
C78	=(C49−C61)^2
D78	=(D49−D61)^2
E78	=(E49−E61)^2
B79	=(B50−B61)^2
C79	=(C50−C61)^2
D79	=(D50−D61)^2
E79	=(E50−E61)^2
B80	=(B51−B61)^2
C80	=(C51−C61)^2
D80	=(D51−D61)^2
E80	=(E51−E61)^2
F76	=SQRT(SUM(B76:E76))
F77	=SQRT(SUM(B77:E77))
F78	=SQRT(SUM(B78:E78))
F79	=SQRT(SUM(B79:E79))
F80	=SQRT(SUM(B80:E80))

根据表 8-9，依次设置 B76:F80 单元格区域公式，与正理想解之间的距离计算结果如图 8-25 所示。

	计算与正理想解之间的距离					
	原材料价格（元）	原材料合格率（%）	原材料生产周期（天）	历史履约率（%）	距离	供应商
与正理想解之间的距离	3.79755E-05	6.61875E-11	0.001067016	1.21817E-08	0.033242	天一公司
	7.99898E-05	5.95687E-10	6.66885E-05		0.012111	义合公司
	0	5.06748E-11	0.00030114	5.79393E-11	0.017353	阳光公司
	6.02244E-06	0	0.002204889	2.55512E-08	0.047021	大通公司
	1.00047E-05	4.56073E-10	0	1.87723E-08	0.003166	齐天公司

图 8-25　与正理想解之间的距离计算结果

（七）得出供应商评价名次

(1) 选中 A88:C88 单元格区域，将该单元格区域合并并居中，在其中输入"供应商评价名次"，设置"字号"为 14 号，"字体"为"宋体"，并且进行标题加粗处理。将供应商名称信息从供应商基础信息中粘贴过来。在 B89 单元格中输入"相对接近度"，在 C89 单元格中输入"评价名次"，如图 8-26 所示。

供应商评价名次		
供应商名称	相对接近度	评价名次
天一公司		
义合公司		
阳光公司		
大通公司		
齐天公司		

图 8-26　输入供应商名次基础信息

(2) B90:C94 单元格区域的公式设置如表 8-10 所示。

表 8-10　供应商评价名次计算公式

单元格	公　式
B90	=F64/(F64+F76)
B91	=F65/(F65+F77)
B92	=F66/(F66+F78)
B93	=F67/(F67+F79)
B94	=F68/(F68+F80)
C90	=RANK(B90,$B$90:$B$94)
C91	=RANK(B91,$B$90:$B$94)
C92	=RANK(B92,$B$90:$B$94)
C93	=RANK(B93,$B$90:$B$94)
C94	=RANK(B94,$B$90:$B$94)

根据表 8-10 依次设置 B90:C94 单元格区域的公式，结果如图 8-27 所示。

供应商评价名次		
供应商名称	相对接近度	评价名次
天一公司	0.304581404	4
义合公司	0.762067181	2
阳光公司	0.640554004	3
大通公司	0.121279206	5
齐天公司	0.937277007	1

图 8-27　供应商评价名次计算结果

结论：从图 8-27 所示的供应商评价名次结果可以看出，在 5 家原材料供应商中，齐天公司排名第 1，义合公司排名第 2，阳光公司排名第 3，天一公司排名第 4，大通公司排名第 5。由此可给出相应建议：建议公司把齐天公司列为战略合作伙伴，在采购资源方面给予最大程度的倾斜。但是需要特别说明和强调的是，公司必须注意评价的动态性，或者说，需要定期对供应商名单以及名单中供应商的表现进行动态更新。

任务二　供应商动态评价

 知识准备

1. 供应商管理

企业的供应商管理主要由供应商准入、供应商评估、供应商合作、供应商退出四个部分构成，在供应商由准入到退出这一循环中，蕴含着供应商网络的动态性和供应商管理标准、制度的动态调整。

供应商的情况如何会对企业的营销活动产生巨大的影响，如原材料价格变化、短缺等都会影响企业产品的价格和交货期，并会因而削弱企业与客户的长期合作与利益。因此，营销人员必须对供应商的情况有比较全面的了解和透彻的分析。

2. 供应商动态评价

在供应商管理的动态而持续的过程中，通常会出现以下几种情况。一方面，已经合作或者拟建立合作关系的供应商的绩效表现会发生变化，如前面所述的某供应商的零部件价格、零部件合格率、零部件生产周期、历史履约率等评价指标的绩效成绩可能会发生变化；另一方面，公司需要考虑的供应商评价指标可能会发生变化，如公司在与供应商合作一定时间后，历史履约率指标不再构成重要因素，而应急供应能力开始变得重要等。另外，可能有的老供应商不再生产类似产品，有的新供应商开始生产相关产品，或者说，供应商名单会发生变化。在这种情况下，公司必须对供应商重新进行评价，即进行供应商动态评价。

在供应商动态评价中，本项目使用的是改进的 TOPSIS 方法。

 任务目标

(1) 在供应商静态评价分析的基础上，学会供应商动态评价。其具体内容包括三个方面，一是修改供应商绩效表现成绩后再进行评价；二是改变供应商评价指标后再进行评价；三是增加或减少供应商名单后再进行评价。

(2) 理解改进的 TOPSIS 方法的基本原理。

(3) 掌握改进的 TOPSIS 方法在 Excel 中的计算公式设置，并且能够熟练应用。

(4) 在相关参数发生变化时，能够对相应单元格中设置的公式进行恰当的修改，保证评价结果的动态合理性。

 任务资料

本任务使用的数据沿用任务一所述的福源公司供应商数据，在一定时间后，福源公司

供应商的数据发生了如下变化。

变化一：天一公司、义合公司、阳光公司、大通公司、齐天公司 5 家供应商的原材料价格、原材料合格率、原材料生产周期、历史履约率等评价指标的相关数据发生了变化，具体如表 8-11 所示。

表 8-11　5 家供应商的评价指标相关数据变化情况

供应商名称	零部件价格 / 元	零部件合格率 /%	零部件生产周期 / 天	历史履约率 /%
天一公司	999	0.948	156	0.935
义合公司	963	0.961	168	0.981
阳光公司	888	0.976	149	0.989
大通公司	844	0.983	160	0.949
齐天公司	970	0.962	141	0.955

变化二：天一公司、义合公司、阳光公司、大通公司、齐天公司 5 家供应商的评价指标发生了变化，由原来的原材料价格、原材料合格率、原材料生产周期、历史履约率变成了原材料价格、原材料合格率、原材料生产周期、历史履约率、允许赊账天数，具体如表 8-12 所示。

表 8-12　5 家供应商的评价指标变化情况

供应商名称	原材料价格 / 元	原材料合格率 /%	原材料生产周期 / 天	历史履约率 /%	允许赊账天数 / 天
天一公司	999	0.948	156	0.935	100
义合公司	963	0.961	168	0.981	120
阳光公司	888	0.976	149	0.989	30
大通公司	844	0.983	160	0.949	360
齐天公司	970	0.962	141	0.955	100

变化三：天一公司、义合公司、阳光公司、大通公司、齐天公司 5 家供应商名单发生了变化，天一公司不再生产，同时宁泰公司、云阳公司进入评价名单，变为义合公司、阳光公司、大通公司、齐天公司、宁泰公司、云阳公司 6 家供应商，具体如表 8-13 所示。

表 8-13　供应商名单变化情况

供应商名称	原材料价格 / 元	原材料合格率 /%	原材料生产周期 / 天	历史履约率 /%	允许赊账天数 / 天
宁泰公司	945	0.992	170	0.935	100
义合公司	963	0.961	168	0.981	120
阳光公司	888	0.976	149	0.989	92
大通公司	844	0.983	160	0.949	88
齐天公司	970	0.962	141	0.955	85
云阳公司	864	0.923	150	0.952	99

为了避免使用单一指标对供应商开展的评价失之偏颇，企业可使用本项目建立的改进 TOPSIS 法的零部件供应商评价模型对各个供应商进行定量分析与统筹评价，选出最优零部件供应商。

 任务操作

1. "变化一"动态评价

(1) 建立"供应商动态评价 1"工作表。

① 打开 Excel 中的"供应商 .xlsm"工作簿，将"供应商"工作表复制到 Sheet2，并重命名为"供应商动态评价 1"，如图 8-28 所示。

	供应商基础信息			
供应商名称	材料价格（元）	原材料合格率（%）	原材料生产周期（天）	历史履约率（%）
天一公司	912	0.975	156	0.962
义合公司	963	0.959	132	0.991
阳光公司	799	0.976	141	0.989
大通公司	844	0.983	170	0.949
齐天公司	857	0.962	124	0.955

	基础数据标准化			
供应商名称	材料价格（元）	原材料合格率（%）	原材料生产周期（天）	历史履约率（%）
天一公司	0.208457143	0.200823893	0.215767635	0.198514239
义合公司	0.220114286	0.197528321	0.182572614	0.204498556
阳光公司	0.182628571	0.201029866	0.195020747	0.204085844
大通公司	0.192914286	0.202471679	0.235131397	0.195831614
齐天公司	0.195885714	0.198146241	0.171507607	0.197069748

图 8-28　建立"供应商动态评价 1"工作表

② 在其中输入变化后的供应商基础信息，如图 8-29 所示。

	供应商基础信息			
供应商名称	材料价格（元）	原材料合格率（%）	原材料生产周期（天）	历史履约率（%）
天一公司	999	0.948	156	0.935
义合公司	963	0.961	168	0.981
阳光公司	888	0.976	149	0.989
大通公司	844	0.983	160	0.949
齐天公司	970	0.962	141	0.955

图 8-29　输入变化后供应商基础信息

【提示】

在任务一"供应商静态分析"中，已经对将供应商基础信息数据进行标准化处理、使用熵值法确定指标权重、计算供应商加权评价价值矩阵、获得负理想解与正理想解、计算与负理想解之间的距离、计算与正理想解之间的距离、得出供应商评价名次等操作步骤进行了公式设置，所以在将各家供应商的基本信息输入 Excel 后，后续 Excel 2010 将对剩余的操作步骤依据公式自动计算，无需再次设置公式。

(2) 将供应商基础信息进行标准化处理。工作簿自动更新后，供应商基础数据标准化信息如图 8-30 所示。

	基础数据标准化			
供应商名称	材料价格（元）	原材料合格率（%）	原材料生产周期（天）	历史履约率（%）
天一公司	0.21419	0.19627	0.20155	0.19443
义合公司	0.20648	0.19896	0.21705	0.20399
阳光公司	0.19039	0.20207	0.19251	0.20566
大通公司	0.18096	0.20352	0.20672	0.19734
齐天公司	0.20798	0.19917	0.18217	0.19859

图 8-30　供应商基础数据标准化信息

(3) 使用熵值法确定指标权重。工作簿自动更新后，使用熵值法确定指标权重结果如图 8-31 所示。

E51 | fx =E21*$E$43

	A	B	C	D	E
28		熵值法确定指标权重			
29	供应商名称	材料价格（元）	原材料合格率（%）	原材料生产周期（天）	历史履约率（%）
30	天一公司	-0.330045685	-0.319581447	-0.322826454	-0.318412882
31	义合公司	-0.325730066	-0.321254011	-0.331573806	-0.324281184
32	阳光公司	-0.315799186	-0.323138679	-0.317178565	-0.325255367
33	大通公司	-0.309347758	-0.324001812	-0.3258704	-0.320247666
34	齐天公司	-0.326591483	-0.321381155	-0.310202183	-0.321020817
42	计算指标分散程度	0.001195283	5.02094E-05	0.001110018	0.000136692
43	计算指标权重因子	0.479609382	0.020146593	0.445396271	0.054847754

图 8-31　使用熵值法确定指标权重结果

(4) 计算供应商加权评价价值矩阵。工作簿自动更新后，供应商加权评价价值矩阵计算结果如图 8-32 所示。

	计算供应商加权评价价值矩阵			
供应商名称	材料价格（元）	原材料合格率（%）	原材料生产周期（天）	历史履约率（%）
天一公司	0.102729368	0.003954238	0.089769791	0.010663891
义合公司	0.099027409	0.004008463	0.09667516	0.011188531
阳光公司	0.091314994	0.00407103	0.085741659	0.011279773
大通公司	0.086790377	0.004100228	0.092071581	0.010823564
齐天公司	0.099747234	0.004012634	0.08113808	0.010891995

图 8-32　供应商加权评价价值矩阵计算结果

(5) 获得负理想解与正理想解。工作簿自动更新后，获得的负理想解与正理想解如图 8-33 所示。

58	获得负理想解与正理想解			
59	供应商名称	材料价格（元）	原材料合格率（%）	原材料生产周期（天）	历史履约率（%）
60	负理想解	0.102729368	0.003954238	0.09667516	0.010663891
61	正理想解	0.086790377	0.004100228	0.08113808	0.011279773

图 8-33　获得的负理想解与正理想解

(6) 计算与负理想解之间的距离。工作簿自动更新后，与负理想解之间的距离计算结果如图 8-34 所示。

62	计算与负理想解之间的距离					
63		材料价格（元）	原材料合格率（%）	原材料生产周期（天）	历史履约率（%）	距离	供应商
64	与负理想解之间的距离	0	0	4.76841E-05		0.006905	天一公司
65		1.37045E-05	2.94033E-09	0	2.75248E-07	0.003739	义合公司
66		0.000130288	1.36403E-08	0.000119541	3.79311E-07	0.015818	阳光公司
67		0.000254051	2.1313E-08	2.11929E-05	0	0.016591	大通公司
68		8.89312E-06	3.41008E-09	0.000241401	5.20317E-08	0.015822	齐天公司
69							
70							

图 8-34　与负理想解之间的距离计算结果

(7) 计算与正理想解之间的距离。工作簿自动更新后，与正理想解之间的距离计算结果如图 8-35 所示。

73	计算与正理想解之间的距离					
74		材料价格（元）	原材料合格率（%）	原材料生产周期（天）	历史履约率（%）	距离	供应商
75	与正理想解之间的距离	0.000254051	2.1313E-08	7.45064E-05	3.79311E-07	0.018137	天一公司
76		0.000149745	8.42082E-09	0.000241401	8.32507E-09	0.019778	义合公司
77		2.04722E-05	8.52521E-10	2.11929E-05	0	0.006455	阳光公司
78		0	0	0.000119541	2.08127E-07	0.010943	大通公司
79		0.00016788	7.67269E-09	0	1.50372E-07	0.012963	齐天公司
80							
81							
82							

图 8-35　与正理想解之间的距离计算结果

(8) 得出供应商评价名次。工作簿自动更新后，供应商评价名次结果如图 8-36 所示。

87	供应商评价名次		
88			
89	供应商名称	相对接近度	评价名次
90	天一公司	0.275745078	4
91	义合公司	0.159004808	5
92	阳光公司	0.710195304	1
93	大通公司	0.602565715	2
94	齐天公司	0.549668926	3
95			
96			

图 8-36　供应商评价名次结果

结论：从图 8-36 所示的供应商评价名次结果可以看出，供应商原材料价格（元）、原材料合格率（%）、原材料生产周期（天）、历史履约率（%）等基础信息发生变化，相应地，供应商评价名次也发生了很大的变化。在 5 家原材料供应商中，阳光公司由原来的排名第 3 变成第 1，齐天公司由排名第 1 变为第 3，义合公司由排名第 2 变为第 5，大通公司由排名第 5 变为第 2，天一公司仍然排名第 4。

由此可给出相应建议：建议公司把阳光公司列为战略合作伙伴，在采购资源方面给予最大程度的倾斜。但是需要特别说明和强调的是，公司必须注意评价的动态性，或者说，需要定期对供应商名单以及名单中供应商的表现进行动态更新。

2. "变化二" 动态评价

1) 建立"供应商动态评价2"工作表

(1) 打开 Excel 中的"供应商 .xlsm"工作表，将"供应商动态评价 1"工作表复制到 Sheet3，并重命名为"供应商动态评价 2"，如图 8-37 所示。

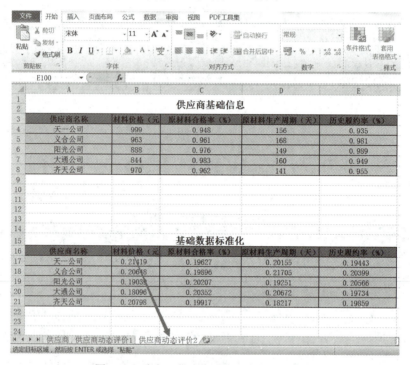

图 8-37　建立"供应商动态评价 2"工作表

(2) 输入变化后的供应商基础信息。

① 选中 A1:F2 单元格区域，将该单元格区域合并并居中，在其中输入"供应商基础信息"，设置"字号"为 14 号，"字体"为"宋体"，并且进行标题加粗处理，如图 8-38 所示。

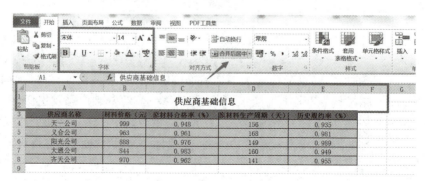

图 8-38　输入供应商基础信息

② 在 F3 单元格中输入"允许赊账天数（天）"，设置"字号"为 11 号，"字体"为"宋体"，并且进行标题加粗处理，适当调整列宽，将单元格底纹设置为蓝色，其他单元格设置保持不变，根据表 8-12 输入各家供应商信息，如图 8-39 所示。

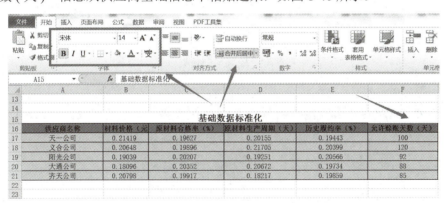

图 8-39　输入供应商允许赊账天数

2）将供应商基础信息进行标准化处理

（1）选中 A15:F15 单元格区域，将该单元格区域合并并居中，在其中输入"基础数据标准化"，设置"字号"为 14 号，"字体"为"宋体"，并且进行标题加粗处理，将"允许赊账天数（天）"信息从供应商基础信息中粘贴过来，如图 8-40 所示。

图 8-40　输入基础数据信息

（2）设置 F17:F21 单元格区域公式。

B17:E21 单元格区域公式保持不变，F17:F21 单元格区域的公式设置如表 8-14 所示。

表 8-14　基础信息数据标准化处理公式

单元格	公　式
F17	=F4/SUM($F$4:$F$8)
F18	=F5/SUM($F$4:$F$8)
F19	=F6/SUM($F$4:$F$8)
F20	=F7/SUM($F$4:$F$8)
F21	=F8/SUM($F$4:$F$8)

根据表 8-14 设置 F17:F21 单元格区域公式，结果如图 8-41 所示。

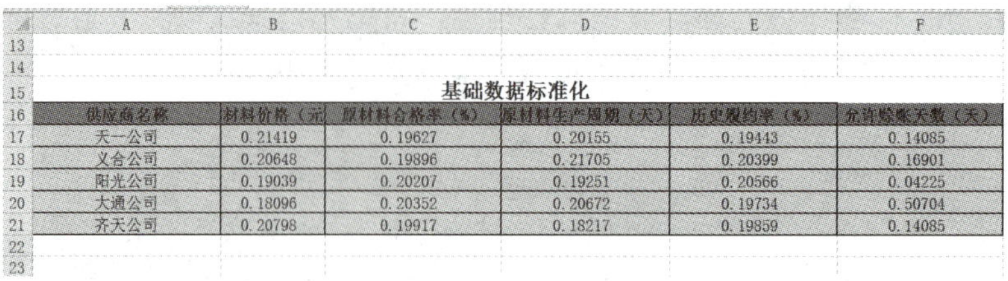

图 8-41　基础数据标准化结果

3) 使用熵值法确定指标权重

(1) 选中 A28:F28 单元格区域，将该单元格区域合并并居中，在其中输入"熵值法确定指标权重"，设置"字号"为 14 号，"字体"为"宋体"，并且进行标题加粗处理，将"允许赊账天数 (天)"信息从供应商基础信息中粘贴过来，如图 8-42 所示。

图 8-42　输入基础数据信息

(2) 设置 F30:F34 单元格区域公式。

B30:E34 单元格区域公式保持不变，F30:F34 单元格区域的公式设置如表 8-15 所示。

表 8-15　使用熵值法确定指标权重公式

单元格	公　式
F30	=F17*LN(F17)
F31	=F18*LN(F18)
F32	=F19*LN(F19)
F33	=F20*LN(F20)
F34	=F21*LN(F21)

根据表 8-15 设置 F30:F34 单元格区域公式，结果如图 8-43 所示。

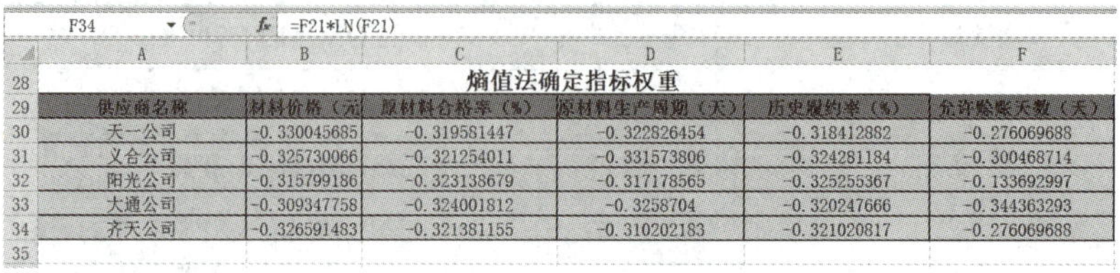

图 8-43　使用熵值法确定指标权重结果

(3) 计算指标分散程度。B42:E42 单元格区域中的公式保持不变，将 F42 单元格的公式设置为"=1-ABS(F30:F34))/LN(COUNT(F4:F80)"，结果如图 8-44 所示。

	A	B	C	D	E	F
					G46	fx
32	阳光公司	-0.315799186	-0.323138679	-0.317178565	-0.325255367	-0.133692997
33	大通公司	-0.309347758	-0.324001812	-0.3258704	-0.320247666	-0.344363293
34	齐天公司	-0.326591483	-0.321381155	-0.310202183	-0.321020817	-0.276069688
35						
36						
37						
38						
39						
40						
41						
42	计算指标分散程度	0.001195283	5.02094E-05	0.001110018	0.000136692	0.173211735
43	计算指标权重因子	0.479609382	0.020146593	0.445396271	0.054847754	
44						

图 8-44　指标分散程度计算结果

(4) 计算指标权重因子。

在本次变化中，计算指标权重因子部分公式也发生了变化，B43:F43 单元格区域的公式如表 8-16 所示。

表 8-16　指标权重因子计算公式

单元格	公　式
B43	=B42/SUM($B$42:$F$42)
C43	=C42/SUM($B$42:$F$42)
D43	=D42/SUM($B$42:$F$42)
E43	=E42/SUM($B$42:$F$42)
F43	=F42/SUM($B$42:$F$42)

根据表 8-16 设置 B43:F43 单元格区域公式，结果如图 8-45 所示。

	A	B	C	D	E	F
	F43	fx	=F42/SUM($B$42:$F$42)			
28	熵值法确定指标权重					
29	供应商名称	材料价格（元）	原材料合格率（%）	原材料生产周期（天）	历史履约率（%）	允许赊账天数（天）
30	天一公司	-0.330045685	-0.319581447	-0.322826454	-0.318412882	-0.276069688
31	义合公司	-0.325730066	-0.321254011	-0.331573806	-0.324281184	-0.300468714
32	阳光公司	-0.315799186	-0.323138679	-0.317178565	-0.325255367	-0.133692997
33	大通公司	-0.309347758	-0.324001812	-0.3258704	-0.320247666	-0.344363293
34	齐天公司	-0.326591483	-0.321381155	-0.310202183	-0.321020817	-0.276069688
35						
36						
37						
38						
39						
40						
41						
42	计算指标分散程度	0.001195283	5.02094E-05	0.001110018	0.000136692	0.173211735
43	计算指标权重因子	0.006802827	0.000285761	0.006317545	0.000777966	0.985815901
44						

图 8-45　指标权重因子计算结果

4) 计算供应商加权评价价值矩阵

(1) 选中 A45:F45 单元格区域，将该单元格区域合并并居中，在其中输入"计算供应商加权评价价值矩阵"，设置"字号"为 14 号，"字体"为"宋体"，并且进行标题加粗处理，将"允许赊账天数（天）"信息从供应商基础信息中粘贴过来，如图 8-46 所示。

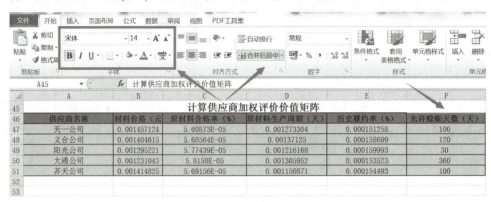

图 8-46　输入基础数据信息

(2) 设置 F47:F51 单元格区域公式。

B47:E51 单元格区域公式保持不变，F47:F51 单元格区域的公式设置如表 8-17 所示。

表 8-17　供应商加权评价价值矩阵计算公式

单 元 格	公　式
F47	=F17*$F$43
F48	=F18*$F$43
F49	=F19*$F$43
F50	=F20*$F$43
F51	=F21*$F$43

根据表 8-17 设置 B47:E51 单元格区域公式，结果如图 8-47 所示。

图 8-47　供应商加权评价价值矩阵计算结果

5) 获得负理想解与正理想解

(1) 选中 A58:F58 单元格区域，将该单元格区域合并并居中，在其中输入"获得负理想解与正理想解"，设置"字号"为 14 号，"字体"为"宋体"，并且进行标题加粗处理，将"允许赊账天数（天）"信息从供应商基础信息中粘贴过来，如图 8-48 所示。

57					
58	**获得负理想解与正理想解**				
59	供应商名称	材料价格（元）	原材料合格率（%）	原材料生产周期（天）	历史履约率（%）	允许赊账天数（天）
60	负理想解	0.001457124	5.60873E-05	0.00137125	0.000151258	
61	正理想解	0.001231043	5.8158E-05	0.001150871	0.000159993	

图 8-48 输入基础数据信息

(2) 设置 F60:F61 单元格区域公式。

B60:E61 单元格区域的公式保持不变，F60:F61 单元格区域的公式设置如表 8-18 所示。

表 8-18 获得负理想解与正理想解公式

单 元 格	公 式
F60	=MIN(F47:F51)
F61	=MAX(F47:F51)

根据表 8-18 设置 B60:F61 单元格区域公式，结果如图 8-49 所示。

58	**获得负理想解与正理想解**				
59	供应商名称	材料价格（元）	原材料合格率（%）	原材料生产周期（天）	历史履约率（%）	允许赊账天数（天）
60	负理想解	0.001457124	5.60873E-05	0.00137125	0.000151258	0.041654193
61	正理想解	0.001231043	5.8158E-05	0.001150871	0.000159993	0.499850316

图 8-49 负理想解与正理想解结果

6) 计算与负理想解之间的距离

(1) 选中 A62:G62 单元格，将该单元格区域合并并居中，在其中输入"计算与负理想解之间的距离"，设置"字号"为 14 号，"字体"为"宋体"，并且进行标题加粗处理。在"供应商"列左边插入一列，取消 G3:G61 单元格区域格式，将"允许赊账天数（天）"信息从供应商基础信息中粘贴在 G63:G68 单元格区域中，如图 8-50 所示。

图 8-50 输入基础数据信息

(2) 设置 F64:G68 单元格区域公式。

B64:E68 单元格区域的公式设置保持不变，F64:G68 单元格区域的公式设置如表 8-19 所示。

表 8-19　与负理想解之间的距离计算公式

单 元 格	公　式
F64	=(F47-F60)^2
F65	=(F48-F60)^2
F66	=(F49-F60)^2
F67	=(F50-F60)^2
F68	=(F51-F60)^2
G64	=SQRT(SUM(B64:F64))
G65	=SQRT(SUM(B65:F65))
G66	=SQRT(SUM(B66:F66))
G67	=SQRT(SUM(B67:F67))
G68	=SQRT(SUM(B68:F68))

根据表 8-19 设置 B64:G68 单元格区域公式，与负理想解之间的距离计算结果如图 8-51 所示。

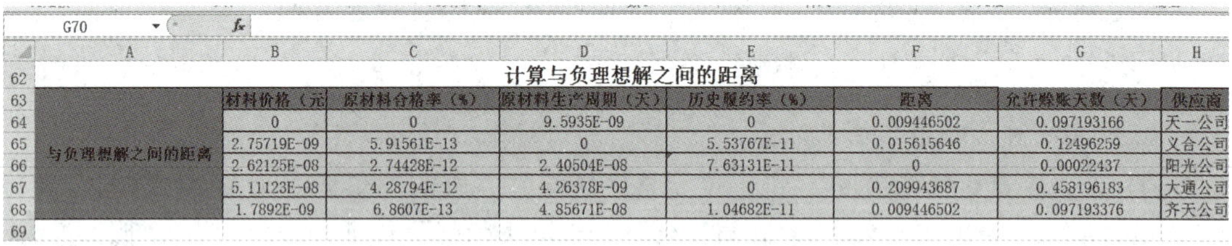

计算与负理想解之间的距离

	材料价格（元	原材料合格率（%）	原材料生产周期（天）	历史履约率（%）	距离	允许赊账天数（天）	供应商
与负理想解之间的距离	0	0	9.5935E-09	0	0.009446502	0.097193166	天一公司
	2.75719E-09	5.91561E-13	0	5.53767E-11	0.015615646	0.12496259	义合公司
	2.62125E-08	2.74428E-12	2.40504E-08	7.63131E-11	0	0.00022437	阳光公司
	5.11123E-08	4.28794E-12	4.26378E-09	0	0.209943687	0.458196183	大通公司
	1.7892E-09	6.8607E-13	4.85671E-08	1.04682E-11	0.009446502	0.097193376	齐天公司

图 8-51　与负理想解之间的距离计算结果

7) 计算与正理想解之间的距离

(1) 选中 A74:G74 单元格区域，将该单元格区域合并并居中，在其中输入“计算与正理想解之间的距离”，设置“字号”为 14 号，“字体”为“宋体”，并且进行标题加粗处理，将“允许赊账天数 (天)”信息从供应商基础信息中粘贴在 G75:G80 单元格区域中，如图 8-52 所示。

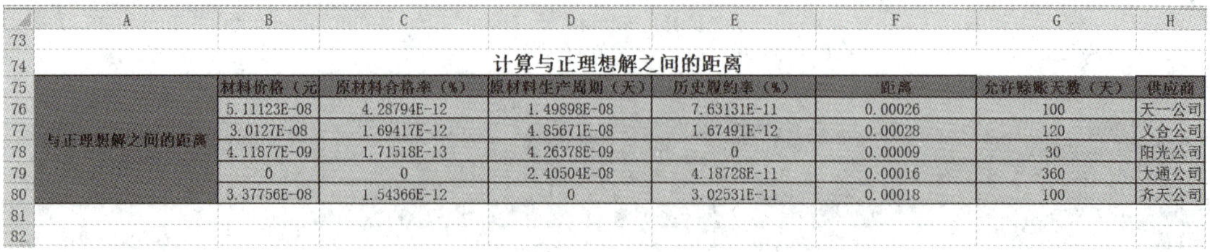

计算与正理想解之间的距离

	材料价格（元	原材料合格率（%）	原材料生产周期（天）	历史履约率（%）	距离	允许赊账天数（天）	供应商
与正理想解之间的距离	5.11123E-08	4.28794E-12	1.49898E-08	7.63131E-11	0.00026	100	天一公司
	3.0127E-08	1.69417E-12	4.85671E-08	1.67491E-12	0.00028	120	义合公司
	4.11877E-09	1.71518E-13	4.26378E-09	0	0.00009	30	阳光公司
	0	0	2.40504E-08	4.18728E-11	0.00016	360	大通公司
	3.37756E-08	1.54366E-12	0	3.02531E-11	0.00018	100	齐天公司

图 8-52　输入基础数据信息

(2) 设置 F76:G80 单元格区域公式。

B76:E80 单元格区域的公式设置保持不变，F76:G80 单元格区域的公式设置如表 8-20 所示。

表 8-20　与正理想解之间的距离计算公式

单 元 格	公　式
F76	=(F47−$F$61)^2
F77	=(F48−$F$61)^2
F78	=(F49−$F$61)^2
F79	=(F50−$F$61)^2
F80	=(F51−$F$61)^2
G76	=SQRT(SUM(B76:F76))
G77	=SQRT(SUM(B77:F77))
G78	=SQRT(SUM(B78:F78))
G79	=SQRT(SUM(B79:F79))
G80	=SQRT(SUM(B80:F80))

根据表 8-20 设置 B76:G80 单元格区域公式，与正理想解之间的距离计算结果如图 8-53 所示。

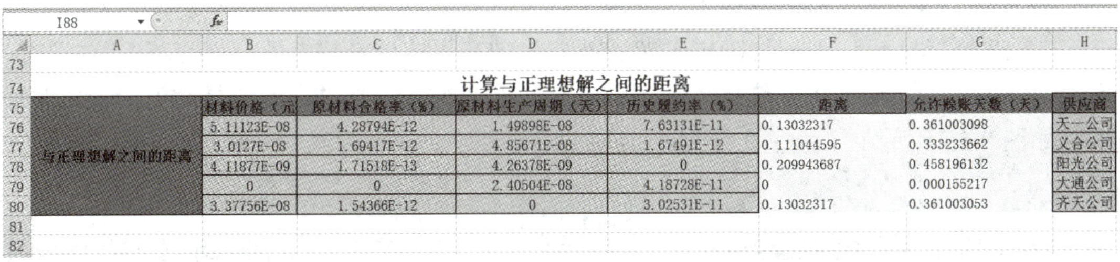

计算与正理想解之间的距离

	材料价格（元	原材料合格率（%）	原材料生产周期（天）	历史履约率（%）	距离	允许赊账天数（天）	供应商
与正理想解之间的距离	5. 11123E-08	4. 28794E-12	1. 49898E-08	7. 63131E-11	0. 13032317	0. 361003098	天一公司
	3. 0127E-08	1. 69417E-12	4. 85671E-08	1. 67491E-12	0. 111044595	0. 333233662	义合公司
	4. 11877E-09	1. 71518E-13	4. 26378E-09	0	0. 209943687	0. 458196132	阳光公司
	0	0	2. 40504E-08	4. 18728E-11	0	0. 000155217	大通公司
	3. 37756E-08	1. 54366E-12	0	3. 02531E-11	0. 13032317	0. 361003053	齐天公司

图 8-53　与正理想解之间的距离计算结果

8) 得出供应商评价名次

(1) 输入数据，设置格式。

在本次变化中，增加各供应商的允许赊账天数，所以相对接近度公式发生变化，计算供应商评价名次之前已设置过，会自动更新。B90:B94 单元格区域的公式设置如表 8-21 所示。

表 8-21　相对接近度计算公式

单 元 格	公　式
B90	=G64/(G64+G76)
B91	=G65/(G65+G77)
B92	=G66/(G66+G78)
B93	=G67/(G67+G79)
B94	=G68/(G68+G80)

(2) 根据表 8-21 依次设置 B90:B94 单元格区域的公式，结果如图 8-54 所示。

88	供应商评价名次		
89	供应商名称	相对接近度	评价名次
90	天一公司	0.212121255	4
91	义合公司	0.27272722	2
92	阳光公司	0.000489441	5
93	大通公司	0.999661359	1
94	齐天公司	0.212121636	3
95			
96			

图 8-54　供应商评价名次结果

结论：从图 8-54 所示的供应商评价名次结果可以看出，增加各供应商允许赊账天数之后，各供应商评价名次变化很大。在 5 家原材料供应商中，大通公司排名第 1，义合公司排名第 2，齐天公司排名第 3，天一公司排名第 4，阳光公司排名第 5。

由此可给出相应建议：建议公司把大通公司列为战略合作伙伴，在采购资源方面给予最大程度的倾斜。但是需要特别说明和强调的是，公司必须注意评价的动态性，或者说，需要定期对供应商名单以及名单中供应商的表现进行动态更新。

3. "变化三" 动态评价

1) 建立 "供应商动态评价 3" 工作表

(1) 打开 "供应商 .xlsm" 工作簿，将鼠标指针放在下方工具栏 "供应商动态评价 2" 处，右击，在弹出的快捷菜单中选择 "移动或者复制" 命令，打开 "移动或复制工作表" 对话框，如图 8-55 所示。

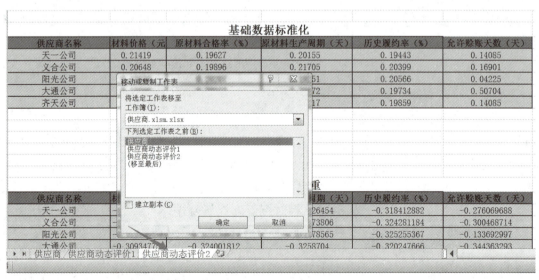

图 8-55　"移动或复制工作表" 对话框

(2) 选择 "(移到最后)"，选中 "建立副本 (C)" 复选框，单击 "确定" 按钮，建立 "供应商动态评价 2" 副本，并重命名为 "供应商动态评价 3"，建立 "供应商动态评价 3" 工作表，如图 8-56 和图 8-57 所示。

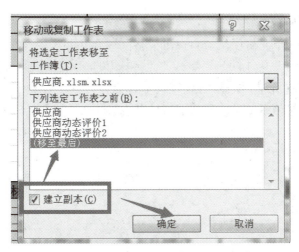

图 8-56 建立"供应商动态评价 2"副本

			供应商基础信息		
	A	B	C	D	E	F
供应商名称	材料价格（元）	原材料合格率（%）	原材料生产周期（天）	历史履约率（%）	允许赊账天数（天）
天一公司	999	0.948	156	0.935	100
义合公司	963	0.961	168	0.981	120
阳光公司	888	0.976	149	0.989	30
大通公司	844	0.983	160	0.949	360
齐天公司	970	0.962	141	0.955	100

基础数据标准化

供应商名称	材料价格（元）	原材料合格率（%）	原材料生产周期（天）	历史履约率（%）	允许赊账天数（天）
天一公司	0.21419	0.19627	0.20155	0.19443	0.14085
义合公司	0.20648	0.19896	0.21705	0.20399	0.16901
阳光公司	0.19039	0.20207	0.19251	0.20566	0.04225
大通公司	0.18096	0.20352	0.20672	0.19734	0.50704
齐天公司	0.20798	0.19917	0.18217	0.19859	0.14085

供应商 供应商动态评价1 供应商动态评价2 供应商动态评价3

图 8-57 建立"供应商动态评价 3"工作表

(3) 输入变化后的供应商基础信息 (表 8-13)，如图 8-58 所示。

	供应商基础信息				
供应商名称	材料价格（元）	原材料合格率（%）	原材料生产周期（天）	历史履约率（%）	允许赊账天数（天）
宁泰公司	945	0.992	170	0.935	100
义合公司	963	0.961	168	0.981	120
阳光公司	888	0.976	149	0.989	92
大通公司	844	0.983	160	0.949	88
齐天公司	970	0.962	141	0.955	85
云阳公司	864	0.923	150	0.952	99

图 8-58 输入供应商基础信息

2) 将供应商基础信息进行标准化处理

(1) 选中 A15:F15 单元格区域，将该单元格区域合并并居中，在其中输入"基础数据标准化"，设置"字号"为 14 号，"字体"为"宋体"，并且进行标题加粗处理。将供应商名称、原材料价格 (元)、原材料合格率 (%)、原材料生产周期 (天)、历史履约率 (%)、允许赊账天数 (天) 等信息从供应商基础信息中粘贴过来，如图 8-59 所示。

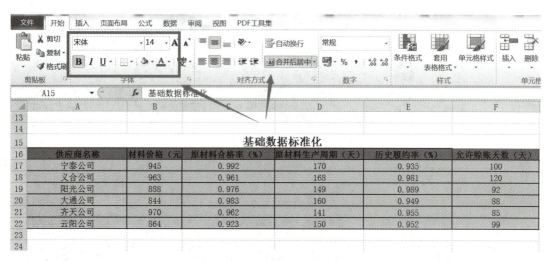

图 8-59　输入基础数据信息

(2) 设置 B17:F22 单元格区域公式。

B17:F22 单元格区域的公式设置如表 8-22 所示。

表 8-22　基础数据标准化处理公式

单 元 格	公 式
B17	=B4/SUM($B$4:$B$9)
C17	=C4/SUM($C$4:$C$9)
D17	=D4/SUM($D$4:$D$9)
E17	=F4/SUM($F$4:$F$9)
B18	=B5/SUM($B$4:$B$9)
C18	=C5/SUM($C$4:$C$9)
D18	=D5/SUM($D$4:$D$9)
E18	=E5/SUM($E$4:$E$9)
B19	=B6/SUM($B$4:$B$9)
C19	=C6/SUM($C$4:$C$9)
D19	=D6/SUM($D$4:$D$9)
E19	=E6/SUM($E$4:$E$9)
B20	=B7/SUM($B$4:$B$9)

单 元 格	公 式
C20	=C7/SUM($C$4:$C$9)
D20	=D7/SUM($D$4:$D$9)
E20	=E7/SUM($E$4:$E$9)
B21	=B8/SUM($B$4:$B$9)
C21	=C8/SUM($C$4:$C$9)
D21	=D8/SUM($D$4:$D$9)
E21	=E8/SUM($E$4:$E$9)
B22	=B9/SUM($B$4:$B$9)
C22	=C9/SUM($C$4:$C$9)
D22	=D9/SUM($D$4:$D$9)
E22	=E9/SUM($E$4:$E$9)
F17	=F4/SUM($F$4:$F$9)
F18	=F5/SUM($F$4:$F$9)
F19	=F6/SUM($F$4:$F$9)
F20	=F7/SUM($F$4:$F$9)
F21	=F8/SUM($F$4:$F$9)
F22	=F9/SUM($F$4:$F$9)

根据表 8-22 设置 B17:F22 单元格区域的公式，供应商基础数据标准化结果如图 8-60 所示。

		基础数据标准化			
供应商名称	材料价格（元）	原材料合格率（%）	原材料生产周期（天）	历史履约率（%）	允许赊账天数（天）
宁泰公司	0.17263	0.17112	0.18124	0.16230	0.17123
义合公司	0.17592	0.16578	0.17910	0.17028	0.20548
阳光公司	0.16222	0.16836	0.15885	0.17167	0.15753
大通公司	0.15418	0.16957	0.17058	0.16473	0.15068
齐天公司	0.17720	0.16595	0.15032	0.16577	0.14555
云阳公司	0.15784	0.15922	0.15991	0.16525	0.16952

图 8-60　基础数据标准化结果

3) 使用熵值法确定指标权重

(1) 选中 A28:F28 单元格区域，将该单元格区域合并并居中，在其中输入"熵值法确定指标权重"，设置"字号"为 14 号，"字体"为"宋体"，并且进行标题加粗处理，将供应商名称从供应商基础信息中粘贴过来，如图 8-61 所示。

图 8-61　输入基础数据信息

(2) 设置 B35:F35 单元格区域公式。

B17:F34 单元格区域公式保持不变，B35:F35 单元格区域的公式设置如表 8-23 所示。

表 8-23　使用熵值法确定指标权重公式

单 元 格	公　式
B35	=B22*LN(B22)
C35	=C22*LN(C22)
D35	=D22*LN(D22)
E35	=E22*LN(E22)
F35	=F22*LN(F22)

根据表 8-23，设置 B35:F35 单元格区域公式，结果如图 8-62 所示。

图 8-62　使用熵值法确定指标权重结果

(3) 计算指标分散程度。

在本例中，B42:E42 单元格区域中的公式发生变化，具体如表 8-24 所示。

表 8-24　指标分散程度计算公式

单 元 格	公　式
B42	=1-ABS(SUM(B30:B35))/LN(COUNT(B4:B9))
C42	=1-ABS(SUM(C30:C35))/LN(COUNT(C4:C9))
D42	=1-ABS(SUM(D30:D35))/LN(COUNT(D4:D9))
E42	=1-ABS(SUM(E30:E35))/LN(COUNT(E4:E9))
F42	=1-ABS(SUM(F30:F35))/LN(COUNT(F4:F9))

根据表 8-24，设置 B42:F42 单元格区域公式，结果如图 8-63 所示。

	A	B	C	D	E	F
28			熵值法确定指标权重			
29	供应商名称	材料价格（元）	原材料合格率（%）	原材料生产周期（天）	历史履约率（%）	允许赊账天数（天）
30	宁泰公司	-0.303245901	-0.302095866	-0.309543451	-0.295110056	-0.302179931
31	义合公司	-0.305702622	-0.297918523	-0.308021368	-0.301450843	-0.325152584
32	阳光公司	-0.295047189	-0.299961021	-0.292250259	-0.302514863	-0.291140995
33	大通公司	-0.288263219	-0.300900539	-0.3016761	-0.297080579	-0.285180902
34	齐天公司	-0.306641351	-0.298055939	-0.284854582	-0.297914083	-0.280507238
35	云阳公司	-0.291397514	-0.292561956	-0.293142002	-0.297498152	-0.30086187
36						
37						
38						
39						
40						
41						
42	计算指标分散程度	0.000815775	0.000148248	0.001267864	0.00010654	0.003759405

图 8-63　指标分散程度计算结果

(4) 计算指标权重因子。

在本例中，计算指标权重因子部分各个单元格的公式都发生了变化，B43:F43 单元格区域中的公式如表 8-25 所示。

表 8-25　指标权重因子计算公式

单 元 格	公 式
B43	=B42/SUM($B$42:$F$42)
C43	=C42/SUM($B$42:$F$42)
D43	=D42/SUM($B$42:$F$42)
E43	=E42/SUM($B$42:$F$42)
F43	=F42/SUM($B$42:$F$42)

根据表 8-25 设置 B43:F43 单元格区域公式，输入完成后，得到熵值法确定指标权重因子的结果，如图 8-64 所示。

	A	B	C	D	E	F
28			熵值法确定指标权重			
29	供应商名称	材料价格（元）	原材料合格率（%）	原材料生产周期（天）	历史履约率（%）	允许赊账天数（天）
30	宁泰公司	-0.303245901	-0.302095866	-0.309543451	-0.295110056	-0.302179931
31	义合公司	-0.305702622	-0.297918523	-0.308021368	-0.301450843	-0.325152584
32	阳光公司	-0.295047189	-0.299961021	-0.292250259	-0.302514863	-0.291140995
33	大通公司	-0.288263219	-0.300900539	-0.3016761	-0.297080579	-0.285180902
34	齐天公司	-0.306641351	-0.298055939	-0.284854582	-0.297914083	-0.280507238
35	云阳公司	-0.291397514	-0.292561956	-0.293142002	-0.297498152	-0.30086187
36						
37						
38						
39						
40						
41						
42	计算指标分散程度	0.000815775	0.000148248	0.001267864	0.00010654	0.003759405
43	计算指标权重因子	0.133781155	0.024311654	0.207920457	0.017471714	0.616515021
44						

图 8-64　使用熵值法确定指标权重因子结果

4) 计算供应商加权评价价值矩阵

(1) 选中 A45:F45 单元格区域, 将该单元格区域合并并居中, 在其中输入 "计算供应商加权评价价值矩阵", 设置 "字号" 为 14 号, "字体" 为 "宋体", 并且进行标题加粗处理, 将供应商名称从供应商基础信息中粘贴过来, 如图 8-65 所示。

	A	B	C	D	E	F
44						
45			计算供应商加权评价价值矩阵			
46	供应商名称	材料价格 (元)	原材料合格率 (%)	原材料生产周期 (天)	历史履约率 (%)	允许赊账天数 (天)
47	宁泰公司	0.023095212	0.004160283	0.037682812	0.002835628	0.105567641
48	义合公司	0.023535121	0.004030274	0.037239485	0.002975135	0.126681169
49	阳光公司	0.021702168	0.004093182	0.033027876	0.002999397	0.097122229
50	大通公司	0.020626835	0.004122539	0.035466176	0.002878087	0.092899524
51	齐天公司	0.023706197	0.004034468	0.031254568	0.002896283	0.089732494
52	云阳公司					
53						
54						

图 8-65   输入基础数据信息

(2) 设置 B52:F52 单元格区域公式。

B47:F51 单元格区域的公式保持不变, B52:F52 单元格区域的公式设置如表 8-26 所示。

表 8-26   供应商加权评价价值矩阵计算公式

单 元 格	公 式
B52	=B22*$B$43
C52	=C22*$C$43
D52	=D22*$D$43
E52	=E22*$E$43
F52	=F22*$F$43

根据表 8-26 设置 B52:F52 单元格区域公式, 结果如图 8-66 所示。

A45		fx	计算供应商加权评价价值矩阵			
	A	B	C	D	E	F
44						
45			计算供应商加权评价价值矩阵			
46	供应商名称	材料价格 (元	原材料合格率 (%)	原材料生产周期 (天)	历史履约率 (%)	允许赊账天数 (天)
47	宁泰公司	0.023095212	0.004160283	0.037682812	0.002835628	0.105567641
48	义合公司	0.023535121	0.004030274	0.037239485	0.002975135	0.126681169
49	阳光公司	0.021702168	0.004093182	0.033027876	0.002999397	0.097122229
50	大通公司	0.020626835	0.004122539	0.035466176	0.002878087	0.092899524
51	齐天公司	0.023706197	0.004034468	0.031254568	0.002896283	0.089732494
52	云阳公司	0.021115623	0.003870909	0.03324954	0.002887185	0.104511964
53						
54						

图 8-66   供应商加权评价价值矩阵计算结果

5) 获得负理想解与正理想解

在本例中, B60:F61 单元格区域的公式都发生了变化, 变化后单元格区域公式设置如表 8-27 所示。

表 8-27　获得负理想解与正理想解公式

单　元　格	公　式
B60	=MAX(B47:B52)
C60	=MIN(C47:C52)
D60	=MAX(D47:D52)
E60	=MIN(E47:E52)
B61	=MIN(B47:B52)
C61	=MAX(C47:C52)

根据表 8-27 设置各单元格区域公式，获得负理想解与正理想解，如图 8-67 所示。

	供应商名称	材料价格（元）	原材料合格率（%）	原材料生产周期（天）	历史履约率（%）	允许赊账天数（天）
58				获得负理想解与正理想解		
59	供应商名称	材料价格（元）	原材料合格率（%）	原材料生产周期（天）	历史履约率（%）	允许赊账天数（天）
60	负理想解	0.023706197	0.003870909	0.037682812	0.002835628	0.089732494
61	正理想解	0.020626835	0.004160283	0.031254568	0.002999397	0.126681169

图 8-67　获得负理想解与正理想解

6) 计算与负理想解之间的距离

(1) 选中 A63:A69 单元格区域，将该单元格区域合并并居中，并将供应商名称从供应商基础信息中粘贴在 H63:H69 单元格区域中，如图 8-68 所示。

	材料价格（元）	原材料合格率（%）	原材料生产周期（天）	历史履约率（%）	距离	允许验账天数（天）	供应商
62				计算与负理想解之间的距离			
63	材料价格（元）	原材料合格率（%）	原材料生产周期（天）	历史履约率（%）	距离	允许验账天数（天）	供应商
64	3.73302E-07	8.37376E-08	0	0	0.000250752	0.015849571	宁泰公司
65	2.92669E-08	2.53974E-08	1.96539E-07	1.94622E-08	0.001365205	0.036952337	义合公司
66	4.01613E-06	4.94054E-08	2.16684E-05	2.68202E-08	5.46082E-05	0.008964874	阳光公司
67	9.48247E-06	6.33177E-08	4.91348E-06		1.00301E-05	0.00494867	大通公司
68	0	2.67517E-08	4.13223E-05	3.67905E-09		0.006430611	齐阳公司
69							云阳公司

图 8-68　输入基础数据

(2) 设置 B69:G69 单元格区域公式。

B64:F68 单元格区域的公式设置保持不变，B69:G69 单元格区域的公式设置如表 8-28 所示。

表 8-28　与负理想解之间的距离计算公式

单　元　格	公　式
B69	=(B52−B61)^2
C69	=(C52−C61)^2
D69	=(D52−D61)^2
E69	=(E52−E61)^2
F69	=(F52−F61)^2
G69	=SQRT(SUM(B69:F69))

根据表 8-28 设置 B69:G69 单元格区域公式，与负理想解之间的距离计算结果如图 8-69

所示。

图 8-69　与负理想解之间的距离计算结果

7) 计算与正理想解之间的距离

(1) 选中 A75:A81 单元格区域，将该单元格区域合并并居中，并将供应商名称从供应商基础信息中粘贴在 H75:H81 单元格区域中，如图 8-70 所示。

图 8-70　输入基础数据

(2) 设置 B81:G81 单元格区域公式。

B76:G80 单元格区域的公式设置保持不变，B81:G81 单元格区域的公式设置如表 8-29 所示。

表 8-29　与正理想解之间的距离计算公式

单 元 格	公 式
B81	=(B52-$B$61)^2
C81	=(C52-$C$61)^2
D81	=(D52-$D$61)^2
E81	=(E52-$E$61)^2
F81	=(F52-$F$61)^2
G81	=SQRT(SUM(B81:F81))

根据表 8-29 设置 B81:G81 单元格区域公式，与正理想解之间的距离计算结果如图 8-71 所示。

图 8-71　与正理想解之间的距离计算结果

8) 得出供应商评价名次

(1) 在本次变化中，供应商名单发生变化，将供应商名称从供应商基础信息中粘贴过来，如图 8-72 所示。

供应商评价名次

供应商名称	相对接近度	评价名次
宁泰公司	0.416456158	2
义合公司	0.847379559	1
阳光公司	0.232271366	3
大通公司	0.126914769	5
齐天公司	0.147803839	4
云阳公司		

图 8-72 输入供应商名称

(2) B90:C95 单元格区域的公式设置如表 8-30 所示。

表 8-30 供应商评价名次计算公式

单 元 格	公 式
B90	=F64/(F64+F76)
B91	=F65/(F65+F77)
B92	=F66/(F66+F78)
B93	=F67/(F67+F79)
B94	=F68/(F68+F80)
B95	=G69/(G69+G81)
C90	=RANK(B90,$B$90:$B$95)
C91	=RANK(B91,$B$90:$B$95)
C92	=RANK(B92,$B$90:$B$95)
C93	=RANK(B93,$B$90:$B$95)
C94	=RANK(B94,$B$90:$B$95)
C94	=RANK(B95,$B$90:$B$95)

(3) 根据表 8-30 依次设置 B90:B94 单元格区域的公式，结果如图 8-73 所示。

供应商评价名次

供应商名称	相对接近度	评价名次
宁泰公司	0.416456158	3
义合公司	0.847379559	1
阳光公司	0.232271366	4
大通公司	0.126914769	6
齐天公司	0.147803839	5
云阳公司	0.5	2

图 8-73 供应商评价名次结果

结论：从图 8-73 所示的供应商评价名次结果可以看出，供应商名单发生变化后，此次评价名次发生了很大变化。在 5 家原材料供应商中，义合公司排名第 1，云阳公司排名第 2，宁泰公司排名第 3，阳光公司排名第 4，齐天公司排名第 5，大通公式排名第 6。

由此可给出相应建议：建议公司把义合公司列为战略合作伙伴，在采购资源方面给予最大程度的倾斜。但是需要特别说明和强调的是，公司必须注意评价的动态性，或者说，需要定期对供应商名单以及名单中供应商的表现进行动态更新。

项 目 小 结

本项目主要介绍了在供应商管理过程中采用改进的 TOPSIS 方法对供应商展开分析评价。本项目在使用 TOPSIS 方法基本原理的基础上对该方法进行了一定的改进，改进之一是对不同性质和量纲的指标进行规范化处理，使其具有可比性；改进之二是使用熵值法确定指标权重而不是依赖于专家的主观判断，从概率论的角度来衡量信息的不确定性，使得评价结果更为客观。

 项目练习

1. 福兴公司是一家生产制造型企业。近年来，企业为了充分利用产业链上下游企业间的相对比较优势，专注于主营业务发展，提升自身核心竞争力，计划将零部件交给有合作意向并经过考察的外部供应商去组织生产，然后进行采购。公司成立了专门的工作小组，经过充分恰当的市场调研，发现市场上可供选择的供应商有 5 家，分别是嘉友公司、长治公司、金星公司、红桥公司、海尚公司。通过现场调研和非现场调研获取的 5 家供应商的零部件价格、零部件合格率、零部件生产周期、历史履约率等评价指标的相关数据如表 8-31 所示。

表 8-31　5 家供应商的评价指标相关数据

供应商名称	零部件价格 / 元	零部件合格率 /%	零部件生产周期 / 天	历史履约率 /%
嘉友公司	875.52	0.936	149.76	0.92352
长治公司	924.48	0.92064	126.72	0.95136
金星公司	767.04	0.93696	135.36	0.94944
红桥公司	810.24	0.94368	163.2	0.91104
海尚公司	822.72	0.92352	119.04	0.9168

目前 5 家公司优劣势分析为：金星公司的零部件价格最为便宜，产品成本最为低廉，企业选择该供应商可降低生产成本；红桥公司的零部件合格率最高，企业选择该供应商可使产品质量具有可靠的保证；海尚公司的零部件生产周期最短，生产能力和生产效率较强，企业选择该供应商可满足快速订货需求；长治公司的历史履约率较高，企业选择该供应商可在关键订单中不出纰漏。

为了避免使用单一指标对供应商开展评价失之偏颇，企业可使用本项目建立的改进TOPSIS 法的零部件供应商评价模型对各个供应商进行定量分析与统筹评价，选出最优零部件供应商。

2. 一段时间后，福兴公司供应商数据发生变化。(本题沿用题 1 所述福兴公司供应商数据)

变化一：嘉友公司、长治公司、金星公司、红桥公司、海尚公司 5 家供应商的零部件价格、零部件合格率、零部件生产周期、历史履约率等评价指标的相关数据发生了变化，具体如表 8-32 所示。

表 8-32　5 家供应商的评价指标相关数据变化情况

供应商名称	零部件价格 / 元	零部件合格率 /%	零部件生产周期 / 天	历史履约率 /%
嘉友公司	939.06	0.89112	146.64	0.8789
长治公司	905.22	0.90334	157.92	0.92214
金星公司	834.72	0.91744	140.06	0.92966
红桥公司	793.36	0.92402	150.4	0.89206
海尚公司	911.8	0.90428	132.54	0.8977

变化二：嘉友公司、长治公司、金星公司、红桥公司、海尚公司 5 家供应商的评价指标发生了变化，由原来的零部件价格、零部件合格率、零部件生产周期、历史履约率变成了零部件价格、零部件合格率、零部件生产周期、历史履约率、允许赊账天数，具体如表8-33 所示。

表 8-33　5 家供应商的评价指标变化情况

供应商名称	零部件价格 / 元	零部件合格率 /%	零部件生产周期 / 天	历史履约率 /%	允许赊账天数 / 天
嘉友公司	939.06	0.89112	146.64	0.8789	100
长治公司	905.22	0.90334	157.92	0.92214	120
金星公司	834.72	0.91744	140.06	0.92966	30
红桥公司	793.36	0.92402	150.4	0.89206	360
海尚公司	911.8	0.90428	132.54	0.8977	100

变化三：嘉友公司、长治公司、金星公司、红桥公司、海尚公司 5 家供应商的名单发生变化，嘉友公司不再生产，同时新中公司、东门公司进入评价名单。此时福兴公司供应商名单变为长治公司、金星公司、红桥公司、海尚公司、新中公司、东门公司 6 家供应商。

表 8-34　供应商名单变化情况

供应商名称	零部件价格 / 元	零部件合格率 /%	零部件生产周期 / 天	历史履约率 /%	允许赊账天数 / 天
新中公司	939.06	0.89112	146.64	0.8789	100
长治公司	905.22	0.90334	157.92	0.92214	120
金星公司	834.72	0.91744	140.06	0.92966	92
红桥公司	793.36	0.92402	150.4	0.89206	88
海尚公司	911.8	0.90428	132.54	0.8977	85
东门公司	864	0.923	150	0.952	99

　　根据各种变化情况，继续使用 Excel 2010 建立改进 TOPSIS 法的零部件供应商评价模型，以对各个供应商进行定量分析与统筹评价，选出最优零部件供应商。

项目九　本量利分析

学习目标

(1) 理解成本性态分析和本量利分析的基本概念与理论知识；

(2) 掌握 Excel 中相关分析、回归分析等数据统计分析方法的应用；

(3) 学会应用 Excel 解决实际案例中遇到的本量利分析问题。

情景引入

　　本量利分析 (Cost-Volume-Profit Analysis) 就是对成本、业务量、利润之间相互关系进行分析，简称 CVP 分析。该分析是指在变动成本计算模式的基础上，以数量化的会计模型与图像的方式揭示固定成本、变动成本、销售量、销售单价、销售额和利润等变量间的内在规律性联系，为预测、决策和规划提供必要的财务信息的一种定量分析方法。因此，本项目主要通过案例的形式来介绍如何通过 Excel 2010 实现本量利分析。

任务一　成本性态分析

知识准备

一、成本定义及分类

（一）成本定义

　　成本是指企业在生产经营过程中，为达到一定目的而应当或可能发生的各种经济资源的价值的牺牲或代价。在管理会计的范畴中，成本的时态可以是过去时、现在完成时或将来时。这与财务会计强调的历史成本概念有较大的差异。

（二）成本分类

(1) 按经济用途分为制造费用和非制造费用。

(2) 按实际发生时态分为历史成本和未来成本。

二、成本性态分析

（一）成本性态的含义

成本性态是指在一定条件下成本总额与特定业务量之间的依存关系。按照成本与产量的依存关系，成本可分为固定成本、变动成本和混合成本三大类。

（二）成本性态分析定义

成本性态分析是指在成本性态分类的基础上，按照一定的程序和方法，将全部成本划分为固定成本和变动成本两大类，并建立成本函数模型的过程。

成本函数模型通常用 $y = a + bx$ 来模拟，其中 y 为成本总额，a 为固定成本总额，b 为单位变动成本，x 为业务量，bx 为变动成本总额。

（三）成本性态分析方法

1. 账户分析法

账户分析法也称会计分析法或直接分析法，是指根据各有关成本账户的具体内容直接判断成本与业务量之间的依存关系，看其是更接近固定成本还是更接近变动成本，从而确定成本性态的一种成本分解方法。

2. 工程分析法

工程分析法是一种比较合理的混合成本的分解方法。其根据产品生产中的投入产出关系，即各种材料、人工、费用的消耗与产量之间的直接关系来合理区分哪些消耗是变动成本，哪些是固定成本。因为技术测定过程复杂且成本过高，所以工程分析法一般较少采用。

3. 历史成本法

历史成本法也称数学分解法，是指根据过去若干周期（月或年）数据所反映的实际成本与业务量之间的依存关系，对混合成本采用适当的数学方法加以分解，来确定成本性态的一种成本分解方法。历史成本法是混合成本分解方法中最常用的一种方法。根据资料利用的具体形式不同，历史成本法可分为高低点法、散布图法和回归分析法。本项目主要介绍回归分析法。回归分析法是指根据一定期间业务量与相应混合成本之间的历史资料，利用微分极值原理计算出最能反映业务量与成本之间关系的回归直线，从而确定成本性态的一种方法。回归分析法是计算结果最为精准的方法，其具体步骤如下：

(1) 计算相关系数 r，判断业务量 x 与成本 y 之间的线性关系。

(2) 通过微分极值原理（最小二乘法原理）计算出回归直线方程中的固定成本 a 和单位变动成本 b。

(3) 将求出的 a、b 代入直线方程 $y = a + bx$ 中，得到成本性态分析模型。

任务目标

(1) 了解成本性态分析方法；

(2) 掌握 Excel 中利用散点图进行简单相关分析；

(3) 掌握利用函数开展相关分析；

(4) 能利用数据分析工具确定相关系数。

任务资料

福源公司是一家生产制造企业，自 2010 年以来，公司主要经营的产品是 A、B、C。福源公司 2010—2021 年 A、B、C 三种主营业务产品的产量和总成本如表 9-1 所示。

表 9-1　福源公司 2010—2021 年主营业务产品产量与总成本数据

年份	A 产品		B 产品		C 产品	
	产量 / 件	总成本 / 万元	产量 / 件	总成本 / 万元	产量 / 件	总成本 / 万元
2010	2262	10505	1938	6670	10 584	1727
2011	1716	9445	1329	5963	10 038	1656
2012	468	7060	144	3707	8790	1497
2013	10 500	17 845	10 176	11 563	18 822	2216
2014	10 710	25 238	10 386	16 492	19 032	2709
2015	9030	24 523	8706	16 015	17 352	2662
2016	11 550	26 158	11 226	17 105	19 872	2771
2017	11 130	27 645	10 806	18 097	19 452	2870
2018	13 230	32 584	12 906	21 389	21 552	3199
2019	10 710	28 210	10 386	18 473	19 032	2907
2020	11 445	30 289	11 121	19 859	19 767	3046
2021	9345	24 996	9021	9664	17 667	2693
2022	12 000		10 000		18 000	

要求：

(1) 分别利用散点图、函数、数据分析方法分析福源公司 2010—2021 年主营业务产品 (A、B、C) 的产量与总成本数据之间的关系 (相关系数)。

(2) 利用回归分析方法分析福源公司 2010—2021 年主营业务产品 (A、B、C) 的产量与总成本数据之间的关系 (a 和 b 的值)。

(3) 预测福源公司 2022 年主营业务产品成本并计算主营业务产品成本的构成。

任务操作

一、输入数据

(1) 打开 Excel, 单击"保存"按钮, 将 Excel 工作簿另存为"本量利分析 .xlsm", 如图 9-1 所示。

图 9-1　新建"本量利分析"工作簿并保存

(2) 将 Sheet1 工作表重命名为"成本分析与预测", 建立"成本分析与预测"工作表, 如图 9-2 所示。

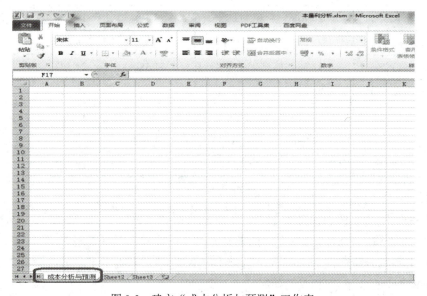

图 9-2　建立"成本分析与预测"工作表

(3) 在"成本分析与预测"工作表中输入 2010—2021 年主营业务产品的产量和总成本的相关数据，如图 9-3 所示。

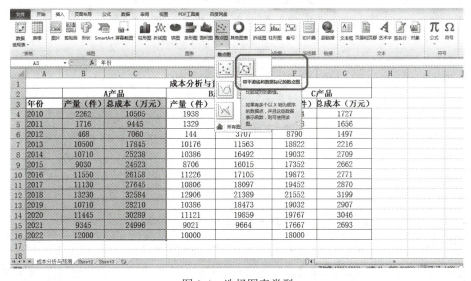

年份	A产品		B产品		C产品	
	产量（件）	总成本（万元）	产量（件）	总成本（万元）	产量（件）	总成本（万元）
2010	2262	10505	1938	6670	10584	1727
2011	1716	9445	1329	5963	10038	1656
2012	468	7060	144	3707	8790	1497
2013	10500	17845	10176	11563	18822	2216
2014	10710	25238	10386	16492	19032	2709
2015	9030	24523	8706	16015	17352	2662
2016	11550	26158	11226	17105	19872	2771
2017	11130	27645	10806	18097	19452	2870
2018	13230	32584	12906	21389	21552	3199
2019	10710	28210	10386	18473	19032	2907
2020	11445	30289	11121	19859	19767	3046
2021	9345	24996	9021	9664	17667	2693
2022	12000		10000		18000	

图 9-3 输入相关数据

二、通过相关分析方法分析福源公司2010—2021年主营业务产品(A、B、C)的产量与总成本数据之间的关系

（一）福源公司 2010—2021 年 A 产品的产量与总成本之间的相关关系

1. 采用散点图进行简单相关分析

(1) 选择图表类型。选中 A3:C16 单元格区域，选择"插入"选项卡，执行"图表"组中的"散点图"命令，出现散点图的几种类型，如图 9-4 所示。

图 9-4 选择图表类型

(2) 选择"带平滑线和数据标记的散点图",随即打开带平滑线和数据标记的散点图。选择"图表工具 - 设计"选项卡,单击"图表布局"组右下方的下拉箭头,选择布局 8,如图 9-5 所示。

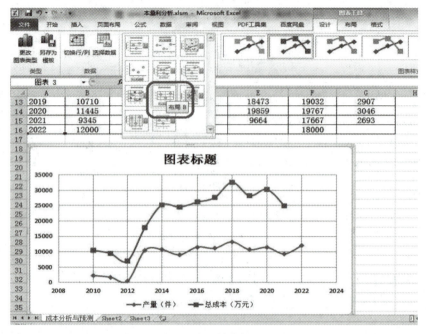

图 9-5　带平滑线和数据标记的散点图

(3) 编辑散点图。双击散点图中的"图表标题",即可对其进行编辑,把标题修改为"A产品成本分析与预测"。双击散点图中的横轴,打开"设置坐标轴格式"对话框,在"坐标轴选项"的"最小值"中输入"2010",在"最大值"中输入"2022",在"主要刻度单位"中输入"2.0",在"次要刻度单位"中输入"0.4",如图 9-6 所示。

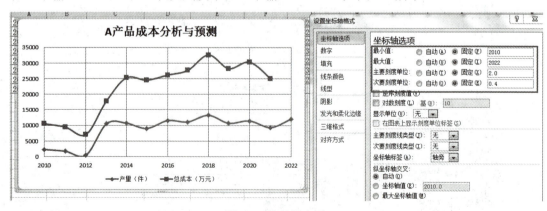

图 9-6　编辑散点图

结论:通过散点图可以比较直观地看出,当 A 产品产量变化时,其总成本数据大多呈现同样的分布走势,因此得出福源公司 2010—2021 年 A 产品产量与总成本数据之间存在着一定程度的正相关关系。

2. 采用函数进行简单相关分析

(1) 计算相关系数。在 B18 单元格中输入“相关系数”，在 C18 单元格中输入公式“=CORREL(B4:B15,C4:C15)”，按 Enter 键，即得到福源公司 2010—2021 年 A 产品的产量与总成本之间的相关系数为 0.94671687；在 C19 单元格中输入“=PEARSON(B4:B15,C4:C15)”，按 Enter 键，可以得到相同的结果，如图 9-7 所示。

C18 =CORREL(B4:B15,C4:C15)

	A	B	C	D	E	F	G
1	成本分析与预测						
2		A产品		B产品		C产品	
3	年份	产量（件）	总成本（万元）	产量（件）	总成本（万元）	产量（件）	总成本（万元）
4	2010	2262	10505	1938	6670	10584	1727
5	2011	1716	9445	1329	5963	10038	1656
6	2012	468	7060	144	3707	8790	1497
7	2013	10500	17845	10176	11563	18822	2216
8	2014	10710	25238	10386	16492	19032	2709
9	2015	9030	24523	8706	16015	17352	2662
10	2016	11550	26158	11226	17105	19872	2771
11	2017	11130	27645	10806	18097	19452	2870
12	2018	13230	32584	12906	21389	21552	3199
13	2019	10710	28210	10386	18473	19032	2907
14	2020	11445	30289	11121	19859	19767	3046
15	2021	9345	24996	9021	9664	17667	2693
16	2022	12000		10000		18000	
17							
18		相关系数	0.94671687				
19			0.94671687				

图 9-7 计算相关系数

(2) 计算协方差。在 B20 单元格中输入“协方差”，在 C21 单元格中输入公式“=COVARIANCE.S(B4:B15,C4:C15)”，按 Enter 键，即得到福源公司 2010—2021 年 A 产品的产量与总成本之间的协方差为 35937599.18，如图 9-8 所示。

C20 =COVARIANCE.S(B4:B15,C4:C15)

	A	B	C	D	E	F	G
1	成本分析与预测						
2		A产品		B产品		C产品	
3	年份	产量（件）	总成本（万元）	产量（件）	总成本（万元）	产量（件）	总成本（万元）
4	2010	2262	10505	1938	6670	10584	1727
5	2011	1716	9445	1329	5963	10038	1656
6	2012	468	7060	144	3707	8790	1497
7	2013	10500	17845	10176	11563	18822	2216
8	2014	10710	25238	10386	16492	19032	2709
9	2015	9030	24523	8706	16015	17352	2662
10	2016	11550	26158	11226	17105	19872	2771
11	2017	11130	27645	10806	18097	19452	2870
12	2018	13230	32584	12906	21389	21552	3199
13	2019	10710	28210	10386	18473	19032	2907
14	2020	11445	30289	11121	19859	19767	3046
15	2021	9345	24996	9021	9664	17667	2693
16	2022	12000		10000		18000	
17							
18		相关系数	0.94671687				
19			0.94671687				
20		协方差	35937599.18				

图 9-8 计算协方差

(3) 除了上述直接输入公式方式外，还可以通过“插入函数”命令进行计算。以“协方差”的计算为例，选择“公式”选项卡，执行“函数库”组中的“插入函数”命令，打开“插入函数"对话框,在"或选择类别"下拉列表中选择"统计",在"选择函数"列表框中选择"COVARIANCE.S"函数,如图 9-9 所示。

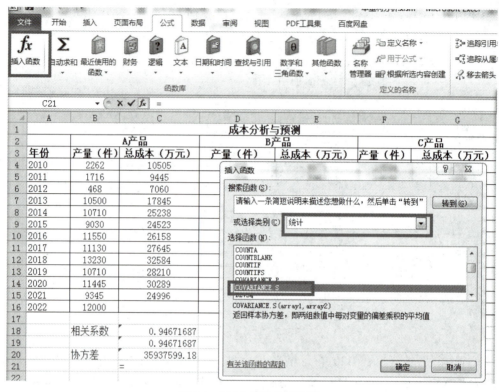

图 9-9 "插入函数"对话框

(4) 单击"确定"按钮,打开"函数参数"对话框,单击"Array1"后的折叠按钮,选中 B4:B15 单元格区域;单击"Array2"后的折叠按钮,选中 C4:C15 单元格区域,如图 9-10 所示。单击"确定"按钮,会得到相同的结果(协方差为 35937599.18)。

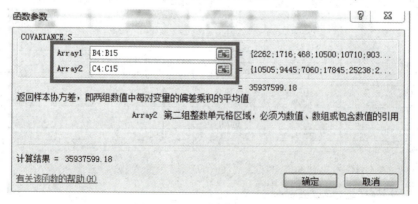

图 9-10 "函数参数"对话框

3. 利用数据分析工具确定相关关系

除了用函数功能计算两个变量的相关系数和协方差外,Excel 2010 数据分析工具中还提供了专门进行相关分析的工具，用于计算两个变量的相关系数和协方差。

(1) 选择"数据"选项卡，执行"分析"组中的"数据分析"命令，打开"数据分析"对话框，在"分析工具"中选择"相关系数"，如图9-11所示。

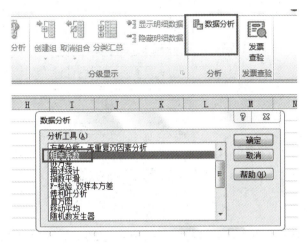

图9-11　选择"相关系数"

(2) 单击"确定"按钮，打开"相关系数"对话框，进行图9-12所示设置。

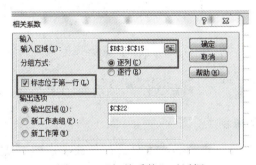

图9-12　"相关系数"对话框

(3) 同样，在"分析工具"中选择"协方差"并执行类似的步骤，则可以计算协方差，如图9-13和图9-14所示。

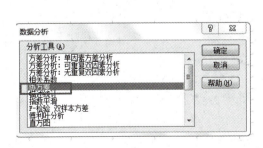

图9-13　选择"协方差"

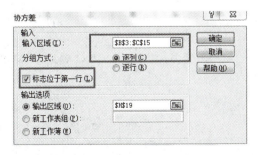

图9-14　"协方差"对话框

福源公司2010—2021年A产品产量与成本数据相关分析的计算结果如图9-15所示。

	A	B	C	
1				
2			A产品	
3	年份	产量（件）	总成本（万元）	
4	2010	2262	10505	
5	2011	1716	9445	
6	2012	468	7060	
7	2013	10500	17845	
8	2014	10710	25238	
9	2015	9030	24523	
10	2016	11550	26158	
11	2017	11130	27645	
12	2018	13230	32584	
13	2019	10710	28210	
14	2020	11445	30289	
15	2021	9345	24996	
16	2022	12000		
17				
18		相关系数	0.94671687	
19		相关系数	0.94671687	
20		协方差	35937599.18	
21		协方差	35937599.18	

图 9-15　A 产品产量与成本数据相关分析的结果

结论：从图 9-15 所示的结果不难看出，福源公司 2010—2021 年 A 产品产量与成本数据之间的相关系数很高，达到了 0.94 以上，说明两者之间正相关的程度很强，也在一定程度上说明两者之间有进行回归的必要性。因为回归分析研究的是自变量或者解释变量对因变量的影响关系，如果参与分析的解释变量和被解释变量之间的相关系数很小，就没有必要进行回归分析。

我们可以运用前面讲解的三种方法对 B、C 两种产品进行成本分析与预测。

（二）福源公司 2010—2021 年 B 产品的产量与总成本之间的相关关系

1. 采用散点图进行简单相关分析

运用前面介绍的方法绘制 B 产品成本分析与预测散点图，具体操作步骤及过程不再赘述，最终形成的散点图如图 9-16 所示。通过散点图可以比较直观地看出，与 A 产品的走势相同，福源公司 2010—2021 年 B 产品产量与成本数据之间同样存在着一定程度的正相关关系，理由是当 B 产品产量变化时，其总成本数据大多呈现同样的分布走势。

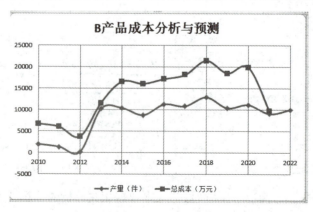

图 9-16　B 产品成本分析与预测散点图

2. 计算相关系数和协方差

可以运用前面插入函数和数据分析的方式进行简单相关分析，计算得到福源公司2010—2021年B产品产量与成本数据之间的相关系数为0.912203707，协方差为23982570.75，具体计算结果如图9-17所示。

B产品	
产量（件）	总成本（万元）
1938	6670
1329	5963
144	3707
10176	11563
10386	16492
8706	16015
11226	17105
10806	18097
12906	21389
10386	18473
11121	19859
9021	9664
10000	
相关系数	0.912203707
协方差	23982570.75

图 9-17　B 产品产量与成本数据之间的相关系数

结论：从图9-17所示的结果不难看出，福源公司2010—2021年B产品产量与成本数据之间的相关系数很高，达到了0.91以上，说明两者之间正相关的程度很强，也在一定程度上说明两者之间有进行回归的必要性。

（三）福源公司 2010—2021 年 C 产品的产量与总成本之间的相关关系

1. 采用散点图进行简单相关分析

运用前面介绍的方法绘制C产品成本分析与预测散点图，具体操作步骤及过程不再赘述，最终形成的散点图如图9-18所示。通过散点图可以比较直观地看出，与A、B产品的走势相同，福源公司2010—2021年C产品产量与成本数据之间同样存在着一定程度的正相关关系，理由是当C产品产量变化时，其总成本数据大多呈现同样的分布走势。

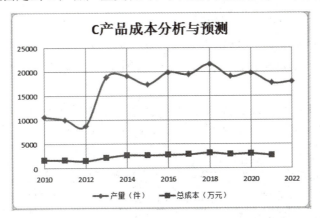

图 9-18　C 产品成本分析与预测散点图

2. 计算相关系数和协方差

运用函数开展简单相关分析，计算得到福源公司 2010—2021 年 C 产品产量与成本数据之间的相关系数为 0.946696426，协方差为 2396394.273，具体计算结果如图 9-19 所示。

C产品	
产量（件）	总成本（万元）
10584	1727
10038	1656
8790	1497
18822	2216
19032	2709
17352	2662
19872	2771
19452	2870
21552	3199
19032	2907
19767	3046
17667	2693
18000	
相关系数	0.946696426
协方差	2396394.273

图 9-19 C 产品产量与成本数据之间的相关系数

结论：从图 9-19 所示的结果不难看出，福源公司 2010—2021 年 C 产品与成本数据之间的相关系数很高，达到了 0.94 以上，说明两者之间正相关的程度很强，也在一定程度上说明两者之间有进行回归的必要性。

三、通过回归分析方法分析福源公司2010—2021年主营业务产品(A、B、C)的产量与总成本数据之间的关系

（一）福源公司 2010—2021 年 A 产品的产量与总成本之间的回归关系

1. 利用函数进行一元线性回归分析

(1) 在 B23 单元格中输入"截距"，在 C23 单元格输入公式"=INTERCEPT(C4:C15,B4:B15)"，按 Enter 键，即可得到福源公司 2010—2021 年 A 产品产量与成本数据之间的回归截距。

(2) 在 B24 单元格中输入"斜率"，在 C24 单元格中输入公式"=SLOPE(C4:C15,B4:B15)"，按 Enter 键，即可得到福源公司 2010—2021 年 A 产品产量与成本数据之间的回归斜率。

(3) 在 B25 单元格中输入"判定系数"，在 C25 单元格中输入公式"=RSQ(C4:C15,B4:B15)"，按 Enter 键，即可得到福源公司 2010—2021 年 A 产品产量与成本数据之间的回归判定系数，计算结果如图 9-20 所示。

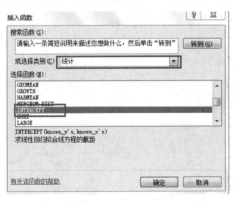

	A	B	C
1			
2			A产品
3	年份	产量（件）	总成本（万元）
4	2010	2262	10505
5	2011	1716	9445
6	2012	468	7060
7	2013	10500	17845
8	2014	10710	25238
9	2015	9030	24523
10	2016	11550	26158
11	2017	11130	27645
12	2018	13230	32584
13	2019	10710	28210
14	2020	11445	30289
15	2021	9345	24996
16	2022	12000	
17			
18		相关系数	0.94671687
19		相关系数	0.94671687
20		协方差	35937599.18
21		协方差	35937599.18
22			
23		截距	6137.435535
24		斜率	1.86930706
25		判定系数	0.896272832

图 9-20　利用函数分析工具分析的结果

(4) 除了直接输入公式的方法外，也可以通过"插入函数"命令加以计算。例如，计算"截距"，选中 B27 单元格，选择"公式"选项卡，执行"函数库"中的"插入函数"命令，打开"插入函数"对话框，在"或选择类别"下拉列表中选择"统计"，在"选择函数"列表框中选择"INTERCEPT"函数，如图 9-21 所示。

图 9-21　"插入函数"对话框

单击"确定"按钮，打开"函数参数"对话框，单击"Known_y's"后的折叠按钮，选中 C4:C15 单元格区域；单击"Known_x's"后的折叠按钮，选中 B4:B15 单元格区域，如图 9-22 所示。

图 9-22　"函数参数"对话框

单击"确定"按钮，会得到相同的结果。斜率和判定系数的计算同样可以通过"插入函数"命令实现，步骤同上。

(5) 利用函数的数组形式进行计算。选中 B31:C35 单元格区域，输入公式"=LINEST(C4:C15, B4:B15,1,1)"，并按 Shift + Ctrl + Enter 组合键执行数组运算，得到数组运算的结果，如图 9-23 所示。

31	斜率	1.8693071	6137.435535	截距
32	解析变量标准误差	0.2010976	1907.874992	常数项标准误差
33	判定系数	0.8962728	2924.403811	回归标准误差
34	F值	86.406758	10	自由度
35	回归平方和	738962487	85521376.5	残差平方和

图 9-23　利用数组运算的结果

需要特别解释和说明的是，在 Excel 2010 中并不会出现每个单元格的具体介绍，读者需要按照本书的指导对分析结果进行解读。在本例中，斜率为 1.8693071，解释变量标准误差为 0.2010976，判定系数为 0.8962728，F 值为 86.406758，回归平方和为 738962487，截距为 6137.435535，常数项标准误差为 1907.874992，回归标准误差为 2924.403811，自由度为 10，残差平方和为 85521376.5。

该结果也可以通过"插入函数"命令实现，首先选中一个 5×2 的单元格区域，选择"公式"选项卡，执行"函数库"组中的"插入函数"命令，打开"插入函数"对话框，在"选择函数"列表框中选择"LINEST"函数，单击"确定"按钮，在打开的"函数参数"对话框中设置相应参数，如图 9-24 所示。因为截距不强制设为 0 且返回附加统计值，所以参数 Const 和 Stats 均选择 TRUE。按 Shift+Ctrl+Enter 组合键执行数组运算，即可得到与输入公式相同的数组运算结果。

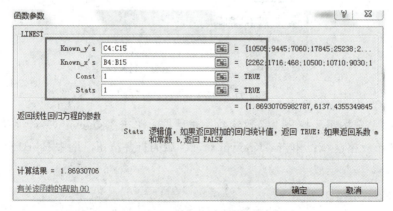

图 9-24　"函数参数"对话框

2. 利用数据分析工具进行回归分析

(1) 选择回归工具。选择"数据"选项卡，执行"分析"组中的"数据分析"命令，打开"数据分析"对话框，在"分析工具"列表框中选择"回归"选项，如图 9-25 所示，单击"确定"按钮，随即打开"回归"对话框。

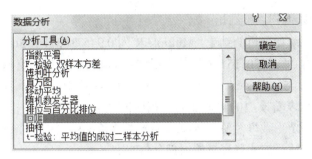

图 9-25 "数据分析"对话框

(2) 设置"回归"选项。在"回归"对话框中首先设置"输入"内容,单击"Y 值输入区域"后面的折叠按钮,选中 \$C\$3:\$C\$15 单元格区域;单击"X 值输入区域"后面的折叠按钮,选中 \$B\$3:\$B\$15 单元格区域。因为输入区域包含标志项,所以选中"标志"复选框;选中"置信度"复选框,并默认为 95%。然后设置"输出选项",在"新输出区域"中选中 \$B\$38 单元格区域。如果选中"新工作表组"单选按钮,则表示将输出结果显示在一个新的工作表上。选中"残差""正态分布"中的全部复选框,以观察残差、标准残差、残差图、线性拟合图以及正态概率图等信息,如图 9-26 所示。

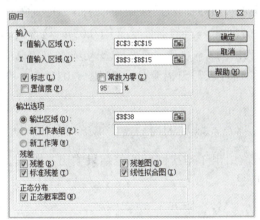

图 9-26 "回归"对话框

单击"确定"按钮,得到回归结果,如图 9-27 所示。

SUMMARY OUTPUT

回归统计	
Multiple R	0.94671687
R Square	0.896272832
Adjusted R Square	0.885900115
标准误差	2924.403811
观测值	12

方差分析

	df	SS	MS	F	Significance F
回归分析	1	738962486.5	738962486.5	86.40675779	3.09197E-06
残差	10	85521376.5	8552137.65		
总计	11	824483863			

	Coefficients	标准误差	t Stat	P-value	Lower 95%	Upper 95%	下限 95.0%	上限 95.0%
Intercept	6137.435535	1907.874992	3.216896055	0.009223555	1886.425141	10388.44593	1886.425141	10388.44593
产量（件）	1.86930706	0.201097555	9.295523535	3.09197E-06	1.421233783	2.317380336	1.421233783	2.317380336

图 9-27 回归结果汇总输出

从图 9-27 中可以得到以下结论：

第一部分是回归统计分析的结果，Multiple R 为 0.94671687，R Square 为 0.896272832，Adjusted R Square 为 0.885900115，标准误差为 2924.403811，观测值为 12。其中，需要特别注意的是 R Square 与 Adjusted R Square 分别为回归模型的判定系数以及修正的判定系数，在很大程度上代表着模型的解释能力，相应的数值越大，说明模型的解释能力越强。本例中回归模型的判定系数以及修正的判定系数都接近 0.9，说明模型解释能力很好，或者选取的解释变量能够解释被解释变量的大部分信息。

第二部分是回归模型的方差分析结果，df 代表自由度，模型的 F 统计值为 86.40675779，显著性 P 值 (Significance F) 为 3.09197×10^{-6}，远小于通常具有显著性意义的 0.05，说明模型非常显著。

第三部分是回归模型的变量系数值、变量系数的标准误差、T 统计量、显著性 P 值以及 95% 的置信区间等信息。本例中产量的变量系数值为 1.86930706，变量系数的标准误差为 0.201097555，T 统计量为 9.295523535，显著性 P 值为 3.09197×10^{-6}，95% 的置信区间为 [1.421233783, 2.317380336]；常数项的变量系数值为 6137.435535，变量系数的标准误差为 1907.874992，T 统计量为 3.216896055，显著性 P 值为 0.009223555，95% 的置信区间为 [1886.425141, 10388.44593]。从结果中可以看出，自变量产量和常数项的系数都为正，而且非常显著 (远小于通常具有显著性意义的 0.05)，这说明固定成本为正值而且非常显著，同时产量会显著作用于成本总额，或者说变动成本对于总成本的影响是构成重要性的。依据这一结果，我们也可以写出福源公司 2010—2021 年 A 产品产量与成本数据之间的回归方程：

$$成本 = 6137.435535 + 产量 \times 1.86930706$$

图 9-28 ～图 9-32 依次给出了本次回归残差结果输出、正态概率输出、残差图、线性拟合图、正态概率图等信息。

RESIDUAL OUTPUT

观测值	预测 总成本（万元）	残差	标准残差
1	10365.8081	139.1918957	0.049919813
2	9345.16645	99.83355035	0.035804327
3	7012.271239	47.72876102	0.017117454
4	25765.15966	-7920.159663	-2.840487864
5	26157.71415	-919.7141457	-0.32984649
6	23017.27829	1505.721715	0.540012378
7	27727.93208	-1569.932076	-0.563040797
8	26942.82311	702.1768891	0.251828879
9	30868.36794	1715.632063	0.615294674
10	26157.71415	2052.285854	0.736032266
11	27531.65483	2757.345165	0.988894897
12	23606.11001	1389.889991	0.498470463

图 9-28　残差结果输出

PROBABILITY OUTPUT

百分比排位	总成本（万元）
4.166666667	7060
12.5	9445
20.83333333	10505
29.16666667	17845
37.5	24523
45.83333333	24996
54.16666667	25238
62.5	26158
70.83333333	27645
79.16666667	28210
87.5	30289
95.83333333	32584

图 9-29　正态概率输出

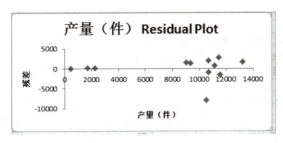

图 9-30 残差图

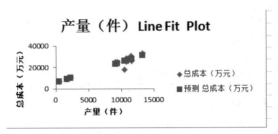

图 9-31 线性拟合图

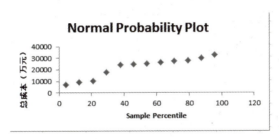

图 9-32 正态概率图

（二）福源公司 2010—2021 年 B 产品的产量与总成本之间的回归关系

我们可以直接采用上述讲解的两类方法进行分析，由于本项目篇幅的限制，本部分仅利用数据分析工具研究福源公司 2010—2021 年 B 产品的产量与总成本之间的回归关系。对于利用函数进行一元线性回归分析，读者可以利用课余时间进行练习。

(1) 选择回归工具。选择"数据"选项卡，执行"分析"组中的"数据分析"命令，打开"数据分析"对话框，在"分析工具"列表框中选择"回归"选项，如图 9-33 所示，单击"确定"按钮，打开"回归"对话框。

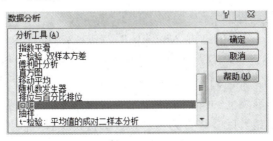

图 9-33 "数据分析"对话框

(2) 设置"回归"选项。在"回归"对话框中首先设置"输入"内容，单击"Y 值输入区域"后面的折叠按钮，并选中 \$E\$3:\$E\$15 单元格区域；单击"X 值输入区域"后面的折叠按钮，并选中 \$D\$3:\$D\$15 单元格区域。因为输入区域包含标志项，所以选中"标志"复选框；选中"置信度"复选框，并默认为 95%。然后设置"输出选项"，在"输出区域"中选择 \$B\$89 单元格区域。如果选中"新工作表组"单选按钮，则表示将输出结果显示在一个新的工作表上。接着将"残差""正态分布"中的复选框全部选中，以观察残差、标准残差、残差图、线性拟合图以及正态概率图等信息，如图 9-34 所示。

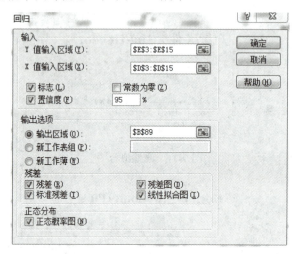

图 9-34 "回归"对话框

单击"确定"按钮，得到回归结果，如图 9-35 所示。

SUMMARY OUTPUT

回归统计	
Multiple R	0.912203707
R Square	0.832115602
Adjusted R	0.815327162
标准误差	2571.52361
观测值	12

方差分析

	df	SS	MS	F	Significance F
回归分析	1	327758799.5	327758799.5	49.56479657	3.53996E-05
残差	10	66127336.77	6612733.677		
总计	11	393886136.3			

	Coefficients	标准误差	t Stat	P-value	Lower 95%	Upper 95%	下限 95.0%	上限 95.0%
Intercept	3588.365759	1623.042855	2.210887869	0.051483202	-27.99908519	7204.730603	-27.99908519	7204.730603
产量(件)	1.242412868	0.17647341	7.040227026	3.53996E-05	0.849205607	1.635620128	0.849205607	1.635620128

图 9-35 回归结果汇总输出

从图 9-35 中可以得到以下结论：

第一部分是回归统计分析的结果，Multiple R 为 0.912203707，R Square 为 0.832115602，Adjusted R Square 为 0.815327162，标准误差为 2571.52361，观测值为 12。其中，需要特别注意的是 R Square 与 Adjusted R Square 分别为回归模型的判定系数以及修正的判定系数，在很大程度上代表着模型的解释能力，相应的数值越大，说明模型的解释能力越强。本例中回归模型的判定系数以及修正的判定系数都接近 0.8，说明模型解释能力很好，或者选取的解释变量能够解释被解释变量的大部分信息。

第二部分是回归模型的方差分析结果，df 代表自由度，模型的 F 统计值为 49.56479657，显著性 P 值 (Significance F) 为 3.53996×10^{-5}，远小于通常具有显著性意义的 0.05，说明模型非常显著。

第三部分是回归模型的变量系数值、变量系数的标准误差、T 统计量、显著性 P 值以及 95% 的置信区间等信息。本例中产量的变量系数值为 1.242412868，变量系数的标准误差为 0.17647341，T 统计量为 7.040227026，显著性 P 值为 3.53996×10^{-5}，95% 的置信区间为 [0.849205607, 1.635620128]；常数项的变量系数值为 3588.365759，变量系数的标准误差为 1623.042855，T 统计量为 2.210887869，显著性 P 值为 0.051483202，95% 的置信区间为 [-27.99908519, 7204.730603]。从结果中可以看出，自变量产量和常数项的系数都为正，而且非常显著 (远小于通常具有显著性意义的 0.05)，这说明固定成本为正值而且非常显著，同时产量会显著作用于成本总额，或者说变动成本对于总成本的影响是构成重要性的。依据这一结果，我们也可以写出福源公司 2010—2021 年 B 产品产量与成本数据之间的回归方程：

$$成本 = 3588.365759 + 产量 \times 1.242412868$$

图 9-36 ～图 9-40 依次给出了本次回归残差结果输出、正态概率输出、残差图、线性拟合图、正态概率图等信息。

RESIDUAL OUTPUT

观测值	预测 总成本（万元）	残差	标准残差
1	5996.161896	673.8381036	0.274828262
2	5239.53246	723.46754	0.295069878
3	3767.273212	-60.27321184	-0.024582733
4	16231.1591	-4668.1591	-1.903932186
5	16492.0658	-0.065802068	-2.68377E-05
6	14404.81218	1610.187816	0.656723206
7	17535.69261	-430.6926109	-0.175660149
8	17013.87921	1083.120794	0.441756268
9	19622.94623	1766.053772	0.72029392
10	16492.0658	1980.934198	0.807933984
11	17405.23926	2453.76074	1.000778669
12	14796.17224	-5132.172238	-2.09318228

图 9-36 残差结果输出

PROBABILITY OUTPUT

百分比排位	总成本（万元）
4.166666667	3707
12.5	5963
20.83333333	6670
29.16666667	9664
37.5	11563
45.83333333	16015
54.16666667	16492
62.5	17105
70.83333333	18097
79.16666667	18473
87.5	19859
95.83333333	21389

图 9-37 正态概率输出

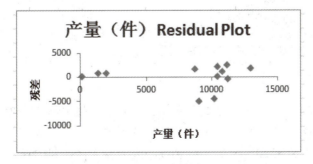

图 9-38 残差图

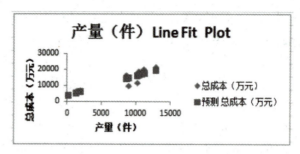

图 9-39　线性拟合图

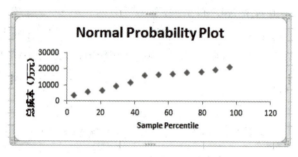

图 9-40　正态概率图

（三）福源公司 2010—2021 年 C 产品的产量与总成本之间的回归关系

我们可以直接采用上述讲解的两类方法进行分析，由于本项目篇幅的限制，本部分仅利用数据分析工具研究福源公司 2010—2021 年 C 产品的产量与总成本之间的回归关系。对于利用函数进行一元线性回归分析，读者可以利用课余时间进行练习。

(1) 选择回归工具。选择"数据"选项卡，执行"分析"组中的"数据分析"命令，打开"数据分析"对话框，在"分析工具"列表框中选择"回归"选项，如图 9-41 所示，单击"确定"按钮，打开"回归"对话框。

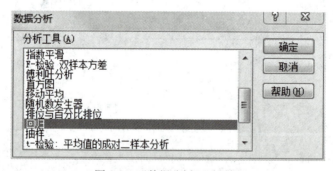

图 9-41　"数据分析"对话框

(2) 设置"回归"选项。在"回归"对话框中首先设置"输入"内容，单击"Y 值输入区域"后面的折叠按钮，并选中 \$G\$3:\$G\$15 单元格区域；单击"X 值输入区域"后面的折叠按钮，并选中 \$F\$3:\$F\$15 单元格区域。因为输入区域包含标志项，所以选中"标志"复选框；选中"置信度"复选框，并默认为 95%。然后设置"输出选项"，在"输出区域"中选择 \$B\$142 单元格区域。如果选中"新工作表组"单选按钮，则表示将输出结果显示在一个新的工作表上。接着将"残差""正态分布"中的复选框全部选中，以观察残差、标准残差、残差图、线性拟合图以及正态概率图等信息，如图 9-42 所示。

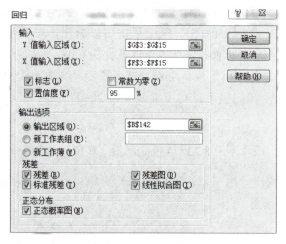

图 9-42 "回归"对话框

单击"确定"按钮，得到回归结果，如图 9-43 所示。

SUMMARY OUTPUT

回归统计								
Multiple R	0.946696426							
R Square	0.896234123							
Adjusted R Square	0.885857535							
标准误差	195.0459565							
观测值	12							

方差分析								
	df	SS	MS	F	Significance F			
回归分析	1	3285797.665	3285797.665	86.37079436	3.0978E-06			
残差	10	380429.2515	38042.92515					
总计	11	3666226.917						

	Coefficients	标准误差	t Stat	P-value	Lower 95%	Upper 95%	下限 95.0%	上限 95.0%
Intercept	398.2355439	232.6468712	1.711759723	0.117723383	-120.1339887	916.6050765	-120.1339887	916.6050765
产量（件）	0.124649304	0.013412397	9.293588885	3.0978E-06	0.094764621	0.154533987	0.094764621	0.154533987

图 9-43 回归结果汇总输出

从图 9-43 中可以得到以下结论：

第一部分是回归统计分析的结果，Multiple R 为 0.946696426，R Square 为 0.896234123，Adjusted R Square 为 0.8858575535，标准误差为 195.0459565，观测值为 12。其中，需要特别注意的是 R Square 与 Adjusted R Square 分别为回归模型的判定系数以及修正的判定系数，在很大程度上代表着模型的解释能力，相应的数值越大，说明模型的解释能力越强。本例中回归模型的判定系数以及修正的判定系数都接近 0.9，说明模型解释能力很好，或者选取的解释变量能够解释被解释变量的大部分信息。

第二部分是回归模型的方差分析结果，df 代表自由度，模型的 F 统计值为 86.37079436，显著性 P 值 (Significance F) 为 3.0978×10^{-6}，远小于通常具有显著性意义的 0.05，说明模型非常显著。

第三部分是回归模型的变量系数值、变量系数的标准误差、T 统计量、显著性 P 值以及 95% 的置信区间等信息。本例中产量的变量系数值为 0.124649304，变量系数的标准误差为 0.013412397，RT 统计量为 9.293588885，显著性 P 值为 3.0978×10^{-6}，95% 的置信区间为 [0.094764621, 0.154533987]；常数项的变量系数值为 398.2355439，变量系数的标准误差为 232.6468712，T 统计量为 1.711759723，显著性 P 值为 0.117723383，95% 的置信区间为 [-120.1339887, 916.6050765]。从结果中可以看出，自变量产量和常数项的系数都为正，而且非常显著（远小于通常具有显著性意义的 0.05)，这说明固定成本为正值而且非常显著，同时产量会显著作用于成本总额，或者说变动成本对于总成本的影响是构成重要性的。依据这一结果，我们也可以写出福源公司 2010—2021 年 C 产品产量与成本数据之间的回归方程：

$$成本 = 398.2355439 + 产量 \times 0.124649304$$

图 9-44 ~ 图 9-48 依次给出了本次回归残差结果输出、正态概率输出、残差图、线性拟合图、正态概率图等信息。

RESIDUAL OUTPUT

观测值	预测 总成本（万元）	残差	标准残差
1	1717.523779	9.476220614	0.050955909
2	1649.465259	6.5347407	0.035138867
3	1493.902928	3.097072325	0.0166537
4	2744.384747	-528.3847473	-2.841251406
5	2770.561101	-61.56110115	-0.331028793
6	2561.15027	100.8497299	0.542293165
7	2875.266517	-104.2665167	-0.560666046
8	2822.913809	47.08619109	0.253193733
9	3084.677348	114.3226523	0.614740297
10	2770.561101	136.4388988	0.733664655
11	2862.17834	183.8216603	0.988453118
12	2600.414801	92.58519906	0.497852802

图 9-44 残差结果输出

PROBABILITY OUTPUT

百分比排位	总成本（万元）
4.166666667	1497
12.5	1656
20.83333333	1727
29.16666667	2216
37.5	2662
45.83333333	2693
54.16666667	2709
62.5	2771
70.83333333	2870
79.16666667	2907
87.5	3046
95.83333333	3199

图 9-45 正态概率输出

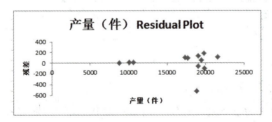

图 9-46 残差图

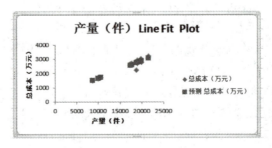

图 9-47 线性拟合图

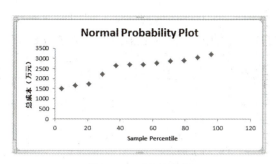

图 9-48　正态概率图

四、对福源公司 2022 年主营业务产品成本进行预测

在 C16 单元格中输入公式"=C23+B16*C24",在 E16 单元格中输入公式"=E23+D16*E24",在 G16 单元格中输入公式"=G23+F16*G24"。分别假定福源公司 2022 年 A 产品产量为 12 000 件、B 产品产量为 10 000 件、C 产品产量为 18 000 件的情况下,得到福源公司 2022 年主营业务产品成本预测结果,如图 9-49 所示。

年份	A产品		B产品		C产品	
	产量(件)	总成本(万元)	产量(件)	总成本(万元)	产量(件)	总成本(万元)
2010	2262	10505	1938	6670	10584	1727
2011	1716	9445	1329	5963	10038	1656
2012	468	7060	144	3707	8790	1497
2013	10500	17845	10176	11563	18822	2216
2014	10710	25238	10386	16492	19032	2709
2015	9030	24523	8706	16015	17352	2662
2016	11550	26158	11226	17105	19872	2771
2017	11130	27645	10806	18097	19452	2870
2018	13230	32584	12906	21389	21552	3199
2019	10710	28210	10386	18473	19032	2907
2020	11445	30289	11121	19859	19767	3046
2021	9345	24996	9021	9664	17667	2693
2022	12000	28569.12025	10000	16012.49444	18000	2641.923019

成本分析与预测

图 9-49　福源公司 2022 年主营业务产品成本预测结果

说明:本例中对福源公司 2022 年主营业务产品成本预测基于前述确定的回归分析方程。
A 产品:

$$成本 = 6137.435535 + 产量 \times 1.86930706$$

B 产品:

$$成本 = 3588.365759 + 产量 \times 1.242412868$$

C 产品:

$$成本 = 398.2355439 + 产量 \times 0.124649304$$

五、计算福源公司 2022 年主营业务产品成本构成

在 C17 单元格中输入公式"=B16*C24/C16",在 E17 单元格中输入公式"=D16*E24/E16",在 G17 单元格中输入公式"=F16*G24/G16"。在分别假定福源公司 2022 年 A 产品产量为 12 000 件、B 产品产量为 10 000 件、C 产品产量为 18 000 件的情况下,得到福源公司 2022 年主营业务产品成本构成预测结果(变动成本占比),如图 9-50 所示。

成本分析与预测						
年份	A产品		B产品		C产品	
	产量（件）	总成本（万元）	产量（件）	总成本（万元）	产量（件）	总成本（万元）
2010	2262	10505	1938	6670	10584	1727
2011	1716	9445	1329	5963	10038	1656
2012	468	7060	144	3707	8790	1497
2013	10500	17845	10176	11563	18822	2216
2014	10710	25238	10386	16492	19032	2709
2015	9030	24523	8706	16015	17352	2662
2016	11550	26158	11226	17105	19872	2771
2017	11130	27645	10806	18097	19452	2870
2018	13230	32584	12906	21389	21552	3199
2019	10710	28210	10386	18473	19032	2907
2020	11445	30289	11121	19859	19767	3046
2021	9345	24996	9021	9664	17667	2693
2022	12000	28569.12025	10000	16012.49444	18000	2641.923019
		78.52%		77.59%		84.93%

图 9-50   福源公司 2022 年主营业务产品成本构成预测结果

通过计算发现，福源公司 2022 年 A 产品变动成本占比为 78.52%，B 产品变动成本占比为 77.59%，C 产品变动成本占比为 84.93%。福源公司 2022 年三种主营业务产品的变动成本占比都比较高。

任务二　本量利分析

知识准备

一、本量利分析的基本假设

（一）成本性态分析假设

成本性态分析假设是假定成本性态分析工作已经完成，全部成本费用已经按成本性态划分为固定成本和变动成本两部分。成本性态分析假设是本量利分析的基础，也是本量利分析的出发点。

（二）相关范围假设

1. 期间假设

不管是固定成本还是变动成本，固定性和变动性都体现在特定期间内，金额大小也是在特定期间内加以计量得到的。随着时间的推移，固定成本及其内容会发生变化，单位变动成本及其内容也会发生变化。

2. 业务量假设

成本按成本性态划分为固定成本和变动成本是在一定业务量范围内分析和计量的结果，当业务量发生变化尤其是变化较大时，成本性态就有可能发生改变。

（三）模型线性假设

1. 固定成本不变假设

本量利分析中的模型线性假设首先是固定成本不变，用模型表示为 $y = a$。也就是说，在企业经营能力的相关范围内，固定成本保持不变，即在一定期间和业务量范围内固定成本的曲线为一条水平线。

2. 单位变动成本不变假设

与固定成本不变假设近似，单位变动成本不变假设也是在一定的相关范围内保持不变。单位变动成本与业务量之间的完全线性关系用模型表示为 $y=bx$。基于完全线性假设，变动成本的曲线表现为一条从原点出发的直线，该直线的斜率就是单位变动成本。

3. 销售单价不变假设

假设销售单价也在相关范围内保持不变，这样销售收入与销售量之间也呈线性关系，用模型表示为 $y=px$（p 为销售单价）。

（四）产销平衡假设

假设当期产品的生产量和业务量相一致，不考虑存货变动对利润的影响，即假设每期生产的产品总量总是能在当期全部售出，产销平衡。假设产销平衡，主要是在盈亏平衡分析时不考虑存货的影响。因为盈亏平衡是一种短期决策，仅仅考虑特定时期全部成本的收回，而存货中包含了以前时期的成本，所以不在考虑范围内。

二、本量利分析的基本原理

本量利分析考虑的相关因素主要包括销售量、销售单价、销售收入、单位变动成本、固定成本、利润等。这些因素之间的关系可以用下列基本公式来反映：

利润 = 销售收入 - 总成本
= 销售单价 × 销售量 - (变动成本 + 固定成本)
= 销售单价 × 销售量 - 单位变动成本 × 销售量 - 固定成本
= (销售单价 - 单位变动成本) × 销售量 - 固定成本

三、本量利分析的相关概念

边际贡献也称贡献毛益或边际利润，是指产品的销售收入减去变动成本之后的金额，是用来衡量企业经济效益的一项重要指标。

边际贡献通常有两种表现形式：一是总额概念，称边际贡献总额 (Tcm)，通常简称"边际贡献"，是指产品的销售收入总额减去变动成本总额后的余额；二是单位概念，称单位边际贡献 (cm)，是指产品的销售单价减去单位变动成本后的余额，反映的是每一个单位产品的创利能力，即每增加一个单位产品销售可提供的创利额。

两者用公式表示如下：

边际贡献 = 销售收入 - 变动成本
= (销售单价 - 单位变动成本) × 销售量
= 单位边际贡献 × 销售量

单位边际贡献 = 销售单价 - 单位变动成本

任务目标

(1) 了解本量利分析常用的公式；
(2) 学会使用 Excel 计算边际贡献、销售利润等相关数据；
(3) 使用本量利分析方法为企业做出正确的决策。

任务资料

本任务沿用任务一的案例，福源公司是一家生产制造企业，自 2010 年以来，公司主要经营的产品是 A、B、C 三种产品。福源公司 2022 年 A、B、C 三种主营业务产品的总销售收入预测数据如表 9-2 所示。

表 9-2　福源公司 2022 年主营业务产品销售收入预测数据　（单位：万元）

产品	A 产品	B 产品	C 产品	合计
销售收入	25 870	18 254	3000	47 124

要求：

(1) 利用福源公司 2022 年主营业务产品销售收入预测数据，结合任务一的相关结果，计算福源公司 2022 年的边际贡献、销售利润等，针对每种主营业务产品进行点评分析。

(2) 假定在第 (1) 步中计算得到的福源公司 2022 年主营业务利润数据不够理想，未达到股东预期，管理层提出了以下三种改进方案，在 Excel 2010 中运用本量利分析方法帮助股东做出正确的决策。

① 不再生产预测产生亏损的 A 产品，其他产品 (B、C) 维持原生产量不变。

② 不再生产预测产生亏损的 A 产品，将释放出的产能用于 B 和 C 的生产，其中合理预计 B 产品产量将增加 40%，C 产品产量将增加 10%。

③ 继续生产预测产生亏损的 A 产品，但压缩为原定计划的 70%，将释放出的产能用于 B 产品的生产，合理预计 B 产品产量将增加 36%。

任务操作

一、输入数据

(1) 打开 Excel "本量利分析 .xlsm" 文件，选择一张空白工作表，重命名为 "本量利分析"，建立 "本量利分析" 工作表。将 A1:E1 单元格区域合并并居中，在其中输入 "本量利分析"，字体设置为 "宋体"，字号设置为 "18" 号，并进行加粗处理；在 A2:E2 单元格区域中分别输入 "产品" "A 产品" "B 产品" "C 产品" "总计"。在 A3:A8 单元格区域中分别输入 "销售收入" "销售成本" "变动成本" "边际贡献" "固定成本" "销售利润"。在 B3:D3 单元格区域中直接输入福源公司 2022 年主营业务销售收入预测数据，在 E3 单元格中输入公式"=SUM(B3:D3)",如图 9-51 所示。

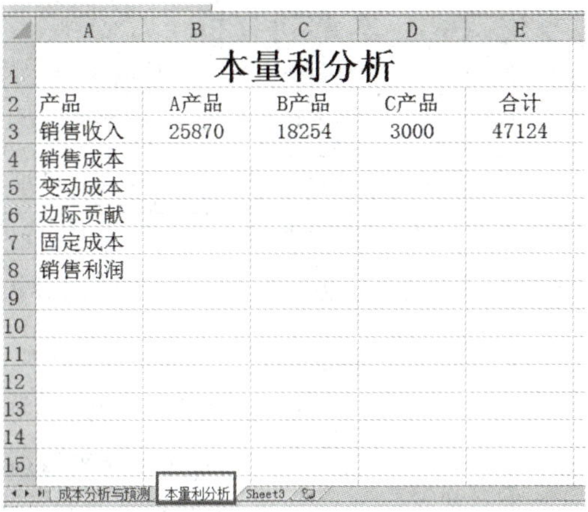

图 9-51 "本量利分析"工作表

(2) 在 B4:E8 单元格区域设置公式,如表 9-3 所示。

表 9-3 B4:E8 单元格区域的公式设置

单元格	公　式
B4	= 成本分析与预测 !C16
C4	= 成本分析与预测 !E16
D4	= 成本分析与预测 !G16
E4	=SUM(B4:D4)
B5	= 成本分析与预测 !C16* 成本分析与预测 !C17
C5	= 成本分析与预测 !E16* 成本分析与预测 !E17
D5	= 成本分析与预测 !G16* 成本分析与预测 !G17
E5	=SUM(B5:D5)
B6	=B3-B5
C6	=C3-C5
D6	=D3-D5
E6	=E3-E5
B7	=B4-B5
C7	=C4-C5
D7	=D4-D5
E7	=E4-E5
B8	=B3-B4
C8	=C3-C4
D8	=D3-D4
E8	=E3-E4

(3) 输入以上内容后，最终形成的福源公司 2022 年本量利分析预测结果如图 9-52 所示。

本量利分析

产品	A产品	B产品	C产品	合计
销售收入	25870	18254	3000	47124
销售成本	28569.12025	16012.49444	2641.923019	47223.53771
变动成本	22431.68472	12424.12868	2243.687475	37099.50087
边际贡献	3438.315282	5829.871324	756.3125246	10024.49913
固定成本	6137.435535	3588.365759	398.2355439	10124.03684
销售利润	-2699.120253	2241.505565	358.0769808	-99.53770731

图 9-52　福源公司 2022 年本量利分析预测结果

结论：从图 9-52 中可以看出，福源公司 2022 年销售利润预测为亏损状态，即 -99.53 770 731 万元，预测结果不甚理想。其中，A 产品销售利润预测为 -2699.120 253 万元，B 产品销售利润预测为 2241.505 565 万元，C 产品销售利润预测为 358.076 980 8 万元。在资源和条件具备一定调整可能性的情况下，福源公司需要对当前的生产计划进行必要调整，以获得更加优异的经营业绩，回报股东的信任。

二、方案分析

(1) 在第一种备选方案下，利用福源公司 2022 年主营业务销售收入预测数据，结合任务一的相关结果，计算福源公司 2022 年的边际贡献、销售利润等。

第一种备选方案为不再生产预测产生亏损的 A 产品，其他产品 (B、C) 维持原生产量不变。

复制"本量利分析"工作表，并将其重命名为"本量利分析 (方案一)"工作表，将 B7:D8 单元格区域中的内容清除后合并并居中，在 E7 单元格复制并粘贴总固定成本数据 (仅粘贴数值)，将 B3:B6 单元格区域内的数值直接删除，在 E8 单元格输入 "=E3-E4- 本量利分析 !B7"，(虽然不再生产 A 产品，但 A 产品产生的固定成本是一直存在的，所以销售利润需要减去 A 产品产生的固定成本)，得到的最终结果如图 9-53 所示。

本量利分析

	A	B	C	D	E
2	产品	A产品	B产品	C产品	合计
3	销售收入		18254	3000	21254
4	销售成本		16012.49444	2641.923019	18654.41745
5	变动成本		12424.12868	2243.687475	14667.81615
6	边际贡献		5829.871324	756.3125246	6586.183848
7	固定成本				10124.03684
8	销售利润				-3537.852989

图 9-53　福源公司 2022 年本量利分析预测结果 (方案一)

结论：从图 9-53 中可以看出，福源公司 2022 年销售利润预测仍为亏损状态，而且亏损的更多，达到了 -3537.852 989 万元，预测结果更加不理想。这是因为 A 产品为亏损主营业务产品，但其仍具有较大的边际贡献，保持生产对于销售利润的影响要显著好于停产状态。在资源和条件具备一定调整可能性的情况下，福源公司仍需对当前的生产计划进行必要调整，以获得更加优异的经营业绩，回报股东的信任。

(2) 在第二种备选方案下，利用福源公司 2022 年主营业务销售收入预测数据，结合任务一的相关结果,计算福源公司 2022 年的边际贡献、销售利润等。

第二种备选方案为不再生产预测产生亏损的 A 产品,将释放出的产能用于 B 和 C 的生产,其中合理预计 B 产品产量将增加 40%,C 产品产量将增加 10%。

复制"本量利分析(方案一)"工作表,并将其重命名为"本量利分析(方案二)"工作表,删除"销售成本"行,将 C3 单元格公式设置为"=18254*1.4",C4 单元格公式设置为"=成本分析与预测!E16*成本分析与预测!E17*1.4",D3 单元格公式设置为"=3000*1.1",D4 单元格公式设置为"=成本分析与预测!G16*成本分析与预测!G17*1.1",得到的最终结果如图 9-54 所示。

	A	B	C	D	E
1			**本量利分析**		
2	产品	A产品	B产品	C产品	合计
3	销售收入		25555.6	3300	28855.6
4	变动成本		17393.78015	2468.056223	19861.83637
5	边际贡献		8161.819853	831.9437771	8993.76363
6	固定成本				10124.03684
7	销售利润				-1130.273207

图 9-54 福源公司 2022 年本量利分析预测结果(方案二)

从图 9-54 中可以看出,福源公司 2022 年销售利润预测仍为亏损状态,但是相对于方案一要好很多,利润达到了 -1130.273 207 万元。这是因为 A 产品虽然为亏损主营业务产品,但是其仍具有较大的边际贡献,保持生产对于销售利润的影响要显著好于停产状态。在资源和条件具备一定调整可能性的情况下,福源公司仍需对当前的生产计划进行必要调整,以获得更加优异的经营业绩,回报股东的信任。

(3) 在第三种备选方案下,利用福源公司 2022 年主营业务销售收入预测数据,结合任务一的相关结果,计算福源公司 2022 年的边际贡献、销售利润等。

第三种备选方案为继续生产预测产生亏损的 A 产品,但压缩为原定计划为 70%,将释放出的产能用于 B 产品的生产,合理预计 B 产品产量将增加 36%。

复制"本量利分析(方案一)"工作表,并将其重命名为"本量利分析(方案三)"工作表,删除"销售成本"行,将 B3 单元格公式设置为"=本量利分析 B3*70%",B4 单元格公式设置为"=成本分析与预测!C16*成本分析与预测!C17*0.7",C3 单元格公式设置为"=18254*1.36",C4 单元格公式设置为"=成本分析与预测!E16*成本分析与预测!E17*1.36",得到的最终结果如图 9-55 所示。

	A	B	C	D	E
1			**本量利分析**		
2	产品	A产品	B产品	C产品	合计
3	销售收入	18109	24825.44	3000	45934.44
4	变动成本	15702.1793	16896.815	2243.687475	34842.68178
5	边际贡献	2406.820697	7928.625	756.3125246	11091.75822
6	固定成本				10124.03684
7	销售利润				967.7213846

图 9-55 福源公司 2022 年本量利分析预测结果(方案三)

从图 9-55 中可以看出,福源公司 2022 年销售利润预测不再是亏损状态,利润达到了 967.7213846 万元。综合来看,福源公司 2022 年应该选择方案三。

本项目主要介绍了混合成本分解方法，其中重点介绍了回归分析法。在 Excel 2010 中采用不同的方法对成本性态进行分析，计算相关系数 r，进行简单相关分析的目的在于研究参与分析两个变量之间的直线关系，描述两个参与分析变量之间线性联系的程度，主要是将所有成本都归属于固定成本和变动成本，并建立起成本性态模型，为进行本量利分析奠定基础。本量利分析在变动成本计算的基础上，以数量模型或图示的方式揭示成本、业务量、利润及其他有关指标之间的规律性联系，其目的主要是为会计预测、决策和规划提供必要的财务信息。

 项目练习

1. 福兴公司是一家生产制造型企业，致力于生产各种生产生活清洁设备。自 2010 年以来，公司把主营业务产品放到地板清洁设备、硬表面清洗机、高压清洗机等领域。福兴公司 2010—2021 年地板清洁设备、硬表面清洗机、高压清洗机三种主营业务产品的产量和总成本数据如表 9-4 所示。

表 9-4　福兴公司 2010—2021 年主营业务产品产量与总成本数据

年份	地板清洁设备		硬表面清洗机		高压清洗机	
	产量 / 件	总成本 / 万元	产量 / 件	总成本 / 万元	产量 / 件	总成本 / 万元
2010	2328	10 571	2004	6736	10 650	1793
2011	1782	9511	1458	6029	10 104	1722
2012	534	7126	210	3773	8856	1563
2013	10 566	17 911	10 242	11 629	18 888	2282
2014	10 776	25 304	10 452	16 558	19 098	2775
2015	9096	24 589	8772	16 081	17 418	2728
2016	11 616	26 224	11 292	17 171	19 938	2837
2017	11 196	27 711	10 872	18 163	19 518	2936
2018	13 296	32 650	12 972	21 455	21 618	3265
2019	10 776	28 276	10 452	18 539	19 098	2973
2020	11 511	30 355	11 187	19 925	19 833	3112
2021	9411	25 062	9087	9730	17 733	2759
2022	12 000		10 000		18 000	

要求：

使用 Excel 2010 中的相关分析、回归分析等数据统计分析方法对该案例进行成本性态分析。

2. 福兴公司是一家生产制造型企业，致力于生产各种生产生活清洁设备。自 2010 年以来，公司把主营业务产品放到地板清洁设备、硬表面清洗机、高压清洗机等领域。福兴公司 2010—2022 年地板清洁设备、硬表面清洗机、高压清洗机三种主营业务产品的产量和总成本数据如表 9-5 所示。(2022 年总成本预测数通过题 1 得到)

表 9-5　福兴公司 2010—2022 年主营业务产品产量与总成本数据

年份	地板清洁设备		硬表面清洗机		高压清洗机	
	产量/件	总成本/万元	产量/件	总成本/万元	产量/件	总成本/万元
2010	2328	10 571	2004	6736	10 650	1793
2011	1782	9511	1458	6029	10 104	1722
2012	534	7126	210	3773	8856	1563
2013	10 566	17 911	10 242	11 629	18 888	2282
2014	10 776	25 304	10 452	16 558	19 098	2775
2015	9096	24 589	8772	16 081	17 418	2728
2016	11 616	26 224	11 292	17 171	19 938	2837
2017	11 196	27 711	10 872	18 163	19 518	2936
2018	13 296	32 650	12 972	21 455	21 618	3265
2019	10 776	28 276	10 452	18 539	19 098	2973
2020	11 511	30 355	11 187	19 925	19 833	3112
2021	9411	25 062	9087	9730	17 733	2759
2022	12 000	28 511.745 99	10 000	15 994.748 96	18 000	2699.696 165

要求：

(1) 福兴公司 2022 年地板清洁设备、硬表面清洗机、高压清洗机三种主营业务产品的总销售收入预测数据如表 9-6 所示。

表 9-6　福兴公司 2022 年主营业务销售收入预测数据　(单位：万元)

产品	地板清洁设备	硬表面清洗机	高压清洗机	合计
销售收入	26 600	19 254	4000	49 854

利用福兴公司 2022 年主营业务销售收入预测数据，结合任务一项目训练的相关结果，计算福兴公司 2022 年的边际贡献、销售利润等，并针对每种主营业务产品进行点评分析。

(2) 假定在第 (1) 步中计算得到的福兴公司 2022 年主营业务利润数据不够理想，未达到股东预期，管理层提出了以下三种改进方案，在 Excel 2010 中运用本量利分析方法帮助股东做出正确的决策。

① 不再生产预测产生亏损的地板清洁设备，其他产品包括硬表面清洗机和高压清洗机维持原生产量不变。

② 不再生产预测产生亏损的地板清洁设备，将释放出的产能用于硬表面清洗机和高压清洗机的生产，其中合理预计硬表面清洗机产量将增加 40%，高压清洗机产量将增加 10%。

③ 继续生产预测产生亏损的地板清洁设备，但压缩为原定计划的 70%，将释放出的产能用于硬表面清洗机的生产，合理预计硬表面清洗机产量将增加 36%。

项目十 坏账成因分析

学习目标

(1) 理解单因素方差分析方法的基本概念与分析的步骤;

(2) 掌握 Excel 数据分析工具中方差分析模块的单因素分析方法的具体应用;

(3) 学会应用 Excel 数据分析工具中的方差分析方法对企业财务管理中的其他具体问题进行研究。

情景引入

为了提高销售收入,提高市场占有率,企业在销售实践中普遍采用赊销的方式,但赊销在很大程度上是基于对交易对手的商业信用,由于在交易中存在很多信息不对称行为,企业对交易对手的了解不够详细,对其还款能力和还款意愿评估做不到尽善尽美,因此会不可避免地形成坏账。客观来讲,坏账的成因是多方面的,每个企业的坏账也有自身具体的特点。本项目主要以具体案例的形式,使用 Excel 2010 中的方差分析方法,对企业的坏账影响因素进行分析,旨在发现其中的规律,为企业做好销售回款管理提供有益的参考借鉴,进而为企业经营管理提供必要的智力支持。

任务一 单因素影响分析

知识准备

1. 单因素方差的基本概念

试验中要考察的指标称为试验指标,影响试验指标的条件称为因素,因素所处的状态称为水平,若试验中只有一个因素改变则称为单因素试验,若有两个因素改变则称为双因素试验,若有多个因素改变则称为多因素试验。方差分析就是对试验数据进行分析,检验方差相等的多个正态总体均值是否相等,进而判断各因素对试验指标的影响是否显著。方差分析根据影响试验指标条件的个数可以区分为单因素方差分析、双因素方差分析和多因素方差分析。

在方差分析中,我们将要考察的对象的某种特征称为试验指标,影响试验指标的条件称为因素。因素可分为两类,一类是人们可以控制的 (如原材料、设备、学历、专业等因素),另一类是人们无法控制的 (如员工素质与机遇等因素)。下面所讨论的因素都是指可控制因素。每个因素又有若干个状态可供选择,因素可供选择的每个状态称为该因素的水平。如果在一项试验中只有一个因素在改变,则称为单因素试验;如果多于一个因素在改变,则称为多因素试验。因素常用大写字母 A,B,C,$\cdots$ 表示,因素 A 的水平用 A_1、A_2、A_3 表示。

2. 假设前提

(1) 各个观察值是独立的,即各组观察数据是从相互独立的总体中抽取的。

(2) 每个总体都应服从正态分布且方差相等,即各组观测数据是从具有相同方差的正态分布总体中抽取的简单随机样本。

3. 单因素方差分析的数据结构

在单因素试验中,假设因素 A 共有 r 个水平,r 表示单因素的分类数目,每个水平的样本容量为 n,则共有 nr 个观察值,单因素试验的结果以 r 行 n 列表示,构成单因素分析的数据结构。

4. 单因素方差分析的步骤

(1) 提出假设。设因素有不同水平 A_1,A_2,$\cdots$,A_r,各水平对应的总体服从正态分布 N,在水平 A_i 进行 N_r 次试验。假定所有试验都是独立的,因为在 A 水平的样本观测值与总体服从相同的分布,如果因素 A 对试验结果影响不显著,则所有样本观测值都可以看作来自同一总体,即各自变量取值分类组的均值相等。

提出假设:

原假设 H_0:$U_1 = U_2 = \cdots = U_r$,即因素 A 对观测变量无显著影响。

备择假设 H_1:$U_1 = U_2 = \cdots = U_r$ 不全相等,即因素 A 对观测变量有显著影响。

若拒绝原假设,则表示自变量对因变量有显著影响;若接受原假设,则表示自变量对因变量没有显著影响。

(2) 构造检验统计量。

(3) 离差平方和。

① 总离差平方和也称总平方和 (Sum of Squares for Total, SST),反映全部试验数据之间的离散状况,是全部观察值与总平均值的离差平方和。

② 组间离差平方和也称因素 A 平方和 (Sum of Squares for Factor A, SSA),反映各个总体的样本均值之间的差异程度,即每组数据均值和总平均值之间的离差平方和。

③ 组内离差平方和也称误差项离差平方和 (Sum of Squares for Error, SSE),反映每个样本各观测值之间的离散状况,即组内数据和组内平均值之间的随机误差。

(4) 判断与结论。有两种方法可以用来判定是否接受原假设 H_0:

① 将统计量 F 与给定的显著性水平 a 的临界值 F_a 比较,可以做出拒绝或接受原假设 H_0 的判断:若 $F \geqslant F_a$,则拒绝原假设 H_0,表明因素 A 对观察值有显著影响;若 $F < F_a$,则接受原假设 H_0,表明因素 A 对观察值无显著影响。

② 利用 F 值计算出 P 值，当 $P < a$ 时，拒绝 H_0，表明均值之间有显著差异，即因素 A 对观察值有显著影响；当 $P > a$ 时，则接受原假设 H_0，表明均值之间无显著差异，因素 A 对观察值无显著影响。

任务目标

(1) 了解单因素方差分析；
(2) 学会使用 Excel 2010 数据分析工具中的方差分析模块单因素方差分析命令；
(3) 学会使用单因素方差分析方法对企业坏账影响因素进行研究。

任务资料

福源公司是一家生产制造企业，自 2010 年以来，公司主要经营的产品是 A、B、C。公司 2010—2021 年 A、B、C 三种主营业务产品的坏账数据如表 10-1 所示。

表 10-1　福源公司 2010—2021 年主营业务产品坏账数据

年份	A 产品坏账金额 / 万元	B 产品坏账金额 / 万元	C 产品坏账金额 / 万元
2010	420.2	533.6	431.75
2011	377.8	477.04	414
2012	282.4	296.56	374.25
2013	713.8	925.04	554
2014	1009.52	1319.36	677.25
2015	980.92	1281.2	665.5
2016	1046.32	1368.4	692.75
2017	1105.8	1447.76	717.5
2018	1303.36	1711.12	799.75
2019	1128.4	1477.84	726.75
2020	1211.56	1588.72	761.5
2021	999.84	773.12	673.25

要求：
利用图表分析方法分析福源公司 2010—2021 年主营业务产品坏账数据。

任务操作

一、输入数据

打开 Excel，将工作簿保存为"坏账成因 .xlsm"。将 Sheet1 工作表重命名为"坏账成因分析"，建立"坏账成因分析"工作表，在其中输入福源公司 2010—2021 年主营业务产品坏账数据，如图 10-1 所示。

年份	A产品坏账金额（万元）	B产品坏账金额（万元）	C产品坏账金额（万元）
	坏账成因分析		
2010	420.2	533.6	431.75
2011	377.8	477.04	414
2012	282.4	296.56	374.25
2013	713.8	925.04	554
2014	1009.52	1319.36	677.25
2015	980.92	1281.2	665.5
2016	1046.32	1368.4	692.75
2017	1105.8	1447.76	717.5
2018	1303.36	1711.12	799.75
2019	1128.4	1477.84	726.75
2020	1211.56	1588.72	761.5
2021	999.84	773.12	673.25

图 10-1　坏账分析数据

二、通过图表分析方法分析福源公司 2010—2021 年主营业务产品坏账数据

这里使用"带平滑线和数据标记的散点图"和"雷达图"比较适合。

（一）带平滑线和数据标记的散点图

(1) 选中 A2:D14 单元格区域，选择"插入"选项卡，执行"图表"组"散点图"中的"带平滑线和数据标记的散点图"命令，如图 10-2 所示。

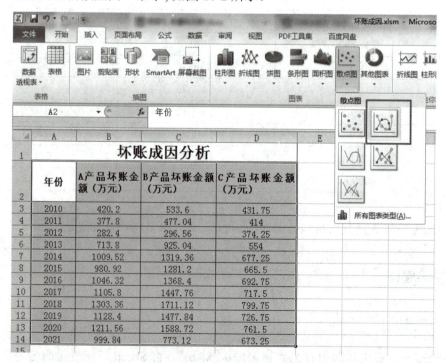

图 10-2　选择带平滑线和数据标记的散点图

(2) 打开基于福源公司 2010—2021 年主营业务产品坏账数据的带平滑线和数据标记的散点图，如图 10-3 所示。

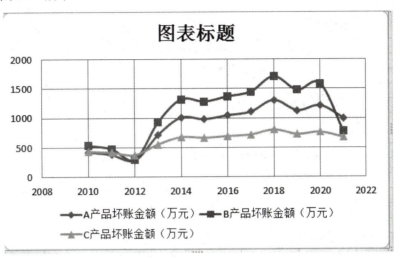

图 10-3　分产品坏账成因分析图

(3) 将标题修改为"分产品坏账成因分析"，单击分产品坏账成因分析图中的横坐标轴，打开如图 10-4 所示的"设置坐标轴格式"对话框，在"坐标轴选项"的"最小值"中输入 2010.0，在"最大值"中输入 2021.0，在"主要刻度单位"中输入 2.0，在"次要刻度单位"中输入 1.0。

图 10-4　"设置坐标轴格式"对话框

(4) 单击"关闭"按钮，最终形成的分产品坏账成因分析图如图 10-5 所示。

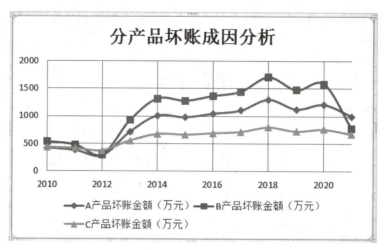

图 10-5　最终形成的分产品坏账成因分析图

结论：从带平滑线和数据标记的散点图中可以较为直观地看出，A、B、C 三种产品之间还是存在一定差异的，尤其是自 2010 年以来，B 产品坏账金额要高于 A 产品坏账金额，再高于 C 产品坏账金额。

（二）雷达图

(1) 选中 A2:D14 单元格区域，选择"插入"选项卡，执行"图表"组中"其他图表"下的"雷达图"命令，如图 10-6 所示。

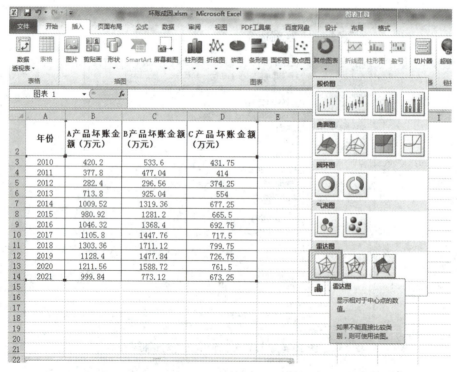

图 10-6　选择雷达图

(2) 打开如图 10-7 所示的基于福源公司 2010—2021 年 A、B、C 三种主营业务产品坏账数据的雷达图。

图 10-7 分产品坏账成因分析雷达图

三、通过单因素方差分析方法分析福源公司 2010—2021 年 A、B、C 三种主营业务产品坏账数据与主营业务产品品种之间的关系

(1) 选择单因素方差分析工具。选择"数据"选项卡，执行"分析"组中的"数据分析"命令，打开"数据分析"对话框，在"分析工具"列表框中选择"方差分析：单因素方差分析"选项，如图 10-8 所示。

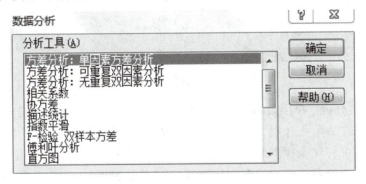

图 10-8 "数据分析"对话框

(2) 单击"确定"按钮，打开"方差分析：单因素方差分析"对话框。首先设置"输入"内容，单击"输入区域"后面的折叠按钮，并选中 \$B\$2:\$D\$14 单元格区域。因为本例中研究的是 A、B、C 三种产品之间的方差分析，而且三者数据都以"列"的形式在 Excel 2010 中展示，所以在"分组方式"选项组中要选中"列"复选框。此外，因为在"输入区域"中选中了 B2:D14 单元格区域，所以数据中是包含标志项的，需要选中"标志位于第一行"复选框，其他采用系统默认设置。然后设置"输出选项"，在"输出区域"中选中 \$A\$16 单元格区域。如果选中"新工作表组"单选按钮，则表示将输出结果显示在一个新的工作

表上，如图 10-9 所示。

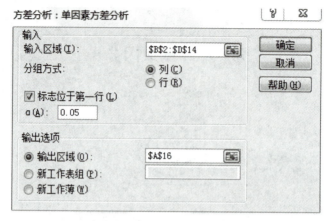

图 10-9 "方差分析：单因素方差分析"对话框

(3) 单击"确定"按钮，得到针对 A、B、C 三种产品之间的单因素方差分析结果，如图 10-10 所示。

方差分析：单因素方差分析

SUMMARY

组	观测数	求和	平均	方差
A产品坏账金额（万元）	12	10579.92	881.66	119924.9255
B产品坏账金额（万元）	12	13199.76	1099.98	229170.1156
C产品坏账金额（万元）	12	7488.25	624.0208333	20830.83475

方差分析

差异源	SS	df	MS	F	P-value	F crit
组间	1362315	2	681157.3819	5.524004344	0.008525039	3.284917651
组内	4069185	33	123308.6253			
总计	5431499	35				

图 10-10 单因素方差分析结果

结论："方差分析：单因素方差分析"结果图包括两部分，第一部分是参与方差分析的变量 (包括 A 产品坏账金额、B 产品坏账金额和 C 产品坏账金额) 的描述性分析统计结果，其中 A 产品坏账金额观测样本数为 12，总和为 10579.92，平均值为 881.66，方差为 119924.9255；B 产品坏账金额观测样本数为 12，总和为 13199.76，平均值为 1099.98，方差为 229170.1156；C 产品坏账金额观测样本数为 12，总和为 7488.25，平均值为 624.0208333，方差为 20830.83475。

第二部分为单因素方差分析结果，单因素方差分析的原假设为参与分析的变量之间不存在显著差异，从结果中可以明确地看出单因素方差分析的 F 值为 5.524004344，显著性 P 值为 0.008525039，远远小于 0.05，说明要显著拒绝原假设，即福源公司 2010—2021 年 A 产品坏账金额、B 产品坏账金额和 C 产品坏账金额等主营业务产品坏账数据与主营业务产品品种之间是有着显著影响关系的，或者说，不同主营业务产品品种产生的坏账金额之间有着非常显著的不同。

任务二 可重复双因素方差分析

 知识准备

一、双因素方差分析的类型

(1) 无重复的双因素方差分析：假定因素 A 和因素 B 的效应之间是相互独立的，不存在交互关系，也称无交互作用的双因素方差分析。

(2) 可重复的方差分析：假定 A、B 两个因素不是独立的，而是相互起作用的，并且两个因素共同起作用的结果不是其各自作用的简单相加，而是会产生一个新的效应 (如效果会成倍增加)，也称有交互作用的双因素方差分析。

本任务集中介绍可重复双因素方差分析的理论与操作实例。

二、可重复的双因素方差分析的数据结构

假设两个因素分别是 A 和 B，因素 A 共有 n 个水平，因素 B 共有 k 个水平，在水平组合 (A_i, B_j) 下的试验结果 X_{ij} 服从 N，$i = 1, \cdots, n$；$B = 1, \cdots, k$。假设这些试验结果相互独立，要对两个因素的交互作用进行分析，每个水平组合下需要至少进行两次试验，若在每个水平组合 (A_i, B_j) 下重复 t 次试验，则每次试验的观测值用 $X_{ijr}(r = 1, \cdots, t)$ 表示。

三、可重复的双因素方差分析的步骤

（一）提出假设

与无重复的双因素方差分析的模型基本一样，只是可重复的双因素方差分析需要考虑两个因素之间的交互作用，因此需要提出假设以检验两个因素之间的交互效应。在可重复的双因素方差分析中，如果用 U 表示均值，则 $U_1, U_2, \cdots, U_n$ 分别表示因素 A 分类组的均值，$U_1, U_2, \cdots, U_k$ 分别表示因素 B 分类组的均值；用 P_{ij} 表示因素 A 的第 i 水平与因素 B 的第 j 水平的交互效应。在可重复的双因素方差分析中，要检验的假设有三个，即分别对因素 A 和因素 B 以及因素 A、B 之间的交互效应提出假设。

1. 对因素 A 的假设

原假设 H_{01}：$U_1 = U_2 = \cdots = U_n$，即因素 A 对观测变量无显著影响。

备择假设 H_{11}：$U_1, U_2, \cdots, U_n$ 不全相等，即因素 A 对观测变量有显著影响。

2. 对因素 B 的假设

原假设 H_{02}：$U_1 = U_2 = \cdots = U_k$，即因素 B 对观测变量无显著影响。

备择假设 H_{12}：$U_1, U_2, \cdots, U_k$ 不全相等，即因素 B 对观测变量有显著影响。

3. 对因素 A 和因素 B 的交互效应的假设

原假设 H_{03}：对一切 i 和 j，有 $P_{ij} = 0$，即因素 A 与因素 B 之间不存在交互效应。

备择假设 H_{13}：对一切 i 和 j，P_{ij} 不全为零，即因素 A 与因素 B 之间存在交互效应。

（二）构造检验统计量

由于相互作用的存在，可重复的双因素方差分析要比无重复的双因素方差分析多一个交互作用项平方和，此时总离差平方和 SST 将被分解为四部分：SSA、SSB、SSAB 和 SSE，分别代表因素 A 的组间差异，因素 B 的组间差异，因素 A、B 的交互效应和随机误差的离散状况。

（三）判断与结论

与无重复的双因素方差分析一样，在可重复的双因素方差分析中，既可以将统计量的值 F 与临界值 F_a 进行比较，从而做出拒绝或接受原假设的决策；也可以利用 F 值计算出 P 值，再进行判断。其具体判断方法如下：

利用 F 值进行判断：若 $F_A \geqslant F_a$，则拒绝原假设 H_{01}，表明因素 A 对观察值有显著影响，否则接受原假设 H_{01}；若 $F_B \geqslant F_a$，则拒绝原假设 H_{02}，表明因素 B 对观察值有显著影响，否则接受原假设 H_{02}；若 $F_{AB} \geqslant F_a$，则拒绝原假设 H_{03}，表明因素 A、B 的交互效应对观察值有显著影响，否则接受原假设 H_{03}。同理，利用 P 值进行判断：当 $P < a$ 时，拒绝 H_0；当 $P > a$ 时，接受原假设 H_0。

任务目标

(1) 理解 Excel 2010 中可重复双因素方差分析的基本原理；

(2) 掌握可重复双因素方差分析方法在 Excel 2010 中的实现；

(3) 学会应用这些统计分析方法解决实际中遇到的财务管理问题。

任务资料

福源公司是一家生产制造企业，自 2010 年以来，公司主要经营的产品是 A、B、C。2010—2021 年 A、B、C 三种主营业务产品分客户所在地区的坏账数据如表 10-2 所示。

表 10-2　福源公司 2010—2021 年主营业务产品分客户所在地区坏账数据

年份	客户所在地区	A 产品坏账金额 / 万元	B 产品坏账金额 / 万元	C 产品坏账金额 / 万元
2010	东部	79.9	40.56	87
	中部	20.68	45.88	107
	西部	93.36	119.04	111.5
2011	东部	52.96	100.32	109.25
	中部	41.304	22.416	101.35
	西部	91.4	97.248	106.575
2012	东部	27.365 6	34.04	103.515
	中部	29.86	29.56	25.017 5
	西部	136.8	107.04	51.133 5
2013	东部	109.52	219.36	14.25
	中部	92.92	147.2	125.5
	西部	177.32	225.4	49.75
2014	东部	172.8	105.76	114.5
	中部	292.36	348.12	107.75
	西部	200.4	253.84	119.75
2015	东部	202.56	238.72	73.5
	中部	216.4	136.12	128.25
	西部	75.94	128.88	115.23
2016	东部	120.12	115.23	127.5
	中部	154.23	228	148
	西部	188	173	140.25
2017	东部	112	144	122
	中部	188	180	135
	西部	102.696	130.944	122.65
2018	东部	122	110.352	120.175
	中部	145.434 4	199	111.485
	西部	100.54	115	117.232 5
2019	东部	230	237	113.866 5
	中部	350	411	221
	西部	255	355	186
2020	东部	280	441	210
	中部	358	552	199
	西部	356	552	205
2021	东部	330	425	256
	中部	339	560	199
	西部	320.44	235	220

任务操作

一、输入数据

使用 Excel 2010 打开"坏账成因 .xlsm"工作簿,新建或者选择其中一张空白工作表并重命名为"坏账成因分析(双因素)",建立"坏账成因分析(双因素)"工作表,在其中输入福源公司 2010—2021 年主营业务产品分客户所在地区坏账数据,如图 10-11 所示。

年份	客户所在地区	A产品坏账金额(万元)	B产品坏账金额(万元)	C产品坏账金额(万元)
2010	东部	79.9	40.56	87
	中部	20.68	45.88	107
	西部	93.36	119.04	111.5
2011	东部	52.96	100.32	109.25
	中部	41.304	22.416	101.35
	西部	91.4	97.248	106.575
2012	东部	27.3656	34.04	103.515
	中部	29.86	29.56	25.0175
	西部	136.8	107.04	51.1335
2013	东部	109.52	219.36	14.25
	中部	92.92	147.2	125.5
	西部	177.32	225.4	49.75
2014	东部	172.8	105.76	114.5
	中部	292.36	348.12	107.75
	西部	200.4	253.84	119.75

图 10-11　输入相关数据

二、通过图表分析方法分析福源公司 2010—2021 年主营业务产品分客户所在地区坏账数据

这里主要介绍 Excel 2010 中数据透视图的用法。

(1) 在"坏账成因分析(双因素)"工作表中选中 A2:E37 单元格区域,选择"插入"选项卡执行"表格"组中"数据透视表"下的"数据透视图"命令,如图 10-12 所示。

年份	客户所在地区	A产品坏账金额(万元)	B产品坏账金额(万元)	C产品坏账金额(万元)
2010	东部	79.9	40.56	87
	中部	20.68	45.88	107
	西部	93.36	119.04	111.5
2011	东部	52.96	100.32	109.25
	中部	41.304	22.416	101.35
	西部	91.4	97.248	106.575

图 10-12　选择"数据透视图"命令

(2) 打开"创建数据透视表及数据透视图"对话框,选中"新工作表"(命名为"数据透视图")单选按钮,单击"确定"按钮,如图 10-13 所示。

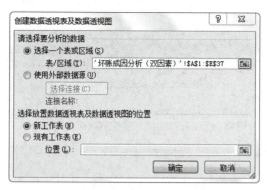

图 10-13 创建数据透视图

(3) 打开"数据透视表字段列表"对话框,把"客户所在地区"移到"轴字段(分类)"列表框,把"A 产品坏账金额(万元)""B 产品坏账金额(万元)""C 产品坏账金额(万元)"移到"数值"列表框,如图 10-14 所示。

(4) 在"数值"列表框中选择"求和项:A 产品坏账金额(万元)",选择如图 10-15 所示的"值字段设置"命令。

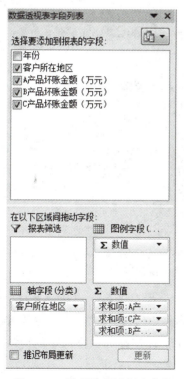

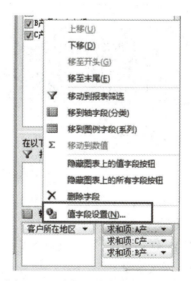

图 10-14 选择数据透视表字段　　　图 10-15 选择"值字段设置"命令

(5) 打开如图 10-16 所示的"值字段设置"对话框,"计算类型"选择"平均值",即设置为"平均值项:A 产品坏账金额(万元)"。按照同样的操作方式,把"求和项:B 产品坏账金额(万元)"设置为"平均值项:B 产品坏账金额(万元)",把"求和项:C 产品坏账金额(万元)"设置为"平均值项:C 产品坏账金额(万元)"。

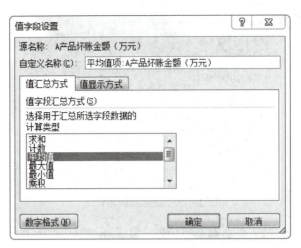

图 10-16 设置值字段

(6) 设置完毕后，即显示如图 10-17 所示的基于福源公司 2010—2021 年 A 产品坏账金额分客户所在地区平均值项、B 产品坏账金额分客户所在地区平均值项、C 产品坏账金额分客户所在地区平均值项的数据透视图。

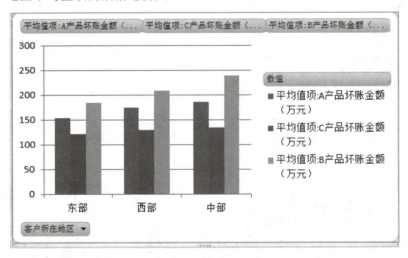

图 10-17 数据透视图

结论：从数据透视图中可以非常明显地看出，从主营业务产品品种来看，东部地区中 B 产品坏账金额平均值项要高于 A 产品坏账金额平均值项，再高于 C 产品坏账金额平均值项；西部地区中 B 产品坏账金额平均值项要高于 A 产品坏账金额平均值项，再高于 C 产品坏账金额平均值项。

三、通过可重复双因素方差分析方法分析福源公司 2010—2021 年 A 产品坏账金额、B 产品坏账金额、C 产品坏账金额等主营业务产品坏账数据与主营业务产品品种、客户所在地区之间的关系

(1) 选择可重复双因素方差分析工具。选择"数据"选项卡，执行"分析"组中的"数

据分析"命令，打开"数据分析"对话框，在"分析工具"列表框中选择"方差分析：可重复双因素分析"选项，如图 10-18 所示。

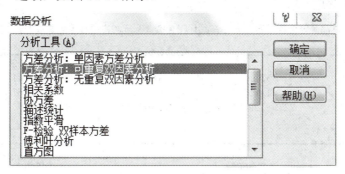

图 10-18　选择分析工具

(2) 单击"确定"按钮，打开"方差分析：可重复双因素分析"对话框。首先设置"输入"内容，单击"输入区域"后面的折叠按钮，并选中 \$B\$2:\$E\$37 单元格区域。在本任务中研究的是 A 产品坏账金额、B 产品坏账金额、C 产品坏账金额以及分客户所在地区之间的方差分析，其中三个主营业务品种都以不同的列进行展示，称为"列数据"；客户所在的不同地区都以不同的行展示，称为"样本数据"，每个样本数据都有 12 行数据参与分析，所以在"每一样本的行数"中输入"12"。"置信度"复选框默认为 0.05。然后设置"输出选项"，在"输出区域"中选中 \$A\$39 单元格区域。如果选中"新工作表组"单选按钮，则表示将输出结果显示在一个新的工作表上，如图 10-19 所示。

图 10-19　"方差分析：可重复因素分析"对话框

(3) 单击"确定"按钮，得到针对分客户所在地区的 A 产品坏账金额、B 产品坏账金额、C 产品坏账金额之间的"方差分析：可重复双因素分析"结果，如图 10-20 和图 10-21 所示。

图 10-20 展示的是分客户所在地区的 A 产品坏账金额、B 产品坏账金额、C 产品坏账金额的描述性统计分析情况。

图 10-21 展示的是"方差分析：可重复双因素分析"的分析结果，我们可以看到在最左侧列中有"样本""列""交互"，分别代表的是样本之间的差异效应、列之间的差异效

应以及样本与列之间的交互差异效应。

方差分析：可重复双因素分析				
SUMMARY	A产品坏账金额（万元）	B产品坏账金额（万元）	C产品坏账金额（万元）	总计
东部				
观测数	12	12	12	36
求和	953.3896	1188.064	991.841	3133.2946
平均	79.44913333	99.00533333	82.65341667	87.03596111
方差	2279.309221	4945.597874	1401.914413	2786.726482
中部				
观测数	12	12	12	36
求和	2025.506	2182.614	1454.38	5662.5
平均	168.7921667	181.8845	121.1983333	157.2916667
方差	3565.945107	5220.275705	354.7766697	3572.244121
西部				
观测数	12	12	12	36
求和	3186.4144	4192.352	2158.759	9537.5254
平均	265.5345333	349.3626667	179.8965833	264.9312611
方差	9115.289927	27709.66269	2538.782399	17294.86161
总计				
观测数	36	36	36	
求和	6165.31	7563.03	4604.98	
平均	171.2586111	210.0841667	127.9161111	
方差	10641.2041	23057.64705	2994.283508	

图 10-20　方差分析（结果一）

方差分析						
差异源	SS	df	MS	F	P-value	F crit
样本	578026.6106	2	289013.3053	45.52860137	9.53164E-15	3.088239626
列	121651.0251	2	60825.51255	9.581913576	0.000157021	3.088239626
交互	77786.00841	4	19446.5021	3.063430043	0.020001796	2.463550407
内部	628447.094	99	6347.950445			
总计	1405910.738	107				

图 10-21　方差分析（结果二）

　　在本案例中，样本差异反映的是不同客户所在地区对于坏账金额的影响，可以发现样本的 F 值为 45.52860137，显著性 P 值为 9.53164×10^{-15}，远远小于设定的显著性标准 0.05，说明要显著地拒绝原假设，即不同客户所在地区对于坏账金额的产生是有着显著影响的。

　　列差异反映的是不同主营业务产品品种对于坏账金额的影响，可以发现列的 F 值为 9.581913576，显著性 P 值为 0.000157021，远远小于设定的显著性标准 0.05，说明要显著地拒绝原假设，即不同的主营业务产品品种对于坏账金额的产生是有着显著影响的。

　　交互差异反映的是不同客户所在地区、不同主营业务产品品种之间的交互作用（客户所在地区 × 主营业务产品品种）对于坏账金额的影响，可以发现交互差异的 F 值为 3.063430043，显著性 P 值为 0.020001796，小于设定的显著性标准 0.05，说明要显著地拒绝原假设，即不同客户所在地区、不同主营业务产品品种之间的交互作用对于坏账金额的产生是有着显著影响的。

项 目 小 结

本项目主要介绍了 Excel 2010 数据分析工具中方差分析模块单因素方差分析命令、可重复双因素方差分析的使用，并将该统计分析方法用于研究企业坏账成因的经营管理实践。单因素方差分析主要应用于单一影响因素的研究，可重复双因素方差分析主要应用于两种影响因素且假定认为两种影响因素之间存在交互效应的研究。通过本项目的学习，读者不仅要学会如何使用单因素方差分析方法、可重复双因素方差分析方法对企业坏账影响因素问题进行研究，更要学会举一反三，使用单因素方差分析方法、可重复双因素方差分析方法对企业财务管理中的其他具体问题进行研究。

 项目练习

1. 福兴公司是一家生产制造型企业，致力于生产各种生产生活清洁设备。自 2010 年以来，公司把主营业务产品放到地板清洁设备、硬表面清洗机、高压清洗机等领域。福兴公司 2010—2021 年地板清洁设备、硬表面清洗机、高压清洗机三种主营业务产品的坏账数据如表 10-3 所示。

表 10-3　福兴公司 2010—2021 年主营业务产品坏账数据

年份	地板清洁设备坏账金额 / 万元	硬表面清洗机坏账金额 / 万元	高压清洗机坏账金额 / 万元
2010	441	553	452
2011	399	497	435
2012	305	319	396
2013	732	941	573
2014	1024	1331	695
2015	996	1293	684
2016	1061	1380	711
2017	1120	1458	735
2018	1315	1719	817
2019	1142	1488	744
2020	1224	1598	779
2021	1015	790	692

要求：

使用单因素方差分析方法研究主营业务产品品种对于坏账金额的影响关系，或者说不同的主营业务品种的坏账金额之间是否存在显著差异。

2. 福兴公司是一家生产制造型企业，致力于生产各种生产生活清洁设备。自 2010 年以来，公司把主营业务产品放到地板清洁设备、硬表面清洗机、高压清洗机等领。福兴公司 2010—2021 年主营业务产品分客户所在地区坏账数据如表 10-4 所示。

表 10-4　福兴公司 2010—2021 年主营业务产品分客户所在地区坏账数据

年份	客户所在地区	地板清洁设备坏账金额 / 万元	硬表面清洗机坏账金额 / 万元	高压清洗机坏账金额 / 万元
2010	东部	79.9	40.56	87
	中部	20.68	45.88	107
	西部	93.36	119.04	111.5
2011	东部	52.96	100.32	109.25
	中部	41.304	22.416	101.35
	西部	91.4	97.248	106.575
2012	东部	27.365 6	34.04	103.515
	中部	29.86	29.56	25.017 5
	西部	136.8	107.04	51.133 5
2013	东部	109.52	219.36	14.25
	中部	92.92	147.2	125.5
	西部	177.32	225.4	49.75
2014	东部	172.8	105.76	114.5
	中部	292.36	348.12	107.75
	西部	200.4	253.84	119.75
2015	东部	202.56	238.72	73.5
	中部	216.4	136.12	128.25
	西部	75.94	128.88	115.23
2016	东部	120.12	115.23	127.5
	中部	154.23	228	148
	西部	188	173	140.25
2017	东部	112	144	122
	中部	188	180	135
	西部	102.696	130.944	122.65
2018	东部	122	110.352	120.175
	中部	145.434 4	199	111.485
	西部	100.54	115	117.232 5

续表

年份	客户所在地区	地板清洁设备 坏账金额 / 万元	硬表面清洗机 坏账金额 / 万元	高压清洗机 坏账金额 / 万元
2019	东部	230	237	113.866 5
	中部	350	411	221
	西部	255	355	186
2020	东部	280	441	210
	中部	358	552	199
	西部	356	552	205
2021	东部	330	425	256
	中部	339	560	199
	西部	320.44	235	220

要求:

使用可重复双因素方差分析方法研究坏账数据与客户所在地区、主营业务产品品种以及客户所在地区和主营业务产品品种的交互效应之间的影响关系，或者说不同的主营业务品种的坏账金额之间是否存在显著差异、不同客户所在地区的坏账金额之间是否存在显著差异、不同客户所在地区和主营业务产品品种的交互效应对坏账金额是否存在显著差异。

参 考 文 献

[1] 庄君，黄国芬，等. Excel 在会计和财务管理中的应用 [M]. 2 版 . 北京：机械工业出版社，2014.

[2] 庄君，牛改芳，等. Excel 财务管理与应用 50 例 [M]. 北京：电子工业出版社，2009.

[3] 潘席龙. Excel 在实验金融学中的应用 [M]. 成都：西南财经大学出版社，2007.

[4] 庄君，张凌云. Excel 财务管理与应用 [M]. 北京：机械工业出版社，2009.